Cena típica de atividade de pesca.

Os Caraíbas Negros de Honduras

Supervisão Editorial	J. Guinsburg
Assessoria Editorial	Plinio Martins Filho
Revisão de Texto e Provas	Sérgio Sálvia Coelho
Projeto Gráfico	Adriana Garcia
Capa	Sergio Kon
Produção	Ricardo W. Neves, Heda Maria Lopes e Maria Amélia Fernandes Ribeiro

RUY COELHO

Os Caraíbas Negros de Honduras

Dados Internacionais de Catalogação na Publicação (CIP)
(Câmara Brasileira do Livro, SP, Brasil)

Coelho, Ruy, 1920-1990.
 Os caraíbas negros de Honduras / Ruy Coelho. --
São Paulo : Perspectiva : CESA-Sociedade Científica
de Estudos da Arte, 2002.

 Bibliografia.
 ISBN 85-273-0303-5

 1. Antropologia social - Honduras 2. Coelho,
Ruy, 1920-1990 3. Negros - Honduras - Condições
sociais 4. Negros - Honduras - Usos e costumes
I. Título.

02-3944 CDD-306.097283

Índices para catálogo sistemático:
1. Honduras : Antropologia social : Sociologia
 306.097283

Direitos reservados à
EDITORA PERSPECTIVA S.A.
Av. Brigadeiro Luís Antônio, 3025
01401-000 – São Paulo – SP – Brasil
Telefax: (0xx11) 3885-8388
www.editoraperspectiva.com.br
2002

Sumário

Prefácio a esta Edição – *Liana Trindade* 7
Prefácio à Primeira Edição em Português 11
Introdução 13
Antecedentes Históricos 27
A Organização Social 43
A Família como Unidade Econômica 71
A Unidade das Esferas de Vida Secular e Sobrenatural 99
Conclusões 169

Apêndices
Posfácio à Primeira Edição (1964) 193
Terminologia de Parentesco 195
Glossário 201
Bibliografia 209

Prefácio a esta Edição

As pesquisas antropológicas que conduziram a elaboração da obra *Os Caraíbas Negros de Honduras* definem o momento principal da trajetória científica do pesquisador e notadamente teórico Ruy Coelho. A sua carreira acadêmica, iniciada no Nortwestern University (E.U.A.), propiciou ao autor o convívio com colegas norte-americanos da escola culturalista e psicanalista, como Hallowel, Kaplan, Kardiner, Hsu, Roy de Andrade, Linton, Sapiro. Desse modo, Ruy Coelho desenvolveu conhecimentos e participou na formação da corrente designada como "Cultura e Personalidade".

Esta área, que abrange a etnopsicologia enquanto disciplina fronteiriça, conjugava os conceitos extraídos da psicanálise, do comportamentalismo e dos interacionismos (nos moldes de G. H. Mead) com aqueles das ciências sociais.

Ruy Coelho diverge dos teóricos etnopsicanalistas, ao destacar mais o estudo voltado ao interacionismo simbólico dos fenômenos do que as determinantes da socialização propostas pela psicanálise. Na presente obra, os conceitos de Herskovitz, de reinterpretação e aculturação, são utilizados como indicadores de sentidos encontrados na cultura.

Examina, por meio desses conceitos teóricos, as implicações sociopsicológicas dos processos de reinterpretação na vida social caribenha. O conceito culturalista de foco cultura permite ao autor definir a presença da cultura africana enquanto fornecedora de sentidos, constituindo o núcleo focal da cultura caribenha.

Ruy Coelho não se restringe às noções culturalistas fundamentadas no estudo da estrutura social como rede de relações sociais, e que consideram a cultura como formas padronizadas de comportamentos, mas busca sobretudo os significados das ações e o contexto simbólico de referência.

Nesta perspectiva, as culturas são construções de símbolos, imagens, formas de percepção, sentimentos, sonhos. Ruy Coelho, partindo da teoria culturalista de Herskovitz, rompe esse tempo histórico do conhecimento antropológico (décadas de 50 e 60), para ser o precursor da Antropologia que desponta no início deste século.

Conceitos como o de reinterpretação e foco cultural são altamente referidos na análise interpretativa das culturas como símbolos dominantes (V. Turner) ou símbolos chaves (Otner).

A sua trajetória intelectual torna-se portanto paralela, embora independente, a de seus colegas norte-americanos, refletindo os mesmos impasses teóricos da investigação sobre a "Cultura e Personalidade". E, como eles, enfatiza o campo simbólico ou semântico tal como se observa na corrente cognitivista atual.

Neste *Os Caraíbas Negros de Honduras* escrito na década de 50, Ruy Coelho verifica as formas de conhecimento da cultura caribenha: conceitos sobre a existência, cosmos, formas de organizar e pensar o mundo, sem prescindir do método dialético.

Os processos psicológicos seriam, para o autor intrínsecos à Antropologia: a utilização de provas projetivas, como a prova de Rorschach, poderia ser efetuada com os membros de qualquer cultura estudada, na medida em que esta prova expressa os anseios, ideais, imaginário e sentimento da maioria dos indivíduos que vivem em uma dada situação social. Os componentes mentais (percepção, memória, sonhos, intenções, sentimentos) não podem ser do domínio de apenas um campo de investigação, seja da psicologia ou antropologia, mas se encontram no âmbito de ambos campos analíticos. A crítica ao relativismo cultural absoluto já se esboça neste livro, e é retomada pelo autor em suas diversas obras. Para Ruy Coelho as universais encontram-se no fato de o homem ser naturalmente social, doador de sentidos em seu mundo de referências. Prescinde da noção ontológica de regras sociais e de leis regentes do psiquismo humano e demonstra como a formação do superego é parte do processo de construção do ser social.

PREFÁCIO À ESTA EDIÇÃO

Ruy Coelho examinava, tanto em suas obras como em seus cursos universitários, as questões sociais dentro da perspectiva interdisciplinar. Para ele, nenhum setor do conhecimento ou qualquer disciplina é relevante quando se restringe a sua especificidade. No entanto cada disciplina revela a sua contribuição ao se integrar às demais, indicando a necessidade da compreensão do fenômeno social total. Desta maneira, aproxima a teoria social da perspectiva filosófica e científica.

Para o professor Ruy Coelho, ensinar consistia em formar consciências e não informar dados. Parafraseando Goethe, dizia: "o princípio é a ação", e acrescentava: "a língua, a regra social ou as estruturas sociais não determinam a construção da cultura. Os caribenhos vivem, sentem, organizam, pensam e sonham em seu mundo social historicamente definido. Proponho assinalar a tarefa de conhecê-los". Opositor político da ditadura militar, Ruy Coelho foi preso no período do governo Médici. Ao voltar do presídio após vários meses, disse a nós, seus alunos: "Como Galileu, após o seu retorno do processo inquisitorial, pergunto a vocês: qual foi o último ponto apresentado em classe, onde paramos? É preciso continuar, estudando". E nosso mestre retornou o tema de seu curso de sociologia da literatura: "A princesa Longínqua". "É preciso", disse ele, "manter, através da literatura, a sensibilidade necessária para agir contra a violência".

Não se importava em ser considerado sociológico, antropólogo, historiador ou filósofo; era antes de tudo um humanista. O seu projeto de elaborar as teorias sociais integrando as diferentes dimensões do conhecimento atualmente encontra as barreiras estanques do individualismo competitivo, produtor de um saber fragmentado.

Liana Trindade

Prefácio à Primeira Edição em Português

*À memória viva e sempre presente
de Melville J. Herskovits.*

O término da versão portuguesa deste trabalho assinalou-se pela notícia, infausta para as Ciências Sociais e para mim dolorosa, do falecimento de Melville J. Herskovits. Foi graças à sua intercessão que me foram concedidos fundos para a viagem de estudos à América Central, de agosto de 1947 a julho de 1948, em que permaneci nove meses e meio na cidade de Trujillo que os caraíbas negros consideram a sua capital. Tanto nos cursos ministrados na Universidade Northwestern, quanto nas discussões pessoais e por correspondência, o prof. Herskovits serviu-me de guia solícito e mestre seguro. Valeram-me também os conselhos inspirados por uma grande experiência de campo da sra. Frances S. Herskovits. Para com ambos, contraí uma dívida de gratidão que jamais poderá ser saldada.

Agradeço a *Carnegie Corporation* de Nova York e à Universidade Northwestern pela assistência financeira que tornou possível a realização da pesquisa e a elaboração dos dados colhidos. Os contatos que tive em Trujillo e, mais tarde, por um ano em Evanston com Douglas Taylor, que pôs à minha disposição seu cabedal de conhecimentos acerca da língua e da cultura caraíbas, foram-me de imensa ajuda. Devo, igualmente, agradecimentos aos funcionários do Ministério de Educação de Honduras, que possibilitaram o prolongamento da minha estada na República, durante um período de conturbação política, e ao dr. Guilbert de Tegucigalpa, pela orientação que me deu e pela cordial simpatia que demonstrou. Ajudou-me, na primeira redação da tese de doutorado apresentada à Universidade Northwestern em inglês, a sra. Naomi Brickman, minha secretária em Paris, que se encarregou também da datilografia.

Finalmente, uma palavra de agradecimento aos meus amigos e informantes caraíbas negros, cuja paciência foi tantas vezes posta à prova, mas nos quais sempre encontrei compreensão dos objetivos da pesquisa antropológica. O profundo interesse pelas próprias tradições culturais e a generosidade que os caracterizam enalteceram o valor de sua colaboração.

Introdução

A mudança cultural tem sido sempre um ponto de interesse focal na antropologia, mas foi durante as últimas décadas do século XIX que a grande expansão do poderio colonial europeu criou, em uma escala jamais vista, oportunidades para a observação dos tipos de mudança que ocorrem quando povos com diferentes heranças culturais entram em contato. O conceito principal que orientou a pesquisa etnológica naquela época foi o de difusão que, nas mãos de Franz Boas e de seus discípulos americanos, tornou-se um instrumento operacional preciso e frutífero. Os pontos de vista de Boas a respeito do empréstimo cultural, que constituem um notável aperfeiçoamento sobre os admitidos por Elliot Smith, Perry, Graebner, Schmidt e outros representantes das escolas difusionistas, foram recentemente sintetizados da seguinte maneira:

1. O estudo descritivo da difusão é preliminar ao estudo analítico do processo;
2. O estudo da difusão deve ser indutivo, no sentido que os traços associados das culturas (complexos culturais), que se supõe terem difundido, devem ser considerados antes em termos de suas relações internas do que como agrupamentos arbitrariamente classificados pelo investigador;
3. O estudo da difusão deve ir do particular para o geral, apresentando a distribuição dos traços em áreas restritas antes de fixá-los em um mapa de distribuição de âmbito continental, para não dizer mundial;
4. A abordagem do estudo dos processos dinâmicos, dos quais a difusão é apenas uma expressão, deve ser psicológica e remontar ao indivíduo para a compreensão das realidades da mudança cultural[1].

Nessas bases, o trabalho de campo pôde caminhar a passos largos e o conhecimento dos fenômenos culturais pôde ser muito ampliado. Entretanto, embora as técnicas de análise dos traços e áreas culturais e o conceito de

---

1. M. J. Herskovits, 1948, p. 515.

difusão deveram prova de ser instrumentos válidos para a investigação da transmissão da cultura *adquirida*, parecem menos adequados ao estudo de contatos culturais enquanto acontecem. Pesquisas desenvolvidas dentro do quadro de referências da difusão apresentaram um quadro nítido de resultados da mudança na cultura, "ainda que, *como* esta se deu, *quando* ocorreu e *por quem* foi introduzida permaneçam, em tais estudos, apenas como conjeturas"[2].

O interesse nos aspectos dinâmicos do contato cultural, que foi estimulado pelo próprio Boas, inspirou numerosas pesquisas nos anos que sucederam à Primeira Guerra Mundial. O acúmulo de material novo necessitou uma reorientação conceptual e conduziu à formulação de um *Memorandum on the Study of Acculturation*, por uma comissão do Conselho de Pesquisa da Ciência Social dos Estados Unidos, no qual foi apresentada a seguinte definição do termo: "A aculturação compreende os fenômenos que resultam quando grupos de indivíduos entram em contato direto contínuo com as subseqüentes mudanças nos padrões da cultura original de um ou de ambos os grupos"[3].

A assimilação, termo sociológico de uso limitado em antropologia porque, nas palavras de Park que o introduziu, trata-se de um conceito antes político do que cultural[4], foi reconhecida como uma possível fase do processo de aculturação, embora não imprescindível[5]. A aquisição cultural coletiva, mais do que a individual, é aqui enfatizada. Não obstante, como foi posteriormente demonstrado, indivíduos isolados podem ser agentes de aculturação, que pode ter lugar através de contatos que carecem de continuidade[6]. Publicações posteriores, feitas pelos três signatários desse *Memorandum*, apuraram essa definição, e essas contribuições conceituais e metodológicas, juntamente com as de outros autores que trataram do assunto, serão discutidas a seguir.

2. M. J. Herskovits, 1948, p. 526.
3. R. Redfield, R. Linton, M. J. Herskovits, 1936, pp. 149-50.
4. R.E. Park, *Encyclopedia of the Social Sciences*, vol. II, pp. 281-82.
5. A influência mútua desses processos, ou fases de processo, é esclarecida nas pesquisas de Willlems no Brasil meridional. Segundo ele, os descendentes de alemães que vivem naquela região do Brasil sofreram aculturação, tendo chegado a uma síntese dos elementos culturais germânicos e brasileiros. Mas, na medida que eles não se consideram membros plenos da sociedade brasileira e esta não os considera como tais, não são completamente assimilados (Willems, 1946).
6. M. J. Herskovits, 1938a, pp. 11-12.

Redfield, sob a influência da escola de Durkheim, de sociólogos "formalistas" germânicos, e de Radcliffe-Brown, tem-se voltado principalmente para os problemas de configuração social. Ele interpreta a dinâmica da aculturação em termos da passagem de uma cultura rústica (*folk-culture*), impregnada do sagrado, para uma cultura secular urbana. A mudança é considerada como o resultado da gravitação de membros de comunidades menores para as cidades, enquanto essas mesmas comunidades menores expandem-se, tornando-se cada vez mais semelhantes às cidades maiores. Causas não pertinentes à estrutura social são citadas apenas de passagem e não representam um papel importante em suas explanações[7]. A inter-relação das instituições e suas funções específicas são particularmente enfatizadas.

Outro dos autores do *Memorandum on the Study of Acculturation*, Herskovits, dirigiu seus esforços principalmente para o estudo da aculturação sob uma perspectiva histórica. Suas pesquisas realizadas na África e no Novo Mundo evidenciam a importância de elasticidade da cultura e a sua capacidade de se adaptar a novas condições. Mostrou que os negros do Novo Mundo, após séculos de escravidão, submetidos a todo tipo de pressão e influência que visava fazê-los abandonar os próprios costumes e adotar os de seus senhores, conseguiram, apesar disso, preservar partes significativas da herança cultural original. A análise dos meios empregados pelos negros do Novo Mundo para remodelar o modo de vida, a fim de se adaptarem às instituições dos povos europeus entre os quais viviam, capacitou Herskovits a imaginar novos instrumentos conceituais, tais como *foco cultural* e *reinterpretação*, que, com seus pontos de vista sobre socialização e *enculturação*, serviram de base metodológica para o presente trabalho e serão discutidos posteriormente. Essa abordagem de Herskovits enfatiza os processos salientando as instituições às quais eles deram origem. Para ele, a cultura é concebida como um sistema de forças no qual as formas podem se substituir umas às outras sem mudar sua fisionomia essencial[8].

Finalmente, o terceiro signatário do *Memorandum on the Study of Acculturation*, Ralph Linton, estava interessado no estudo da aculturação das tribos indígenas da América e de outros povos[9], e nas inter-relações dos

---

7. R. Redfield, 1941, *passim*.
8. Para uma lista das principais obras de Herskovits, vide a bibliografia no fim do trabalho.
9. R. Linton (ed.), 1940.

processos culturais e psicológicos[10]. Sua análise da aculturação dos Tanalas, dos Marquesanos e dos Comanches, em colaboração com Abram Kardiner, veio esclarecer a parte representada pela "estrutura da personalidade básica" nas situações aculturativas.

"Estrutura da personalidade básica" designa as configurações psicológicas apresentadas por todos os membros de um grupo, que tenham sido adquiridas de acordo com as mesmas técnicas culturalmente padronizadas. Das experiências básicas de desenvolvimento inicial do indivíduo também derivam, através do mecanismo de projeção, as explicações do universo e da ação humana chamadas "sistemas projetivos" ou "sistemas de atitudes fundadas em valores".

Em sociedades relativamente estáveis, tais como as "primitivas", há uma estreita inter-relação entre o tipo de personalidade básica e a cultura como um todo. Para o indivíduo, isso significa que os sistemas projetivos formados na primeira infância serão constantemente reforçados pela experiência posterior.

Nas sociedades estáveis, o tipo de personalidade básica e a configuração cultural tendem a se reforçar e perpetuar mutuamente, mas o que acontece em situações de mudança não é tão claro.

Linton propõe "a necessidade urgente do estudo das reações de sociedades particulares às inovações particulares e os meios pelos quais o tipo de personalidade básica influencia a aceitação e a rejeição de novos elementos". Sugere que "[...] a flexibilidade e a prontidão de mudança devem ser, por si mesmas, características de certas personalidades básicas. Sabemos, pelo menos, que certas sociedades parecem ser, em geral, altamente adaptáveis, enquanto outras são tão rígidas que resistem à mudança e ao ajustamento à realidade até o ponto da paralisia e colapso total"[11].

Assim, os comanches, ao adotar o cavalo, foram capazes de reestruturar o seu modo de vida, mostrando uma flexibilidade maior que a dos habitantes das Ilhas Marquesas, cujas cultura e estrutura da personalidade parecem oferecer poucas oportunidades para mudança. Os ensaios de Kardiner também estabelecem que as culturas, nas quais a estrutura da personalidade é polarizada para sistemas projetivos, têm menores probabilidades de sobrevivência do que aquelas que fazem um uso mais intenso dos sistemas de realidade derivados do pensamento racional. A cultura de Alor, estudada por Cora Dubois,

---

10. R. Linton, 1945; Kardiner, Linton *et al.*, 1939; Kardiner, Linton *et al.*, 1945.
11. Kardiner, Linton *et al.*, 1945, pp. vii-xiii.

INTRODUÇÃO

ilustra o primeiro caso, enquanto a de Plainville, apresentada por James West, é um exemplo do segundo[12].

As pesquisas de Hallowell entre os Ojibway do Canadá e dos Estados Unidos também mostram como a estrutura da personalidade de um grupo pode ser afetada por mudanças resultantes da aculturação. Seus estudos levam à conclusão de que, quando o sistema de valores de um grupo étnico não pode ser colocado em prática na adaptação a novos modos de vida e a cultura adquirida deixa de proporcionar metas significativas para as suas atividades, a desintegração cultural parece ser o único resultado possível. Os Ojibway do Lac du Flambeau, Wisconsin, cujos sistemas de atitudes fundados em valores aprendidos na infância não são reforçados por experiência posterior, estão sujeitos à regressão psicológica e têm de se adaptar a um nível infantil de funcionamento da personalidade. Sua cultura deixou de ser um sistema que funcione e parece estar fadada à extinção[13].

As obras aqui resumidas ressaltam três níveis de análise – estrutural, etno-histórica e psicoetnográfica – que, em essência, são antes complementares do que mutuamente exclusivas. Embora Redfield seja partidário da abordagem estrutural, ele reconhece a importância da dimensão temporal, como se evidenciou em sua recente pesquisa sobre as mudanças culturais em Chan Kom, uma comunidade do México que ele estudou pela primeira vez em 1927[14]. Os trabalhos de Herskovits são baseados em premissas psicológicas e visam um entendimento tanto psicológico quanto estrutural da cultura. O estudo de Linton sobre os comanches leva em consideração o seu desenvolvimento a partir de um pequeno agrupamento coletor do planalto até uma nação guerreira das planícies. A influência mútua da organização da cultura e da estrutura da personalidade dos Ojibway foi interpretada por Hallowell em perspectiva temporal. A corrente mais recente de estudos sobre aculturação impõe uma abordagem multi-dimensional, na qual são combinados pontos de vista e técnicas diferentes.

A cultura dos caraíbas negros da América Central, pelo que poderia ser deduzido das informações de missionários, viajantes e historiadores das Índias Ocidentais, parecia constituir um campo particularmente propício à análise multidimensional dos processos aculturativos. Essa expectativa foi confirmada

12. Kardiner, Linton et al., 1945, pp. 43, 170, 348; Dubois, 1944, James West.
13. Hallowell, 1950.
14. Redfield, 1950.

pelo presente estudo. Como a documentação etno-histórica comprova, a emergência dos caraíbas negros, como um grupo étnico independente na ilha de São Vicente, e os acontecimentos que levaram à sua deportação para o continente acham-se registrados nos documentos ingleses dos séculos XVII e XVIII e nos livros de la Borde, Bryan Edwards, Labat, du Tertre e Sir William Young[15]. No século XIX, Thomas Young narra seus contatos com os caraíbas negros durante sua excursão à Costa dos Mosquitos de 1839 a 1841[16]. Dois artigos de Conzemius descrevem aspectos de sua vida cultural e social no século XX[17]. O conhecimento da formação do grupo étnico dos caraíbas negros e seu subseqüente desenvolvimento baseia-se, portanto, não em história reconstruída, mas em testemunhos diretos que evidenciam uma notável continuidade de seu modo de vida através de três séculos tempestuosos e repletos de acontecimentos.

A continuidade espacial é também uma característica relevante da cultura caraíba, o que era de se esperar, já que novas comunidades foram fundadas por emigrantes, a partir das mais antigas, nos últimos dois séculos. Os resultados dessa pesquisa, realizada na República de Honduras, comparados com aqueles obtidos por Taylor em Honduras Britânica[18] mostram variação regional restrita a aspectos rituais secundários e diferenças na tecnologia, como por exemplo o uso de tábuas nas paredes das casas, uma regra na colônia britânica, ao passo que na República de Honduras as paredes são mais freqüentemente de pau-a-pique. Conseqüentemente, a análise estrutural e funcional da cidade de Trujillo pode ser considerada válida para todo o grupo.

A grande flexibilidade e a capacidade de adaptação da sociedade caraíba negra sugeriram a presença de fatores na estrutura da personalidade importantes de serem investigados. Cinqüenta e um protocolos dos testes Rorschach, aplicados a adultos e crianças, foram para isso obtidos; desenhos livres feitos por vinte e sete crianças foram colhidos; sonhos, histórias de vida, observações de crianças brincando e em diferentes situações sociais completaram os dados psicológicos.

Ao compilar o material obtido por esta análise tripla, a fim de prepará-lo para apresentação, foram empregados certos conceitos que exigem uma definição. O termo instituição, apesar de recentemente criticado pelos significa-

---

15. De la Borde, 1704; Bryan Edwards, 1818-19; Labat, 1714; du Tertre, 1654, 1667-71; Sir William Young, 1795. As referências dos documentos estão na bibliografia.
16. Thomas Young, 1842.
17. Conzemius, 1928, 1930.
18. D. Taylor, 1951.

dos vagos e confusos que lhe são atribuídos[19], foi julgado mais conveniente do que os termos de traço cultural e complexo cultural, usados em estudos de distribuição. Padrão cultural, considerado igualmente confuso, pareceu, entretanto, preferível aos substitutos sugeridos, como conserva cultural e modelo cultural, que possuem implicações estáticas. Neste estudo, o termo *instituição* significa uma organização de padrões culturais, de formas cristalizadas de comportamento coletivo característico de cada sociedade capazes de serem transmitidas através de aprendizado. As instituições podem ser estudadas do ponto de vista da função, como mecanismos culturalmente sancionados para satisfazer as necessidades individuais; e do ponto de vista de estrutura, em seu papel de instrumentos de integração cultural. Poder-se-ia esclarecer que, embora as necessidades provenham da natureza biológica do homem, são socialmente definidas e controladas, estando, desse modo, subordinadas ao sistema de valores do grupo[20]. O termo integração foi usado pela primeira vez em economia, a fim de descrever a formação de grandes corporações que adquiriram progressivamente o controle sobre a parte da fabricação das máquinas de que precisam e sobre as fontes de matéria-prima, de modo que cada unidade industrial amalgamada pudesse se ocupar de uma fase de produção. Na acepção antropológica, a palavra possui significado semelhante, já que designa o processo de harmonização e reformulação das instituições para trazê-las ao nível da estrutura geral da cultura. A integração cultural pode ser alcançada através da ação consciente sobre as instituições ou através da penetração gradual de uma idéia ou forma, da qual pode não se ter plena consciência.

A ação da integração é claramente observada na aculturação, na qual se fundem elementos diferentes, cujas origens só podem ser retraçadas com dificuldade. A maneira mais simples de se conservar uma instituição, como um todo ou em parte, é através da *retenção*, isto é, o padrão é entrelaçado na trama da cultura sem perder sua identidade. Em muitos casos, entretanto, os elementos incorporados a novos modos de vida não retêm totalmente a forma, o significado, o uso e a função que possuíam no antigo contexto. A mudança que afeta uma ou mais dessas qualidades foi denominada, por Herskovits, *reinterpretação*, que a definiu como: "[...] o processo pelo qual

---

19. Gurvitch, 1950, pp. 64-65.
20. "Um valor é uma concepção do desejável, explícita ou implícita, distintiva de um indivíduo ou característica de um grupo, que influencia a seleção dos modos, meios e fins da ação" (Kluckhohn, 1951, p. 395).

são atribuídos velhos significados a novos elementos ou pelo qual novos valores mudam a significação cultural de velhas formas. Opera tanto internamente, de geração em geração, como integrando um elemento emprestado em uma cultura que o recebe".

O conceito de reinterpretação ajuda a compreender a natureza compósita da cultura das sociedades em processo de aculturação nas quais se fundiram características pertencentes a diferentes tradições. *Sincretismo*, como se denomina essa fusão, é especialmente relevante para a discussão sobre a religião dos grupos negros do Novo Mundo. Relaciona-se com o conceito de reinterpretação o de *foco cultural*, isto é, "a tendência de toda cultura para mostrar maior complexidade, maior variação nas instituições de alguns de seus aspectos do que em outros". Foco cultural é "[...] o interesse dominante de um povo [...] aquela área de atividade ou crença onde existe a maior consciência de forma, onde se dá a maior discussão de valores, onde é discernida a mais ampla diferença na estrutura"[21].

São encontrados no foco cultural os princípios organizadores que presidem a integração, a inovação e o desenvolvimento de uma cultura. Ambos os conceitos, foco cultural e reinterpretação, se concentram na ação que o homem exerce sobre as instituições e permitem a exploração das expressões culturais das forças criadoras do psiquismo humano. Conseqüentemente, essa abordagem é o complemento necessário das efetuadas por Kardiner e Linton, nas quais as instituições são analisadas do ponto de vista dos efeitos que exercem sobre a educação nos primeiros anos de vida.

O condicionamento inicial, entretanto, não é apenas um mecanismo de formação da personalidade; também prepara o indivíduo para tomar o seu lugar no grupo social, provendo-o das técnicas, das normas e do saber da cultura. À medida que o indivíduo é admitido para diferentes *status* no curso de sua vida e aprende os papéis que lhe são correspondentes, passa pelo processo de socialização. A enculturação é a assimilação das partes da cultura total com as quais entra em contato, partes estas que adquirem significado para ele. Os aspectos psico-socioculturais do desenvolvimento são partes do processo básico de padronização no comportamento humano, mas podem ser caracterizados como relativos a diferentes tipos de atividades, possuindo duração diversa. Embora os psicólogos não estejam de acordo quanto à duração e à importância dos anos de formação, aceita-se

---

21. M.J. Herskovits, 1945 a, pp. 164-65; 1948, pp. 542-60.

geralmente que, depois da adolescência, os traços principais da personalidade estabilizam-se. Também, via de regra, em se tornando adulto, a posição de um indivíduo no grupo e seu modo de participação na vida social definem-se com nitidez. Mas, já que é exposto ao impacto de novas idéias e de novas influências no decorrer de toda a existência, pode-se dizer que a enculturação só termina com a morte. Em anos posteriores, esse processo de aprendizagem é seletivo e traz à tona o elemento da escolha consciente. Portanto, "a enculturação do indivíduo nos primeiros anos de vida é o mecanismo principal que conduz à estabilidade cultural, ao passo que o processo, no modo como opera em pessoas maduras, é altamente importante na indução à mudança"[22].

Baseada nesses conceitos, a análise da aculturação dos caraíbas negros traz à luz algumas características particulares de grande interesse para o estudioso da dinâmica cultural. O seu aparecimento como um grupo étnico distinto, a partir dos contatos entre os índios caraíbas e escravos fugitivos na ilha de São Vicente, no século XVII, seguiu um processo tortuoso.

Segundo Bateson, a aculturação pode produzir três resultados possíveis:

a) a completa fusão dos grupos originalmente diferentes;
b) a eliminação de um ou de ambos os grupos;
c) a persistência de ambos os grupos em equilíbrio dinâmico dentro de uma comunidade maior[23].

Tal fórmula, entretanto, deixa de fazer distinção entre processos biológicos, culturais e sociais. Assim, os fugitivos africanos que chegaram a São Vicente foram, a princípio, aparentemente mantidos pelos índios caraíbas em uma posição subordinada. À medida que os negros cresceram em número e suas qualidades de guerreiros tornaram-se evidentes, foram reconhecidos por seus hospedeiros como um grupo aliado independente e, assim, o processo parece ter-se conduzido ao equilíbrio dinâmico referido por Bateson. Porém, disputas territoriais e a luta pelo poder logo dividiram os dois grupos e, após prolongada contenda, os caraíbas "vermelhos" foram eliminados. Isso, entretanto, se relaciona apenas à formação da *sociedade* caraíba negra.

É evidente, baseando-se na aparência física da população atual, que, por mais que tenha havido miscigenação entre africanos e ameríndios em São

---

22. M.J. Herskovits, 1948, p. 40.
23. G. Bateson, 1936, p. 179.

Vicente, esta não atingiu o mesmo ritmo intenso do processo aculturação. A fim de conseguir sua subsistência, os negros tiveram de aprender os métodos agrícolas e a tecnologia fundamental dos índios caraíbas, isto é, o cultivo da mandioca, seu aproveitamento no preparo do pão e a manufatura de todos os utensílios que fazem parte do complexo da mandioca, tais como cestas para o transporte das raízes, vasilhas de madeira, raladores, espremedores de taquara para retirar o suco da mandioca brava, peneiras e pilões. Na alimentação, adotaram o uso de plantas, quer cultivadas, quer nativas, como também as técnicas de pescaria.

Simultaneamente, a cultura material dos caraíbas negros foi se tornando mais rica, através de várias contribuições européias, entre as quais as referentes à alimentação, ao uso de tecidos e de ferramentas de metal; as primitivas pedras chatas para assar o pão de mandioca foram substituídas por chapas de ferro. A adoção de armas de fogo foi de importância crucial, pois por meio delas os caraíbas negros capacitaram-se para resistir aos ataques inimigos. As contribuições tecnológicas africanas, embora não tão aparentes, não foram de menor significado. Apesar dos cultivos serem outros em seu novo hábitat, persistiram as tradições de agricultura mista da África Ocidental. Os traços africanos que se conservaram, no entanto, são encontrados com mais evidência na culinária.

Obviamente, a necessidade de comunicação com os índios caraíbas levou os negros, primeiramente, a aprender a sua língua, cuja estrutura básica era Iñeri (aruaque), sendo um terço do vocabulário de origem kaliña (caraíba). Essa língua é falada ainda hoje pelos caraíbas negros. Sofreu mudanças morfológicas no curso de três séculos e tomou emprestado do francês, do espanhol e do inglês um grande número de palavras, mas mostra raros traços da influência africana[24]. Pode-se inferir que, ao adotar a língua caraíba insular, assim como outros elementos não materiais da cultura aborígine, os negros de São Vicente foram levados pelos mesmos motivos que os induziram a pintar os corpos e a usar tangas: o medo de cair mais uma vez sob domínio dos brancos e o desejo de se identificar com os índios caraíbas que, embora constantemente atacados pelos colonizadores, eram considerados imprestáveis como escravos. Entretanto, a assimilação das instituições sociais e religiosas envolveu processos mais complexos do que a adoção de adornos, tecnologia ou língua. Já que as duas culturas diferiam consideravelmente em muitos

24. Taylor, 1951, pp. 41.ff.

INTRODUÇÃO

aspectos, uma síntese só poderia ser alcançada após uma completa reformulação dos elementos básicos[25].

A sociedade dos índios insulares do Caribe era organizada em aldeias situadas a considerável distância umas das outras, constituídas por uma ou duas famílias matrilocais associadas. O centro da aldeia era a casa comunal, que abrigava os membros solteiros do grupo e onde eram alojados os hóspedes. Ao redor desse centro eram distribuídas as casas das famílias de casais poligâmicos, nunca sendo superior a uma centena o número de habitantes de cada aldeia. A diversidade de funções entre as mulheres, que se dedicavam à lavoura, e os homens, que se ocupavam da caça e da pesca, tendeu a criar uma divisão em dois grupos. A matrilocalidade mantinha reunidas as mulheres aparentadas, que se ligavam por relações classificatórias de irmã, mãe e filha, avó e neta, ao passo que o casamento entre primos cruzados patrilineares criava entre os homens de sucessivas gerações laços equivalentes aos de tio e sobrinho.

A organização política não era muito desenvolvida. Cada aldeia tinha o seu chefe, cujas funções eram principalmente religiosas; havia dois caciques eleitos para cada ilha, um para o lado a barlavento e outro para o lado a sotavento, mas eles possuíam pouca autoridade. Lutas intestinas eram freqüentes entre as aldeias, aliadas entre os lados de uma ilha ou de duas ou mais ilhas.

A religião girava em torno da adoração de seres sobrenaturais, que são forças personificadas da natureza, *genii loci* e protetores espirituais que conferiam poderes especiais a certos indivíduos. Há indícios da existência de um culto ancestral de origem aruaque e ritos funerários foram descritos. Os xamãs dirigiam cerimônias de canto e dança em templos especialmente construídos para a ocasião e presidiam as solenidades dedicadas aos espíritos ancestrais.

A educação das crianças era realizada a passos descontínuos assinalados por *ritos de passagem*; era informal e, provavelmente, incumbia tanto os parentes classificatórios como os pais. As qualidades de resistência e tenacidade eram altamente valorizadas, como o era também a submissão aos costumes do grupo.

---

25. Fontes literárias das culturas dos índios ocidentais: Anghiera, 1912, Las Casas, s.d., Oviedo, 1851-54; Pane, 1812, compilados por Lovén, 1935; Breton, 1664, 1665; La Borde, 1704, Labat, 1714, du Tertre, 1667-71, Rennard, 1929, 1935; Taylor, 1938, 1945, 1946a, 1946b, 1950. O resumo dado por Taylor, 1951, pp. 28-29 e 138-44 foi o que aqui apresentamos.

A cultura parece ter proporcionado poucas metas comuns a todos os membros, sendo a família extensa a unidade social significativa que se confundia na maioria das vezes com a própria aldeia. O sucesso individual na guerra, na caça ou na pesca e a capacidade de se comunicar com as entidades sobrenaturais e de receber delas auxílio naquelas atividades eram, aparentemente, o ponto focal das aspirações dos índios das ilhas do Caribe[26].

Os escravos da África Ocidental que buscavam asilo em São Vicente, assim como os que foram transportados para outras partes do Novo Mundo, trouxeram consigo tradições de uma organização social complexa e elaborada, de instituições políticas desenvolvidas e diversificadas, de uma vida religiosa marcada por extenso cerimonialismo e uma rica mitologia. Assumindo a organização social rudimentar e os padrões relativamente simples esboçados acima, os negros, aparentemente, renunciaram a uma parte considerável de sua herança cultural. A cultura caraíba negra contemporânea carece da maioria das características africanas evidentes, cuja presença tem sido registrada entre os grupos negros da Guiana Holandesa, do Haiti, do Brasil e de Cuba, tais como nomes de deuses, rituais, formas musicais religiosas e profanas e sociedades secretas. Mesmo entre os grupos em que o mecanismo de reinterpretação foi intensamente atuante, tais como os de Trinidad e do sul dos Estados Unidos, traços africanos são mais facilmente discerníveis do que entre os caraíbas negros[27]. Nesses casos, todavia, o conhecimento dos antecedentes europeus foi de grande valia para a análise, ao passo que são fragmentárias as informações sobre ancestrais ameríndios dos insulares de São Vicente. As origens mistas dos próprios caraíbas, influenciados pela cultura aruaque de suas esposas Iñeri, são causas adicionais que contribuíram para a maior complexidade do quadro de aculturação em São Vicente.

A necessidade de assumir uma coloração protetora, por assim dizer, é motivo suficientemente forte para admitir os traços indígenas, mas parece pouco provável que essa seja a única explicação para o desaparecimento das instituições africanas já que, como é óbvio, o porte da tanga, a pintura do corpo com urucu e a adoção da língua caraíba poderiam ser uma camuflagem suficiente. É de se supor que a aculturação intertribal, cuja importância se faz cada vez mais reconhecida em relação a outras sociedades negras do Novo Mundo, tenha ocorrido aqui também.

26. Taylor, 1951, pp. 28-29, e também Taylor, 1945, p. 509.
27. M.J. Herskovits, 1945.

INTRODUÇÃO

Os escravos que fugiram dos navios naufragados ou das plantações das ilhas vizinhas para São Vicente vieram, com toda probabilidade, de regiões diversas da África Ocidental e do Congo[28]. As culturas dessas áreas, embora diferindo em muitos aspectos, são nitidamente aparentadas; pode-se perceber que os representantes dessas culturas que entraram em contato em São Vicente foram capazes de destilar a essência de seus modos de vida comum, eliminando padrões de significação tribal limitada, enquanto simultaneamente incorporavam essa essência nas tradições que adquiriam de seus hospedeiros[29]. Os elementos europeus absorvidos também tiveram de se adaptar à estrutura básica africana subjacente à cultura caraíba negra.

Durante o período de formação da sociedade caraíba negra, de 1635 a 1700, o metabolismo cultural, por assim dizer, foi extremamente intenso. O problema vital da sobrevivência demandava todos os esforços e toda a atenção; a continuidade de suas existências dependia igualmente de elementos materiais e não materiais, da habilidade no manejo de armas de fogo não menos do que das instituições que fazem um grupo social unido e bem integrado. Portanto, a organização social dos índios caraíbas, que era obviamente inadequada, teve de passar por uma readaptação total. A terminologia de parentesco foi mantida, mas cessou de ser funcional; a natureza contratual do casamento foi acentuada; a estrutura doméstica matrilocal foi substituída pela família extensa baseada no culto ancestral. A unidade territorial fundamental veio a ser a aldeia, perfazendo, por vezes, várias centenas de pessoas. Por meio dessa estrutura, os indivíduos vinculavam-se pelos objetivos comuns de cooperação em sua luta para alcançar os valores centrais da cultura, expressos em suas concepções do sobrenatural.

O culto dos antepassados foi de grande importância para a continuidade do grupo por mais de uma razão: conferia validade sobrenatural à organização social, fortificando-a desse modo; propiciava maior segurança psicológica através do encadeamento do indivíduo com a ordem cosmológica, capacitando-o a participar da sabedoria dos ancestrais. Outra importante função da religião foi prover termos de referência culturalmente constituídos para a análise da realidade. Os símbolos usados pelos caraíbas negros em sua for-

---

28. Vide infra, "Antecedentes Históricos", p. 27.
29. Um processo análogo pode ser encontrado no caso dos soldados do exército alemão de ocupação na França que, vindos de regiões da Alemanha e falando dialetos mutuamente ininteligíveis, foram obrigados a usar o francês como meio de comunicação.

mulação da experiência histórica do grupo e a concepção de mundo que elaboraram foram suficientemente realistas para guiá-los através de inúmeras vicissitudes e ameaças constantes de aniquilação.

O presente estudo visa uma análise da integração realizada pelos caraíbas negros em sua organização socioeconômica e em seu sistema de crença, nos quais foram amplamente usados os mecanismos de retenção, reinterpretacão e sincretismo. Esses aspectos foram selecionados para exame porque colocam em foco o funcionamento de uma cultura sob pressão intensa, bem como a desenvoltura e ingenuidade evidenciadas pelos habitantes de São Vicente na preservação dos valores essenciais e do significado de sua herança cultural através de uma adaptação contínua. De especial importância são as transformações sofridas pelas instituições religiosas que constituem o foco cultural dos caraíbas negros. A reduzida vida política do grupo será discutida sob a rubrica organização social. Os aspectos estéticos serão considerados na medida que se relacionarem com as festividades rituais e seculares. A tecnologia será tratada brevemente no que tange à vida econômica. A linguagem não foi estudada[30].

Os aspectos psicológicos da vida dos caraíbas negros estão apenas esboçados; a enculturação e a socialização estão descritas nos capítulos dedicados à família; dados sobre a estrutura da personalidade do grupo, em particular a dos praticantes do sobrenatural, são apresentados em diversos tópicos, já que são indispensáveis à compreensão do funcionamento da sociedade como um todo. Entretanto, os problemas de ajustamento individual à vida social e a padronização da personalidade pelo grupo são deixados para uma análise futura. Assim, o presente estudo está voltado principalmente para a cultura dos caraíbas negros, encarada enquanto respostas coletivas estruturadas para fazer face ao desafio das circunstâncias históricas, bem como para os meios adotados por um grupo étnico para atingir a homeostase cultural e social, por assim dizer, que os capacitou a sobreviver ao impacto dos acontecimentos que causaram a extinção de seus hospedeiros, os caraíbas "vermelhos", e de quase todos os grupos indígenas do Caribe.

---

30. Para informação sobre tecnologia e linguagem, assim como sobre vários outros tópicos, consultar as obras de D. Taylor, consignadas na bibliografia.

Antecedentes Históricos

1. As Origens (1492-1668)

Os caraíbas negros são originários de São Vicente, uma das Pequenas Antilhas, que hoje faz parte das Índias Ocidentais Britânicas. Descendem de escravos fugidos dos navios naufragados e das plantações das ilhas próximas, a quem os índios caraíbas deram abrigo. São Vicente foi uma das últimas ilhas do Caribe a ser conquistada. No decorrer do século XV, os espanhóis ocuparam as Grandes Antilhas, sustentaram uma guerra implacável contra os aruaques, já dizimados por moléstias infecciosas, que as povoavam. Depois de derrotados, os índios foram forçados a trabalhar nas minas, sob condições tão adversas que o seu número foi reduzido drasticamente. Decorrido pouco mais de um século após o descobrimento da ilha, as culturas aruaques, se não todos os seus indivíduos, deixaram de existir[1]. Por aquela época, os espanhóis já tinham importado escravos da África e o sistema de plantações tinha sido introduzido.

Os inimigos tradicionais dos aruaques, os caraíbas que habitavam as Pequenas Antilhas, também foram atacados pelos colonizadores espanhóis, mas resistiram e contra-atacaram. Em pouco tempo, foram os próprios espanhóis que passaram a viver no temor das incursões dos índios em suas colônias. Esses ataques nunca cessaram durante o século XVI e às vezes os índios, ao regressar, traziam escravos negros[2]. Durante a segunda década do século XVII, outras potências coloniais lançaram-se ao Caribe e a disputa pelas Índias Ocidentais começou entre a Espanha, a Inglaterra, a França e a Holanda. Os ingleses, sob Warner, e os franceses, sob d'Esnambone, expulsaram os caraíbas de São Cristovão (St. Kitts) em 1623-1625 e, juntos, ocuparam a ilha, sendo esse

---

1. Oviedo, 1851-1855, vol. I, Lib. XVI.
2. Rennard, 1929, p. 108; citado também por Taylor, 1951, p. 18.

um dos poucos casos registrados de aquisição de novas terras que não levaram a conflito entre as potências coloniais. Daí por diante, quase um contínuo estado de guerra perdurou nas Índias Ocidentais, algumas vezes mesmo depois das pátrias mães terem assinado tratados de paz. Nos anos seguintes, a Inglaterra e a Holanda conquistaram ou tentaram conquistar Nevis, Santa Lúcia, Barbados, Montserrat e Antigua. Os franceses tomaram primeiramente Guadalupe, Martinica, Desirade e Maria Galante e depois ocuparam Grenada.

O domínio sobre algumas das ilhas era precário e mudava constantemente. As relações com os índios seguiam padrões inconstantes e as alianças que se firmavam raramente duravam. As tribos caraíbas nunca desenvolveram um conceito de unidade e, muitas vezes, colocavam-se ao lado dos invasores para combater entre si. Os métodos britânicos e franceses de colonização não difeririam muito dos de seus antecessores espanhóis; o mesmo padrão de massacre indiscriminado continuou. Os habitantes de Martinica e de Guadalupe foram drasticamente reduzidos pelos franceses que, em 1650 quando ocuparam Grenada, exterminaram os caraíbas da ilha.

Essa política, entretanto, não mereceu a aprovação universal dos colonizadores. A consolidação das conquistas territoriais, e não a sua expansão, parecia preferível a muitos proprietários franceses e ingleses que eram favoráveis ao acordo com os caraíbas. A posição dos britânicos, particularmente, pode ser percebida por esse trecho de uma carta de Sir Thomas Modyford, governador da Jamaica, ao Conselho das Plantações: "Esses índios sempre invadem as nossas ilhas por um lado, enquanto os franceses atacam pelo outro, de modo que a conquista se tornou fácil para os franceses, já que os nossos temem mais os índios do que eles"[3].

Sir Jonathan Atkins, governador de Barbados, também concordava com essa opinião. M. de Poincy, comandante geral das ilhas francesas, também ouviu com simpatia as queixas dos caraíbas. Assim, em 1660, foi assinado um tratado em Basse Terre, Guadalupe, por representantes da França, da Inglaterra e dos índios, reconhecendo as ilhas de São Vicente e Dominica como território exclusivamente caraíba, em compensação os índios deveriam cessar as incursões contra as ilhas já em poder dos europeus.

No período que se seguiu a esse tratado, os franceses, ao que parece, chegaram a uma espécie de *modus vivendi* com os índios. Essa paz relativa era devida em parte, provavelmente, ao trabalho dos missionários que vive-

---

3. *Calendar of State Papers (1661-1668)*, 1880, p. 534.

ram entre eles desde 1635. Converteram apenas uns poucos, mas adquiriram um íntimo conhecimento da língua caraíba e de seu modo de vida e, assim, puderam servir de mediadores entre eles e os europeus.

Entretanto, os oficiais britânicos que advogaram o completo extermínio dos caraíbas, Lord Willoughby, o governador Stapleton e o Coronel Philip Warner, não se consideraram obrigados pelos termos do tratado de 1660 e tentaram se apoderar do controle das ilhas ainda não ocupadas pelos europeus. Santa Lúcia, que tinha sido reconhecida como possessão francesa, foi invadida em 1664 e os índios foram expulsos das próprias terras. A ilha permaneceu nas mãos dos ingleses apenas por dois anos. São Vicente e Dominica, que eram os centros da resistência caraíba, foram os alvos seguintes; em 1668 foram violentamente submetidas ao domínio inglês. O novo tratado imposto a seus habitantes continha uma cláusula que proibia os índios de dar asilo a escravos fugitivos[4]. Em todos esses empreendimentos os ingleses tiveram a colaboração do filho natural do governador Thomas Warner de São Cristovão (St. Kitts) e meio irmão do Coronel Philip Warner, conhecido como "o caraíba" ou "o índio" Warner. Mais tarde, suspeitaram-no de manter entendimentos secretos com os franceses e decidiram se livrar dele. O Coronel Warner, com o apoio do governador Stapleton, organizou uma expedição para vingar os ataques a Antigua pelos habitantes das ilhas Sotavento e pediu a seu meio irmão que partilhasse da empresa. Juntos atacaram Dominica, destruindo muitos inimigos. Feito isto, Philip Warner convidou "o caraíba" Warner e seu destacamento de setenta homens para uma festa e, embriagando-os com rum, mandou matá-los a sangue frio, não escapando sequer os filhos pequenos do irmão.

O episódio foi relatado ao Conselho das Plantações, tanto pelos perpetradores como pelos oficiais que advogaram a paz com os caraíbas. O assunto foi considerado suficientemente importante para merecer a atenção pessoal do rei Carlos II que ficou altamente chocado com o "bárbaro assassínio, ou melhor, massacre" e ordenou que "uma sumária e exemplar justiça seja aplicada aos culpados desse ato desumano. E como há razões para crer que os índios das ilhas sotavento tenham se indisposto com os ingleses em virtude desse ato, Sua Majestade encarrega o Governador de dar demonstra-

---

4. "[...] quando reclamados, os negros fugidos de Barbados devem ser entregues...; e do mesmo modo, doravante, devem ser aprisionados e entregues os fugitivos de qualquer ilha inglesa, tão logo sejam solicitados". (*Calendar of State Papers (1661-1668)*, 1880, p. 554).

ção assinalada e pública de sua justiça sobre os autores, enviando-lhes algumas cabeças ou por alguma outra maneira que julgue adequada..."[5].

A agitação provocada por esse caso foi de curta duração e de pouco resultado prático. O Coronel Warner, ao voltar para Londres, foi encarcerado na Torre; depois de algum tempo, foi levado de volta a Barbados e submetido a julgamento. Ouvidas as testemunhas, foi absolvido por falta de provas e não sofreu qualquer outra penalidade além da perda do seu cargo. Na opinião do governador Atkins esse julgamento era uma mera farsa judicial[6]. Os ataques contra os índios nunca cessaram e, em 1683, houve uma mudança na política oficial que passou a autorizar medidas violentas. Há referências de que, durante aquele período, os negros faziam parte da coletividade caraíba. De acordo com o governador Stapleton, havia 1.500 índios nas ilhas de São Vicente, Santa Lúcia e Dominica e cerca de 600 negros fugidos em São Vicente. Uma outra referência, do Coronel Philip Warner, especifica: "São Vicente, possessão francesa onde se encontram cerca de 3000 negros; em nenhuma outra ilha há tantos índios..."[7]

Fontes francesas também assinalam a presença de negros entre os caraíbas; uma narração do padre dominicano Armand de la Paix inclui a seguinte passagem relatando acontecimentos de 1646: "Alguns negros da ilha de São Vicente que se encontravam em Sta. Lúcia massacraram alguns franceses da Martinica, por ordem de seu chefe, um selvagem, e isso enfureceu os nossos selvagens [referindo-se aos caraíbas de Dominica] que ficaram com medo de que M. Houel [governador da Martinica] pudesse desencadear uma guerra contra eles"[8].

Com toda probabilidade, alguns daqueles negros eram os prisioneiros que os caraíbas trouxeram de volta quando de suas incursões nas colônias espanholas. A maior parte deles, entretanto, fugira, quer das plantações, quer dos navios negreiros naufragados, preferindo tentar a sorte com os "canibais" do que viver sob o jugo dos brancos. Assim, lemos que em 1635 dois navios negreiros da Espanha naufragaram ou encalharam ao largo da costa de São Vicente e os negros ganharam terra, depois de terem propositadamente matado todos os membros sobreviventes da tripulação[9]. Em 1675, o mesmo fato

---

5. *Calendar of State Papers (1675 – 1676)*, 1893, p. 248.
6. *Idem*, Docs. pp. 552, 681, 688, 748, 750, 779, 786, 828, 854, 869, 1040.
7. *Idem*, p. 638.
8. Rennard 1929, p. 108, citado também por Taylor, 1951, p. 18.
9. *Calendar of State Papers (1661-1668)*, 1880, p. 534.

ocorreu com um navio português, mas, dessa vez, segundo a lenda contada pelos caraíbas, os escravos apossaram-se do navio e encalharam-no propositadamente.

Não há fontes primárias que forneçam as origens desses escravos, embora documentos como anúncios de vendas de escravos, registros de nascimento e anúncios em jornais relativos a escravos fugidos indiquem que os negros que compunham a carga dos navios portugueses e espanhóis provinham da Nigéria, da Costa do Ouro, de Dahomé, do Congo e de outras regiões da África Ocidental. Por outro lado, encontramos em Bryan Edwards a afirmação de que Sir William Young acreditava que os caraíbas negros fossem originalmente Mocos, nome dado pelos europeus aos povos que habitavam o sul da Nigéria e que usavam o efik como língua de intercâmbio[10], embora não esteja claro se isso se aplica apenas aos sobreviventes dos naufrágios ou à totalidade do grupo.

A exata natureza das relações entre os africanos e os índios caraíbas nos primeiros dias de seus contatos não é bem documentada. Segundo de la Borde, alguns negros (mas aparentemente não todos) permaneceram como escravos; mas ele próprio traduz a palavra *tamu*, termo empregado a eles pelos caraíbas, como "prisioneiro"[11]. Labat, entretanto, assevera que, depois de um período inicial em que os fugitivos eram devolvidos a seus donos ou vendidos a outros colonos europeus pelos índios, estes vieram a "encará-los como pertencendo à mesma nação"[12]. Em todo caso, os índios jamais consentiram em dar suas filhas para casamento com os negros.

Por sua vez, os escravos fugitivos, no começo, estavam ansiosos para estabelecer relações amistosas com seus hospedeiros, para evitar que fossem restituídos aos donos. Os "arqueiros negros", mencionados em documentos da época, logo se tornaram poderosos aliados dos índios em suas guerras contra o homem branco. Com a finalidade de se diferenciar de outros descendentes africanos mantidos como escravos, eles procuravam ao máximo se

---

10. Bryan Edwards, 1818-1819. vol. I, pp. 412-413. A identificação de Mocos como Efik é devida a Sylvain; vide Sylvain, 1936, p. 24, também citado por Taylor, 1951, p. 31. Os exemplos seguintes de carregamentos de escravos do século XVIII são encontrados em Sir William Young, 1809-1819, vol. III, p. 251: "O *Pilgrim* de Bristol, com 370 Eboes de Bonny; o *Eolus* de Liverpool, com 300 negros de Bassa (?); o *Anne* de Liverpool, com 210 negros da Costa de Ouro de Whydah [Ouidah, em Dahomé]."

11. De la Borde, 1704, p. 532.

12. Labat, 1714. vol. 2. p. 25.

assemelhar fisicamente aos índios: usavam tangas, pintavam o corpo com urucu e alguns chegaram mesmo ao extremo de comprimir a cabeça de seus filhos para produzir a deformidade típica dos caraíbas. A despeito das reclamações dos caraíbas negros em contrário, o cruzamento de raças foi, provavelmente, muito reduzido. A oeste de Trujillo, a ocorrência de traços mongolóides na população caraíba é pouco freqüente; indivíduos que vivem em Mosquitia e apresentam esses traços são parcialmente descendentes de índios Miskitos. Se as suas tradições tiverem de ser aceitas (sem crítica) seríamos forçados a admitir uma recessividade de caracteres mais acentuada do que em qualquer outro grupo humano. Por outro lado, as uniões inter-raciais não deixaram de existir, pois Labat conta que os negros tinham o costume de raptar mulheres índias, apesar de não termos informação suficiente quanto à freqüência desses fatos para torná-lo mais do que mera conjetura[13].

A última década do século XVII viu uma completa inversão da situação em São Vicente. A comunidade negra, cujo número tinha sido constantemente aumentado por fugitivos de Barbados, veio a se tornar o grupo dominante. Eles tinham forçado os índios a se retirarem para o lado a sotavento da ilha e ocuparam a região mais amena e fértil a barlavento. Segundo Bryan Edwards, o rompimento decisivo entre os caraíbas "vermelhos" e os "negros" ocorreu quando estes últimos descobriram que seus antigos aliados e protetores pretendiam recorrer de novo aos métodos que haviam usado contra os Iñeri, os primeiros habitantes de São Vicente, isto é, o extermínio de toda a população masculina[14]. Entretanto, não há qualquer indicação de que um conflito prolongado tivesse resultado desse episódio talvez fictício. Em 1688, um tratado foi firmado entre os britânicos e todos os chefes de São Vicente e Santa Lúcia, sem distinção. Mais tarde, porém, os europeus tentaram explorar os sentimentos de hostilidade existentes entre os dois grupos em benefício de seus próprios objetivos.

---

13. Labat, 1714, vol. 2, p. 26. Taylor, em uma comunicação pessoal (1951), diz que pesquisas serológicas estavam sendo feitas entre os últimos índios caraíbas que viviam em lugar reservado na Dominica, Índias Ocidentais Britânicas. Um estudo semelhante realizado entre os caraíbas negros poderia ajudar muito a esclarecer o problema das relações genéticas entre os dois grupos.
14. Bryan Edwards, 1818-1819, vol. I, pp. 412-13.

2. O Período de São Vicente (1668-1797)

No decorrer do século XVIII os caraíbas negros tiveram muitas ocasiões para defender a independência recém-conquistada. Sem distinção de nacionalidade, todos os colonos consideravam a própria existência de uma comunidade aguerrida e bem organizada de negros livres na ilha como uma ameaça ao sistema de escravidão e à segurança dos proprietários brancos. Depois de várias deliberações, o governador da Martinica recorreu à ação militar.

Em 1719, uma força de 500 soldados de infantaria foi enviada contra os caraíbas negros. Desembarcaram sem encontrar muita resistência, atearam fogo nas aldeias e destruíram as plantações. Os negros dirigiram-se para as montanhas, onde os índios não conseguiram atacá-los, como tinha sido planejado, ou porque não tivessem confiança nos brancos e os temessem mais do que os antigos adversários, ou, simplesmente, por apatia. Os franceses foram forçados a enfrentar sozinhos um inimigo ardiloso que atacava à noite e refugiava-se em lugares inacessíveis durante o dia. Depois de pesadas perdas, entre as quais a de um oficial, eles se cansaram dessa "maneira impertinente de conduzir a guerra" e retiraram-se[15]. Tendo falhado as medidas militares, voltaram aos métodos diplomáticos e concluíram a paz com os caraíbas.

Em 1723 os ingleses fizeram uma tentativa para se estabelecer em São Vicente. Uma pequena força militar foi mandada à ilha que, de acordo com um relatório do oficial comandante, os caraíbas negros tinham passado a dominar. As negociações foram feitas principalmente com o chefe negro "que falava excelente francês e usava das cortesias daquela nação". É claro que esse chefe estava perfeitamente a par das intenções dos ingleses. À frente de 500 homens armados de fuzis, relatou que os holandeses tinham tentado se estabelecer na ilha anteriormente e que tinham sido compelidos a se retirar; rememorou também a campanha de alguns anos atrás: "Fôra somente à custa de muitos presentes que os franceses novamente alcançaram as graças dos caraíbas que, por sua vez, resolveram nunca se colocar sob o poder de qualquer europeu que pudesse machucá-los novamente". Depois de saudações de ambos os lados, os ingleses regressaram para seus navios e a empresa não foi levada adiante[16].

Por essa narração, é evidente que as relações entre os caraíbas "vermelhos" e "negros" eram boas naquela época. Não passou muito tempo, porém, para

---

15. Labat, 1714, vol. 2, pp. 445-46.
16. Edwards, 1818-1819, vol. I, pp. 415-21.

que a hostilidade voltasse e os negros saíssem vitoriosos dos combates. Muitos "vermelhos" foram mortos, alguns se refugiaram em outras ilhas ou mesmo voltaram para o continente de onde os seus antepassados tinham vindo.

O tratado de Paris de 1763 estabeleceu a jurisdição da Inglaterra sobre as ilhas de São Vicente e Dominica. São Vicente foi dividida por comissários civis nomeados pelo governo inglês. Um quarto da ilha foi atribuído a dois indivíduos privilegiados e o remanescente vendido em hasta pública. Os comissários tinham ordem de não proceder a levantamentos ou dispor de terras devolutas ou reclamadas pelos caraíbas enquanto não recebessem instruções ulteriores da Coroa. Na prática, o tombamento foi postergado, mas tolerou-se a venda de glebas indivisas.

Como conseqüência disso, os caraíbas insurgiram-se novamente, até que um compromisso fosse alcançado "para satisfação, esperava-se, das partes em contenda"[17]. Na realidade, os proprietários brancos tomaram para si a parte do leão dessas terras. Em 1773 foi concluído um tratado de paz e amizade entre os representantes da Coroa Britânica e os chefes caraíbas de São Vicente. Esse tratado era mais completo do que os assinados anteriormente. Suas vinte e quatro cláusulas dispunham sobre o reconhecimento da lei britânica e autoridade, a delimitação da zona a ser habitada pelos caraíbas, que concordaram em não mais dar asilo aos negros fugidos das plantações inglesas ou francesas, a desertores e a pessoas acusadas de crimes capitais contra os ingleses. E mais, ficava proibido o "intercâmbio indevido" com a ilhas francesas e a fixação de brancos entre eles ficava sujeita à aprovação do governo. Aos caraíbas ficava assegurado o direito de comerciar de acordo com as leis britânicas, o de pescar nas águas da ilha e o de deixar a ilha com suas famílias quando assim o desejassem. Seus costumes e as relações uns com os outros nas zonas que lhes eram destinadas não foram afetados pelo tratado. Quando solicitados, deveriam prestar auxílio aos súditos de Sua Majestade contra os inimigos[18].

Apesar desse tratado, seis anos mais tarde, os caraíbas negros colocaram-se contra os ingleses durante a Guerra da Independência americana e foi, principalmente, devido ao terror que inspiravam, que a ilha se rendeu aos franceses sem esboçar qualquer resistência. São Vicente foi restituída à Grã-Bretanha pelo tratado de paz geral de 1783. Bryan Edwards comenta que nenhuma estipulação foi feita pelo governo francês com referência a seus

---

17. Edwards, 1818-1819, vol. I, p. 424.
18. Edwards, 1818-1819, vol. I, pp. 448-52.

aliados e, portanto, isso reflete a honradez tanto do governo britânico como dos colonos que "não se aproveitaram da má administração". Os caraíbas "foram tratados como gente ignorante e transviada, antes dignos de compaixão do que objeto de represália; concordou-se, prudente e generosamente, assim como por consenso geral, esquecer todas as ofensas passadas e queixas"[19]. Ambas as partes concordaram em cumprir o tratado de 1773.

A década seguinte foi o período de ouro da história dos caraíbas negros, cujas lembranças felizes se eternizaram em canções e tradições. *Iurumai* (o nome caraíba para São Vicente) é lembrado como um paraíso perdido. A parte da ilha que lhes havia sido destinada, embora pequena, possuía aparentemente terras férteis, mas ficava situada em uma costa perigosa que no passado se tinha revelado fatal a muitos navios europeus. O que a técnica da ciência náutica avançada do homem branco não pudera fazer era realizado pelos caraíbas diariamente. A perícia, que era parte da herança cultural, tanto dos ancestrais africanos como dos índios, capacitou-os a manter um animado comércio com barcos ancorados a respeitável distância da costa.

Lograram relativa riqueza e, achando que as mulheres já não eram suficientes para cuidar de suas lavouras, compraram escravos. Du Vallet, um irmão do chefe Chatoyé, possuía segundo Sir William Young uma grande plantação de algodão e nove negros. Os caraíbas negros como um todo devem ter partilhado da prosperidade comercial que se verificou nos países tropicais em fins do século XVIII. A maioria dos homens falava fluentemente o francês e o inglês, além de sua própria língua, da qual se orgulhava. Os chefes apressaram-se em adotar o vinho e o pão e em construir residências no estilo europeu, sem abandonar de modo algum suas próprias tradições e costumes. Suas esposas davam mostras ostensivas de riqueza. A primeira impressão de Sir William Young ao chegar a São Vicente foi a de que "as mulheres negras livres" vestidas de cores vibrantes, com brincos e colares de ouro, caminhando pelas ruas com "tamanha arrogância em seu modo de andar" eram os mortais mais orgulhosos que ele já vira[20].

Mas sabiam que sua posição era insegura. Muitos eram os proprietários ingleses que, ao olhar as ricas plantações caraíbas exclamavam: "Que pena que essa região ainda pertença aos selvagens caraíbas!"[21] Além disso, ainda

---

19. Edwards, 1818-1819, vol. I, p. 426.
20. Sir William Young, 1795, vol. III, Apêndice A, p. 244.
21. Edwards, 1818-1819, vol. III, p. 252.

guardavam viva lembrança de como tinham sido despojados de suas terras uns dez anos antes. O governador Young muitas vezes era procurado pelos chefes dos caraíbas que buscavam confirmação de que o governo inglês manteria os termos do tratado de 1773.

Enquanto isso, a Europa viu surgir a Revolução Francesa. Nas Antilhas, os proprietários franceses de linhagem aristocrática eram, naturalmente, adversários do governo republicano. Sendo a solidariedade de classe, neste caso, mais forte do que a lealdade à pátria, colocaram-se ao lado dos ingleses. Os ideais democráticos tiveram repercussão entre os menos privilegiados, os negros livres e os mulatos – todos aqueles geralmente classificados sob o termo *gens de couleur* – e também entre os brancos pobres. Os caraíbas negros, que viviam de sobreaviso em relação aos ingleses e tinham se tornado amigos dos franceses após a campanha de 1719, estavam ansiosos para adotar um sistema político que pudesse garantir seus direitos de propriedade. No diário de Sir William Young, em 1792, há várias citações de rumores da presença de pessoas de Martinica em São Vicente, suspeitas de tendências republicanas e da agitação que provocavam entre os caraíbas. Mas a guerra entre as nações européias e a República Francesa só atingiu as Índias Ocidentais em 1794, quando a *Convenção* enviou um delegado especial às colônias, chamado Victor Hughes.

Victor Hughes era, ao que parece, um dos ambiciosos e enérgicos jovens membros do Terceiro Estado triunfante, cujo talento e dinamismo eram o sustentáculo da nova República. Tendo retomado Guadalupe dos ingleses, procedeu ao aliciamento de simpatizantes das outras ilhas para o movimento republicano. Pouco tempo depois, uma devastadora campanha de guerrilha surgia em Santa Lúcia e Dominica, por parte de escravos rebelados, brancos sem terras e negros livres. Em 1795, Hughes, recebendo reforços militares da França, iniciou operações de maior amplitude. Como a história geral das Índias Ocidentais está fora do escopo deste estudo, só serão tomados em consideração os acontecimentos que tiveram lugar em São Vicente.

Em março de 1795, Chatoyé, chefe supremo dos caraíbas negros, lançou uma proclamação anunciando sua adesão à Revolução, após o que as plantações inglesas a barlavento da ilha foram atacadas e incendiadas. De acordo com os ingleses, os prisioneiros feitos em Chateau Bellair foram massacrados a sangue frio e outras atrocidades terríveis (*most dreadfull enormities*) foram cometidas. Se todos os escravos das plantações tivessem se unido aos rebeldes, uma rápida vitória poderia ter sido assegurada à causa republicana, mas um ódio violento existia entre eles e os caraíbas negros baseado principalmente na rivalidade na venda dos produtos da lavoura. Portanto, os escravos lutaram ao lado dos senhores, tornando possível aos ingleses resistir até a chegada de reforços da Inglaterra.

Uma poderosa frota sob o comando de Sir Ralph Abercombie trouxe numerosas tropas às Antilhas e as ilhas caíram, uma a uma, em seu poder. O exército regular francês em São Vicente, sob as ordens do General Marinier, capitulou em junho de 1796, depois das batalhas decisivas de Old Vigie e New Vigie. Sem se deixar abater pela perda de Chatoyé no início da campanha, os caraíbas negros prosseguiram na guerrilha com o auxílio de alguns republicanos brancos e de pessoas de cor mas, pelo fim de novembro, todos se renderam, cerca de cinco mil caraíbas e quase mil aliados. Os colonos ingleses, contudo, sentiram que não poderiam mais confiar em seus vizinhos "selvagens" e decidiram removê-los.

Os prisioneiros de guerra foram colocados na pequena ilha de Balliceaux, uma das Granadines, enquanto os restantes foram caçados por toda São Vicente. Muitos foram capturados e logo Balliceaux tornara-se pequena demais para contê-los. Foram, então, transferidos para Bequia e mais tarde para Roatan, uma ilha da baía de Honduras. De acordo com uma narração histórica, eles chegavam a 5.040; além disso, afirma-se que eles foram postos a bordo do navio "Experiment" do Capitão Barrett para serem deportados. Essa versão não deve ser muito precisa, pois custa crer que um navio do século XVIII pudesse carregar tanta gente. Fontes de Honduras revelam que Roatan fora invadida por negros transportados a bordo de dois navios de guerra e de um bergantim[22] em abril de 1797.

A suposição de uma invasão baseava-se no estado de guerra existente entre a Espanha e a Inglaterra que fora declarado pelo rei da Espanha em outubro de 1796. O Coronel Ramon Anguiano, governador de Honduras, como todos os outros administradores das colônias espanholas naquela área, recebera instruções para preparar a defesa. Em maio de 1797, uma força considerável, sob comando de Don José Rossi y Rubí, dirigiu-se a Roatan, mas não encontrou resistência, sendo amistosas as relações que se desenvolveram entre os espanhóis e os caraíbas negros. Os espanhóis permitiram-lhes a passagem ao continente e auxiliaram na reconstrução de Trujillo que, pela terceira vez, havia sido incendiada pelos piratas. No fim do ano, poucas famí-

---

22. Edwards, 1818-1819, vol. III, p. 244-82. Durón, 1927, p. 99.

lias permaneciam ainda em Roatan, formando o núcleo da população atual da cidade de Punta Gorda[23].

Os poucos caraíbas negros que conseguiram se esconder em São Vicente durante o período de perseguição passaram a ser tolerados pelos ingleses e, em 1804, foi-lhes destinada uma reserva perto de Morne Ronde. Aterrorizados com a erupção do vulcão Souffrière em 1812, alguns foram viver em Trinidad, de modo que, quando Ober visitou São Vicente em 1877, encontrou apenas cerca de 300 deles na ilha, comerciando como o faziam há séculos, vencendo, com as canoas carregadas de açúcar e de outros produtos, as perigosas ressacas da costa ocidental até os navios ancorados fora da barra[24].

3. O Período Centro-americano (1797...)

A mudança de situação geográfica fez pouca diferença para os caraíbas negros, tanto no que diz respeito ao meio físico quanto às condições sociais. Guerras, revoluções e conflitos de toda espécie continuaram até recentemente.

Poucos anos depois da deportação, já tinham se espalhado por toda a costa centro-americana do Caribe. Em 1804, o caraíba Marco Diaz fundou Livingston, em território hoje da Guatemala. Durante os anos que se seguiram, estabeleceram-se em ambos os lados de Stann Creek, em Honduras Britânica e em vários locais que mediam entre aquele ponto e Trujillo. As primeiras rebeliões contra o domínio espanhol em Honduras contaram com a sua colaboração; malogrado o movimento, os caraíbas negros passaram para o lado dos espanhóis.

Em 1820, uma frota rebelde vinda do sul, navegando sob a bandeira da recém-formada República da Grã Colômbia, atacou Trujillo; era comandada por um oficial chamado Aury que, segundo dizem, agira por iniciativa própria e não por ordem de Bolívar. O porto foi defendido por tropas regulares e por companhias de caraíbas negros comandados por seus próprios oficiais que lutaram com bravura. O inimigo foi obrigado a voltar aos navios, que logo foram vistos a navegar rumo ao sul. A defesa de Trujillo custou muitas vidas aos caraíbas, inclusive as de dois oficiais, mas as perdas foram parcialmente compensadas pelos privilégios que lhes foram concedidos pelas autoridades coloniais e que foram mantidos quando Honduras se tornou inde-

23. Conzemius, 1930, p. 860.
24. Ober, 1880.

pendente[25]. Na primeira Constituição hondurenha, promulgada em 1825, foram reconhecidos os plenos direitos dos "morenos libres moradores de los puertos". A palavra *moreno*, que em toda a América espanhola é um eufemismo para as pessoas que têm traços negros, tornou-se, com o tempo, sinônimo de caraíba negro[26].

Embora seu *status* fosse aparentemente satisfatório, em 1832, colocaram-se ao lado dos conservadores, pejorativamente chamados "Los Serviles", que tentaram restituir Honduras à Espanha. Esse partido foi derrotado nas batalhas de Tercales, Trujillo e La Ofrecedera e completamente esmagado na de Jaitique; a Federação dos Estados Centro-Americanos consolidou-se. Os caraíbas negros que tinham tomado parte nessa guerra foram cruelmente perseguidos. Um grande número escapou para Honduras Britânica e estabeleceu-se em Stann Creek, fundando também a cidade de Punta Gorda. Outros buscaram a proteção do "rei" dos índios Mosquitos, que os trataram com benevolência e permitiram que se fixassem nas terras a oeste do rio Tinto. Essa é sem dúvida a razão pela qual esse é o único grupo com o qual os caraíbas se cruzaram em proporções consideráveis[27].

Durante a segunda metade do século XIX, a maioria dos caraíbas negros aceitou o cristianismo, graças aos esforços do Padre Subirana, chamado "o apóstolo dos Caraíbas", que, depois de morto, foi beatificado pela Igreja Católica. Entretanto, como veremos, não abandonaram as práticas religiosas tradicionais, mas integraram-nas nas novas para formar um todo coerente, que é mais uma síntese do que os sistemas sincréticos elaborados por outros grupos católicos negros do Novo Mundo.

A partir de então, torna-se difícil – e não é relevante para a nossa discussão – traçar a história dos caraíbas negros através do curso tortuoso e complexo dos acontecimentos que tiveram lugar na América Central. Pode-se supor que seus serviços como soldados profissionais tenham sido utilizados por diferentes facções ou indivíduos em constante luta uns com os outros. A dissolução da Federação Centro-Americana em 1839 e o estabelecimento das fronteiras e de barreira alfandegária entre os vários Estados que surgiram proporcionaram-lhes oportunidades de operações de contrabando, que logo se tornaram atividades prestigiosas, exigindo o emprego das qualidades mais

---

25. Durón, 1927, p. 122.
26. Durón, 1927, pp. 123-24.
27. Conzemius, 1930, p. 860.

admiradas pelos caraíbas: coragem, destreza, habilidade na arte de navegação, sendo, ao mesmo tempo, altamente lucrativas.

Qualquer que fosse o lucro derivado do contrabando, não compensava, entretanto, as desvantagens inerentes à situação de insegurança e de conturbação que enfrentavam. Ainda hoje, os velhos afirmam que, se fossem assegurados paz e bons transportes, os caraíbas poderiam vir a ser tão ricos e prósperos quanto o foram em São Vicente. Mas a República de Honduras conheceu poucos períodos de paz.

A anarquia alcançou o ápice nos fins do século XIX, quando, de acordo com Durón, o mais autorizado historiador de Honduras, "poder-se-ia dizer que todos os hondurenhos pegaram nas armas uns contra os outros"[28]. Uma total exaustão fez o pêndulo oscilar na direção oposta, e a autoridade central foi restabelecida, mas não por muito tempo. Durante as primeiras décadas do século XX seguiu-se uma revolução atrás da outra. Em 1929 deu-se a posse do último presidente constitucional, Vicente Mejias Colindres, que derrotou nas eleições seu adversário Tiburcio Carias Andino. A insurreição eclodiu novamente durante os últimos anos do governo de Colindres e a sorte da guerra favoreceu Carias Andino, que chegou ao poder em 1933[29].

Os caraíbas negros, que haviam lutado ao lado do Partido Liberal, foram subjugados, mas continuaram a conspirar. Em 1939 toda a aldeia de San Juan, perto de Tela, foi responsabilizada por ter trazido clandestinamente para o país o líder liberal exilado Jesus Umaña. Uma noite, uma companhia de soldados foi invadir San Juan; todos os homens que puderam ser apanhados na aldeia foram levados à praia, onde se ordenou que cavassem as próprias sepulturas, depois do que foram fuzilados. Aqueles que estavam pescando em alto mar escaparam ao massacre e conseguiram alcançar território inglês. Essa foi a última migração desse povo, que levou à formação de uma nova colônia, a aldeia de Hopkins, estudada por Taylor[30]. Embora se diga que esse massacre fora causado pela traição de um dos habitantes de San Juan, não se encontrou nenhum caraíba que admitisse que um dos seus havia sido o delator; insinuou-se que a informação devia ter sido dada às autoridades de Honduras por um crioulo ou por um negro "inglês" que se fez passar por caraíba.

---

28. Durón, 1927, p. 178.
29. R. Barahona, 1946, p. 192.
30. D. Taylor, 1951, *passim*.

ANTECEDENTES HISTÓRICOS

Todavia, isso é recente, uma vez que até o final do século XIX somente alguns poucos não-caraíbas habitavam a costa hondurenha do Caribe. Naquela época, companhias americanas e inglesas iniciaram grandes progressos; exportavam-se bananas e outras frutas tropicais produzidas nas baixadas do Golfo de Honduras. Foram obtidas do governo de Honduras amplas concessões de terras que se estendiam até Punta Caxinas (Cabo de Honduras), onde foi fundada a cidade de Puerto Castilla. Foram construídas estradas de ferro e pequenas povoações caraíbas transformaram-se em cidades de 10000 a 20000 habitantes[31].

A prosperidade teve pouca duração na região entre La Ceiba e Trujillo. A conturbação política e a *sigatoka* (doença da banana), obrigaram a United Fruit Co. a se mudar; Puerto Castilla ficou reduzida a uma cidade fantasma e a população de Trujillo decresceu para 3.500 habitantes, enquanto La Ceiba e Tela transformaram-se mais tarde nos mais importantes centros de população. As companhias importaram mão de obra das Índias Ocidentais, já que havia um número insuficiente de trabalhadores caraíbas. Entretanto, não houve miscigenação entre os caraíbas e os imigrantes das Índias Ocidentais, como não há indícios de que eles se misturariam, no futuro, em uma escala apreciável, com quaisquer outros grupos negros.

---

31. O mundo lendário de Honduras daquele período foi retratado, ou melhor, caricaturado em um dos clássicos menores da ficção americana, a coleção de histórias intitulada *Cabbages and Kings*, de O. Henry.

Cena típica de trabalho de cooperação. Transporte de um *cayuco* (canoa escavada de tronco). Douglas McRae Taylor. *The Black Carib of British Honduras*, Viking Fund Publications in Anthropology, n.17, Nova Iorque, Wenner-Gren Foundation for Anthropological Research, 1951.

A Organização Social

1. Situação Física e Social

O grupo caraíba negro compreende, atualmente, de 40.000 a 50.000 pessoas distribuídas por todo o litoral do Caribe, em Honduras Britânica, Guatemala, República de Honduras e ilha de Roatan. Também há pequenas comunidades na Nicarágua, Costa Rica e São Vicente, Índias Ocidentais britânicas. Encontram-se até em Nova York, onde são suficientemente numerosos para possuírem um clube próprio, além de Chicago e Londres.

A área habitada pelo grosso da população caraíba negra pode ser dividida em três regiões: o litoral norte-sul de Honduras Britânica, a costa leste-oeste de Honduras e o litoral norte-sul da Nicarágua, transposta a saliência do território da Mosquitia. O aspecto físico dessas regiões difere um pouco. A costa de Honduras Britânica é uma planície regular irrigada por rios de tamanho médio. Para leste do rio Sarstun, o terreno se torna pantanoso, principalmente nas áreas dos deltas dos rios Motagua e Chamalecón. De Tela até Puerto Castilla o litoral é montanhoso e cortado por riachos. Em Mosquitia, território disputado pela Nicarágua e por Honduras, o solo é novamente encharcado e coberto de matas tropicais.

O clima dessas três regiões diferentes é semelhante. Há duas estações, a das chuvas, que vai de novembro a março, e a da seca, de abril a outubro. A temperatura média é de 80°F (26°C), ultrapassando raramente 90°F ou caindo a menos de 65°F. As temperaturas mais baixas e o índice pluvial mais alto são registrados nas montanhas costeiras de Honduras que se acham expostas diretamente aos ventos do norte. Porém, mesmo as áreas mais quentes são amenizadas pelas brisas frescas que sopram regularmente do mar ao meio-dia e à noite.

Os caraíbas negros têm bairros próprios nas cidades maiores como Belize, em Honduras Britânica, Puerto Barrios, na Guatemala, Tela e La Ceiba, na

República de Honduras; Stann Creek, Hopkins, Seine Bight, Punta Gorda[1], Barranco e Livingstone são de população predominantemente caraíba negra, assim como a maior parte das aldeias que se estendem do rio Motagua à fronteira entre Honduras e Nicarágua.

Trujillo, centro onde foram realizadas as principais pesquisas aqui relatadas, não é o maior centro, mas, além de ser a principal cidade do Departamento de Colón, é considerada a capital tradicional dos caraíbas negros. Na Nicarágua e no Panamá, os caraíbas são chamados trujilanos. A cidade de Trujillo, propriamente dita, compreende uma colina central, cerca de 500 pés acima do nível do mar, onde moram os brancos e os mestiços; à esquerda dessa colina fica Cristales, a primeira colônia caraíba no continente; à direita encontra-se o porto e o bairro de Rio Negro. Poucos caraíbas trabalham no centro da cidade e todos moram em Rio Negro ou em Cristales. A população de Trujillo é de 2.957 pessoas para a área urbana e de 4.590 para todo o distrito[2], das quais menos de 300 são de descendência espanhola, ou mestiços de espanhóis e índios, além de uns poucos negros das Índias Ocidentais. Cristales é um labirinto de ruelas tortuosas, ao passo que Rio Negro possui um feitio mais planejado, com ruas retas e largas pelas quais as casas se alinham. A maioria das povoações caraíbas assemelha-se mais a Rio Negro que a Cristales.

Em suas comunidades, embora em alguns casos vigiados por tropas do exército, os caraíbas negros gozam de relativa liberdade. Nas cidades maiores, entretanto, sua situação é igual a de muitas minorias raciais e culturais em outras partes do mundo, sem ocorrência, porém, de conflito aberto. A classe média e a classe alta não confiam neles. Os imigrantes negros das possessões inglesas e francesas, de tipo físico idêntico, são hostis a eles e estes, por seu lado, respondem com um mesmo desprezo pelos "filhos de escravos". O fato de os caraíbas usarem uma língua própria desperta suspeita. Correm histórias fantásticas sobre as suas práticas religiosas; a acusação de assassínio ritual de crianças é freqüentemente feita, enquanto as classes mais baixas têm um medo enorme de seus poderes mágicos. Essas histórias, muitas vezes, são citadas para justificar as medidas policiais tomadas contra o culto caraíba. A eles é atribuída uma inteligência excepcional, mas são acusados de usar seus talentos para enganar; e é voz

---

1. A principal colônia caraíba de Roatan é também chamada Punta Gorda.
2. *República de Honduras – Resumen del Censo General de Población*, Tegucigalpa, 1947, p. 178.

corrente que, ao tratar com um deles, deve-se tomar cuidado, pois "são capazes de roubar a própria mãe". Além disso, os ladinos acreditam que os caraíbas são dominados pelo sexo; afirmam que entre eles a promiscuidade é a única forma de união sexual, com a ocorrência freqüente de incesto.

A hostilidade que lhes é dirigida tem raízes econômicas óbvias, pois na República de Honduras eles muitas vezes obtêm as melhores posições por serem fluentes em espanhol e inglês e conhecerem melhor as condições locais do que os imigrantes. Assim, as diferenças culturais são deliberadamente exageradas, servindo de base para a racionalização. Por seu lado, os caraíbas negros acusam os recém-chegados de serem gananciosos e ingratos; queixam-se de que a migração das Índias Ocidentais ocasionou baixa geral dos salários, resultante da competição intensa pelos empregos disponíveis. Assim sendo, em vez de permanecerem nos portos de Honduras como funcionários das companhias de frutas, os caraíbas negros, em número cada vez mais maior, tornaram-se marinheiros ou buscaram trabalho como cortadores de mogno em Honduras Britânica e Guatemala.

O trabalho nas florestas demanda perícia, reveste-se de prestígio, é bem pago e proporciona longos intervalos anuais durante os quais os trabalhadores podem voltar para seus lares. Além disso, em Honduras Britânica e Guatemala, embora eles não estejam completamente livres da discriminação "racial" por parte de outros grupos, seus direitos fundamentais são respeitados e não sofrem restrições na prática de sua religião. Na colônia britânica, as mercadorias produzidas dentro do Império entram livres de taxas, são vendidas a preços moderados e acessíveis à classe trabalhadora. Outra grande vantagem do ponto de vista dos caraíbas negros é o fato de a colônia possuir melhores e mais numerosas escolas do que as da República de Honduras, pois eles dão grande valor ao ensino. Segundo a opinião de um funcionário do setor de educação de Honduras Britânica, os professores caraíbas negros representam "a espinha dorsal do ensino na colônia"[3].

Os caraíbas negros que vivem nas regiões mais isoladas de Mosquitia e Nicarágua são tidos como os menos adiantados e mais conservadores. Para os moradores das cidades, as maneiras provincianas e os traços emprestados dos *Zambos*[4] fazem deles um constante alvo de zombaria, embora sejam

3. Taylor, 1951, p. 93, rodapé.
4. Os *Zambos* são um grupo formado pela mistura de índios Miskitos e africanos, com a predominância de elementos americanos. No início do século XIX organizaram um reino com o apoio dos ingleses.

temidos como feiticeiros. Como já foi dito, a cultura jamais perdeu sua continuidade histórica e espacial. Encontram-se pessoas com o mesmo nome por toda a costa caraíba e as conversas revelam que são aparentadas pelo sangue ou adoção. Os caraíbas visitam freqüentemente seus parentes de outras aldeias, às vezes por meras razões sociais, outras vezes para participar das cerimônias religiosas. Essas visitas são um fator importante na preservação da coesão do grupo e na manutenção de suas tradições.

Nem a violência nem o fascínio por costumes estrangeiros podem levar os caraíbas negros a abandonar os valores culturais e seus modos de vida tradicionais. A despeito da atmosfera de desconfiança e de ódio que os rodeia, não se deixam intimidar por ameaças de massacres e deportação que, ainda assim, sabem que são reais. Pode-se encontrar caraíbas que, tendo vivido por muitos anos em países da Europa ou da América, ao voltar às suas aldeias, mostram-se talvez menos afetados por influências culturais estranhas do que os que nunca saíram de casa.

2. A Organização de Idade e de Espaço

A aldeia.

Uma vez que os caraíbas negros habitam uma região costeira, a maior parte da qual sob a jurisdição de três entidades políticas diferentes, a República de Honduras, a República da Guatemala e a colônia inglesa de Honduras Britânica, o indivíduo sente-se ligado antes de tudo à sua aldeia natal. As povoações caraíbas possuem aparência regular e arrumada, construídas a partir do padrão quadriculado retangular, com quintais na frente das casas freqüentemente carpidos e varridos. Todas, com exceção das menores, são divididas em duas seções (*barrios*) que competem entre si de maneira mais ou menos amistosa. Essa divisão é principalmente territorial, sem contrapartes estruturais e está colocada sob as ordens de um funcionário intitulado *comandante*, cujas funções são reduzidas. Entretanto, especialmente entre os jovens criados juntos, essa divisão cria um sentimento de participação em um grupo comum. Quando enganado ou insultado, um caraíba, antes de mais nada, reafirmará com orgulho sua filiação de aldeia e *barrio*; como por exemplo uma frase ouvida na ilha de Roatan, no curso de uma acalorada discussão: "Não fale comigo assim! Eu nasci em Punta Gorda e fui criado em Rio Negro!" Portanto, fica a prova de que quem fala é um caraíba de verdade e que o adversário deve usar de prudência.

A ORGANIZAÇÃO SOCIAL

Na Guatemala e em Honduras Britânica, os caraíbas negros conseguiram adaptar suas instituições de governo local aos sistemas políticos democráticos de ambos os países. Do mesmo modo, na República de Honduras, antes de 1933, as comunidades caraíbas podiam escolher o prefeito (*alcalde*) e os membros do conselho municipal através de eleições. O cargo de governador (*gobernador político*) do Departamento de Colón e as duas cadeiras que constituem a sua representação na assembléia legislativa unicameral muitas vezes foram preenchidos por cidadãos caraíbas[5]. As fileiras do exército, que na realidade detêm o poder, tanto em Honduras como na maior parte da América Central, estavam também abertas a eles. Certa ocasião, o governador militar (*mayor de plaza*) de Trujíllo era um caraíba de Cristales com o posto de coronel.

Desde que Carías Andino subiu ao poder, não houve mais eleições e seguidores ladinos do ditador foram nomeados para posições-chave nos governos local e departamental, por toda a república, incluindo a costa do Caribe. Os poucos caraíbas que aderiram ao Partido Nacionalista acabaram por ocupar postos como vereadores, sem nenhuma função atribuída. Mais tarde, foram indicados para cargos menores, tais como juízes de paz e comandantes de *barrios*.

Instituições não-políticas foram atingidas também pelo regime ditatorial. Em todos os centros importantes, a *comunidad*, entidade que representa os interesses comuns dos habitantes, tem sofrido sérias restrições. A *comunidad* é uma organização *sui generis* que tem raízes na tradição medieval da Espanha, mas que agora é parte integrante dos padrões sociais caraíbas.

A qualidade de membro na Comunidade de Rio Negro y Cristales, que aqui é tomada como modelo, é adquirida meramente pelo fato de se ter nascido em um dos dois *barrios* ou de neles residir por mais de dez anos. Todos os membros adultos devem em princípio contribuir com $0.50 por ano, mas o não pagamento não acarreta exclusão, que ocorre normalmente somente em caso de morte. Um membro pode ser expulso se assim o decidir a reunião de *comuneros*, embora não se tenha notícia de que tal tenha ocorrido. As contribuições, naturalmente, representam uma pequena parte das

---

5. Um deles foi Catarino Castro Serrano, nascido em Trujillo, que alcançou grande renome como jurista e escritor. No fim de sua vida interessou-se pelo espiritismo e pela teosofia, que lhe pareceram concordantes com a concepção caraíba do mundo. Embora vigorosamente combatido pela Igreja Católica, sua influência foi considerável e ainda hoje é citado como exemplo às crianças caraíbas.

rendas da *comunidad* que provêm principalmente de arrendamento ou venda de propriedades possuídas em comum pelo grupo, compreendendo matas, plantações, terras não cultivadas e direitos de pesca nos rios e lagos. Outra fonte de renda é o aluguel do salão da *casa comunal* para danças, casamentos e jantares. Esses fundos devem ser empregados na construção de escolas, estradas ou para outros fins de utilidade pública. Além disso, a *comunidad* protege os direitos de seus membros, aconselhando-os e propondo ações em juízo, quando necessário.

A Comunidade de Rio Negro y Cristales é governada por um presidente, um vice-presidente, um primeiro secretário, um segundo secretário, um tesoureiro, um primeiro fiscal, um segundo fiscal e cinco membros do Conselho, todos os quais devem ser eleitos pelo período de um ano. Nenhuma eleição se realizou enquanto durou esta pesquisa ou na década precedente. Quando ocorria uma vaga, esta era preenchida por indicação do governador militar de Trujillo, depois de ouvidos os próprios dirigentes.

Portanto, é compreensível que a insatisfação produzida por esse estado de coisas tenha se manifestado em muitos setores. Durante a campanha eleitoral de 1948 (que, por sinal, foi inaugurada com um regulamento militar proibindo reuniões de mais de dez pessoas) apareceu nos jornais oficiais uma proclamação assinada pelo *comandante* de Cristales convocando todos os eleitores a votar nos candidatos do governo. Não tardou a resposta em um manifesto impresso e distribuído clandestinamente, o qual traduzia queixas e acusações de ordem geral[6]. É importante observar que, nesse documento, os

---

6. O texto do manifesto é reproduzido a seguir:
DON F. EN APUROS POR SALVAR LA DICTADURA
   Un genuino nacionalista Cariísta y genuino verdugo del Barrio de Cristales hace un llamamiento al electorado Moreno para acuerpar la candidatura oficial, porque el esbirro ese quiere seguir construyendo casas a cuenta del Erário Nacional.
   Después ie haber sido por muchos años un verdugo del barrio, hoy viene a hacernos llamamientos para imponernos más sacrificios, e infligirnos más ultrajes e insultos. No hagas llamamientos a los Morenos, que lo que hás hecho en Cristales és deshonor por lo qué yá és impossible defender. Durante quince años, que és lo que la dictadura há hecho a los Morenos? Nada más que mandarlos fusilar. No olvidamos que en San Juan, jurisdicción de Tela, fueran fusilados Morenos indefensos y ahora no vés nuestra comunidad que yá su directoria sirve de títeres en sus puestos, porque és mandada por oficiales? Yá no puede hacer algo por el barrio, las rentas de sus cocales y entradas por arrendamiento ó alquiler de la casa comunal ván para los jefes militares y Don F. en cuenta.

dirigentes da *comunidad* são denunciados como títeres dos chefes militares, dando a entender que nada tinham feito para impedir o desvio dos fundos da organização. Os funcionários da *comunidad* são mais freqüentemente acusados de indiferença e ineficiência do que propriamente de desonestidade, já que a maioria se compõe de homens de idade sempre tratados com respeito pelos caraíbas. Contudo, dizia-se abertamente que um processo movido contra um americano que arrendara terras pertencentes à comunidade no distrito de Rio Negro arrastava-se indefinidamente por causa da negligência deles. Queixavam-se também que a escola primária mantida pela organização era inadequada e que não se criara uma outra, tão necessária. Entretanto, alguns afirmaram que, sob o regime drástico da ditadura, não se poderia esperar uma direção melhor.

A designação dos caraíbas detentores de posições governamentais como carrascos é, na realidade, um exagero de retórica; eles são geralmente chamados de aproveitadores e de oportunistas sem escrúpulos, mas ninguém poderia, em sã consciência, acreditar que fossem capazes de agir contra sua própria gente. Não poucos estavam convencidos de que, em seu papel de mediadores entre os caraíbas negros e o governo, embora procurassem tirar o máximo partido da situação, contribuíram para manter um *modus vivendi* evitando, assim, a aplicação de medidas extremas contra os "rebeldes da costa setentrional", como eram chamados por certos círculos de Tegucigalpa. Era sabido, de ambos os lados, que os funcionários caraíbas vigiavam atentamente o governo para descobrir qualquer sinal de fraqueza, a fim de tornar possível a troca de lado no momento oportuno. A maioria dos caraíbas negros, no íntimo, não achava o que censurar em tal atitude, que está em consonância com sua maneira tradicional de pensar[7].

A influência dos "anciãos" (*agoburigu*) é generalizada e estende-se tanto às esferas das atividades públicas, quanto às privadas. Sendo os intérpretes vivos da tradição, sua opinião sempre pesa e, embora retenham pouco poder político no presente, nenhuma decisão maior é tomada por uma aldeia sem antes consultá-los. Diz-se freqüentemente que muitas catástrofes que aconteceram

---

La juventud cristaleña, amante de las libertades, protesta contra ese escrito de F. La juventud cristaleña hasta en esta era Tiburciana és cuando há visto fusilamiento de Morenos Indefensos y humildes pescadores, que pasan por eso sin haber cometido falta contra la autoridad.

Unos Cristaleños.

7. Vide *infra*, "O sistema de valores", p. 161.

no passado poderiam ter sido evitadas se os conselhos dos mais velhos tivessem sido seguidos. Entretanto, a reverência que se tem pelos *agoburigu* não impede que suas palavras e ações sejam objeto de crítica. Se se desviarem dos padrões aprovados, nem mesmo eles podem escapar do castigo pelo ridículo, que é entre os caraíbas negros um poderoso instrumento de controle social. O detentor de um cargo público que for julgado desonesto ou incompetente será denunciado publicamente, mesmo que seja um dos respeitados anciãos e, em condições normais, seria também destituído de suas funções.

O funcionamento da aldeia, entretanto, não depende exclusivamente dos organismos políticos. É certo que o fato de terem sido suprimidos ou neutralizados pelo regime ditatorial tornou impraticáveis as deliberações públicas a despeito dos práticas estabelecidas e eliminou as oportunidades para as exibições de oratória, tão apreciadas pelos caraíbas negros. Mas esses são aspectos meramente exteriores das instituições básicas que, muito provavelmente, faziam parte da vida social dos caraíbas desde os seus primórdios como grupo étnico independente e que não poderiam ser destruídas nem mesmo com o emprego da força bruta. Assim, o Conselho Municipal e a *comunidad* são adaptações modernas do princípio de governo dos anciãos, cuja presença oculta ou manifesta pode ser descoberta em todas as fases da história caraíba, conforme é relatado por observadores externos. A liderança dos anciãos, a responsabilidade das pessoas com autoridade perante a comunidade inteira, a vigilância do grupo como um todo com respeito aos que ocupam cargos públicos podem ser consideradas as características principais dos padrões de governo dos caraíbas negros.

As circunstâncias nas quais este estudo foi realizado fizeram com que a análise da vida política se tornasse difícil, uma vez que a maior parte dela tinha de se desenvolver clandestinamente naquele período. Entretanto, a opinião pública nada perdia em nitidez, apesar de proibidas as manifestações exteriores. As razões que inspiravam os atos dos representantes do governo de Tegucigalpa eram claramente analisadas e denunciadas, os acontecimentos de maior relevo eram aludidos de maneira disfarçada e as personalidades envolvidas eram designadas por seus apelidos que os caraíbas atribuíam a todos, tanto dentro como fora do grupo. Assim, depois dos primeiros rumores sobre o choque entre um chefe militar e um membro da administração em Trujillo, corria em Cristales a história da briga do General Anta com o Urubu, o que provocava todo tipo de comentário. Todas as demonstrações exteriores de respeito com relação aos poderosos fundavam-se na prudência e não na submissão. Foi somente depois de seis meses de contato diário com os caraíbas, quando já estabelecêramos relações de amizade em grau mais ou menos íntimo com muitos indivíduos, que pudemos ouvir críticas abertas ao *Muladu*[8] e ao seu governo.

Essa oposição vivaz, se bem que velada, continuou mesmo sob o regulamento militar rigoroso a que Trujillo foi submetida em 1948. A estrita observância desse regulamento era imposta pelos próprios caraíbas negros, de modo a não dar motivo a uma repressão drástica. Sua longa experiência histórica aconselhava-os a esperar pacientemente que se manifestasse o conflito entre os opressores, o que lhes permitiria reconquistar, tal como no passado, sua inteira liberdade.

Categorias de idade.

Dentro da família, a posição de cada indivíduo depende mais da idade do que de qualquer outro fator isolado. Desde o momento em que nasce, o indivíduo é, por assim dizer, conduzido por uma torrente de acontecimentos que são parte da ordem cosmológica. Vagarosa, mas seguramente, desempenhará os diferentes papéis designados pela cultura para cada idade. A conquista individual é reconhecida e a precocidade não é desencorajada, mas estimulada; a opinião do jovem será ouvida, seu conselho solicitado e suas contribuições para o bem estar da família serão exaltados. Entretanto, enquanto os pais viverem, o jovem jamais desfrutará do mesmo *status* que eles e seus parentes da mesma geração gozam.

Para cada fase de desenvolvimento existe um conjunto de regras de conduta bem definido. Poucas responsabilidades são atribuídas às crianças até os sete anos. Como dissemos anteriormente, espera-se que as crianças de ambos os sexos ajudem suas mães nas tarefas domésticas. Entretanto, a maior parte de seu tempo é para brincar, embora sob a vigilância de um irmão mais velho. Por volta dos sete anos as crianças vão para a escola e a ajuda que dão à família durante os três anos de sua educação é de importância secundária. Depois que saem da escola, onde aprendem pouco mais que a ler e a escrever o espanhol e os rudimentos de aritmética, começam, por volta dos onze anos, a ter responsabilidades próprias. Agora, as crianças de ambos os sexos tomam conta de seus irmãos menores. Além disso, os meninos recebem as

---

8. É um termo derivado de "mulato" e aplicado pelos caraíbas a todos que nascem na América Central, distinguindo-se dos negros (*mégeru*) e europeus (*násiu*).

primeiras instruções de pescaria, enquanto as meninas iniciam-se nas tarefas domésticas e agrícolas.

Nesse processo gradual de desenvolvimento, a transição que ocorre aos onze ou doze anos é mais fortemente marcada do que as outras. A partir dessa idade até que se casem, as crianças tornam-se pouco a pouco mais eficientes em atividades adultas, aprendendo mais pelo exemplo do que através de preceitos. Aos olhos do grupo, formação de um lar não representa, por si só, um sinal de mudança de *status*. É antes o nascimento dos filhos e o aumento da produtividade econômica que fazem alguém ser considerado maduro. Entretanto, o fato de ter filhos não altera, em princípio, as relações do casal com seus próprios pais.

Tal como na sociedade em geral, a autoridade no seio da família recai sobre os membros mais velhos. Embora as proezas físicas sejam muito valorizadas entre os caraíbas, há muitas razões pelas quais o seu declínio na velhice não acarreta a perda de prestígio. Como disse poeticamente um informante, "Os velhos têm vista curta, mas vêem longe o futuro; suas mãos são fracas, mas eles conhecem palavras que podem arrastar grandes quantidades de peixe". O conhecimento das coisas do mar ou da agricultura baseado em longa experiência, uma íntima familiaridade com as tradições do grupo e relações estreitas com os ancestrais divinizados (*gubida*) combinam-se para elevar o *status* dos anciãos[9]. Eles são também os principais artesãos da cultura. Todos os utensílios que os caraíbas fazem para seu próprio uso são geralmente fabricados pelos velhos do sexo masculino, exceto os raladores e as cabaças de carregar água que são feitos pelas mulheres velhas.

O princípio de ancianidade prevalece não só entre pais e filhos, mas também entre irmãos de idades diferentes. A posição de autoridade dos irmãos mais velhos não é mera questão de conveniência, mas parte integrante das tradições dos caraíbas. Mesmo quando a mãe não é obrigada a se ausentar do lar, esse padrão é mantido e é reforçado pela repreensão paterna. O respeito devido aos irmãos mais velhos, sem distinção de sexo, continua por toda a vida e foi observado nas relação entre um homem de 65 anos e seu irmão de 72.

O conceito de morte também implica um sentimento de gradação; os velhos participam progressivamente do reino dos espíritos, enquanto os mortos mais recentes estão ainda fortemente ligados à existência terrestre. Os

---

9. É importante notar que o coletivo *agoburigu* ("os anciãos") possui relação direta com o verbo *agoburiha* (tornar-se possuído por espíritos ancestrais).

espíritos dos ancestrais continuam a velar pela família e sua orientação não cessa com a morte.

A deferência devida aos pais e aos irmãos mais velhos não implica em sentimento de temor nem é assinalada por atitudes exteriores de respeito que são tão freqüentes na cultura euro-americana. A presença de uma pessoa mais velha não inibirá de modo algum o comportamento dos jovens do grupo; é até permitido, dentro de certos limites, aludir de maneira jocosa às incapacidades físicas de um indivíduo mais velho e isso não provocará mais que uma réplica vigorosa. Tal familiaridade não diminui a alta estima em que são tidas as pessoas mais velhas, tanto na família como na sociedade em geral.

Os parentes da geração paterna compartilham, em certa medida, das funções dos próprios pais. Em alguns casos, um irmão solteiro ou viúvo (ou irmã solteira ou viúva) dos pais pode morar com a família e, então, sua importância será ainda maior. Do mesmo modo, os avós cooperam efetivamente na criação das crianças, ajudando a reforçar a disciplina e ensinando as regras fundamentais da etiqueta e o comportamento adequado, tanto dentro como fora do grupo familiar. Freqüentemente, os avós ensinam às crianças as tradições caraíbas, propondo-lhes charadas, contando-lhes histórias, mitos e cantando canções tradicionais. Fazem também canoas de brinquedo e arapucas que dão aos meninos, assim como anzóis e linhas. Quando necessário, os avós podem substituir completamente os pais, durante períodos curtos ou mesmo longos.

Depois dos pais e dos avós, os padrinhos são as pessoas que têm mais influência na vida da criança. O batismo cria laços não apenas entre os padrinhos e a criança, mas também entre os pais e os padrinhos, que se chamam mutuamente de *nugufera*, da palavra francesa *compère*. Esse traço essencialmente católico foi completamente incorporado ao sistema de parentesco caraíba. O termo usado para padrinho é *nebenene*, enquanto que afilhado é *niámasiri*, que entre os índios caraíbas indicava as relações existentes entre pessoas que participavam dos ritos de iniciação na era pré-colombiana.

Os padrinhos também, como qualquer membro da geração paterna, podem substituir os pais quando necessário. No caso de órfãos ou filhos de famílias muito numerosas, a pressão econômica pode levar à adoção permanente. Uma criança pode passar tanto tempo na casa de um parente que, finalmente, fará dela o seu lar. Ocasionalmente, um menor caraíba pode ser adotado por uma família de ladinos e esta é uma das maneiras mais importantes pelas quais os traços ladinos se incorporam à vida caraíba. O fato da autoridade não ser representada apenas pelos pais torna relativamente fácil à criança ajustar-se a um novo lar.

À medida que cresce, a criança estende o padrão das relações iniciais com a família às que mantém com a sociedade como um todo e, desse modo, a organização social caraíba, na experiência da criança, nada mais é do que uma ampliação da família. Qualquer pessoa da geração mais velha pode repreender um jovem ou dar-lhe conselhos e isto será aceito como algo natural. Esses sentimentos refletem-se na linguagem corrente. Assim, uma criança chama de *iau* (irmão da mãe) todo homem da geração dos pais e os meninos chamam as meninas de *nitu* (irmã mais velha)[10].

Tão logo sejam consideradas suficientemente fortes, permite-se às crianças caraíbas acompanhar os membros de suas famílias nas visitas a parentes de outras aldeias. Uma hospitalidade generosa é sempre esperada, pois "eles são do mesmo sangue e linhagem". Quando chegada a maioridade, os rapazes vão trabalhar para estranhos longe da aldeia, sempre procurando algum caraíba que more na mesma região a quem possam pedir ajuda em caso de necessidade. Desse modo, desenvolve-se pouco a pouco em sua mente a noção de que todos os caraíbas pertencem a uma só família.

A identificação entre família e sociedade influencia muitas facetas da vida caraíba. Uma pessoa convida-se para uma refeição em casa de um amigo ou conhecido como se fosse a de um parente. Ferramentas e utensílios são tomados de empréstimo com inteira liberdade, às vezes, sem um pedido formal. Se, na viagem de volta, um pescador sem sorte se deparar com nassas repletas de peixe, não hesita em se apropriar da metade da captura. Tal comportamento é considerado indesejável, mas não criminoso e muito raramente a vítima recorrerá à ação da polícia. Respeita-se mais a propriedade de estrangeiros mas, mesmo nesse caso, ocorrem "empréstimos" ocasionais, o que contribuiu inegavelmente para a fama que os caraíbas negros têm de ladrões incorrigíveis. Do ponto de vista deles, o juízo é injusto, uma vez que não se encontram ladrões profissionais no grupo. Se carecem de um sentido bem desenvolvido de propriedade é porque, como disse em tom jocoso um informante, "no fundo somos todos comunistas".

Assim, os padrões ideais de relações individuais enfatizam a harmonia, a cooperação e a ajuda mútua. A hostilidade contra membros do próprio grupo é severamente condenada. Sempre que um desentendimento está prestes a

---

10. Vide *infra*, "Terminologia de Parentesco", p.193.

ocorrer, amigos das partes contendoras intervêm prontamente como mediadores. Apesar de grandes quantidades de bebidas alcoólicas serem consumidas em todas as reuniões, durante os dez meses que durou esta pesquisa, registraram-se apenas duas discussões violentas, ambas ocorridas em mesas de jogos por ocasião de velórios. Os caraíbas insistem constantemente na necessidade de evitar brigas destrutivas, que enfraquecem o grupo todo, e de juntar forças em uma frente comum contra o mundo hostil.

Na prática, a harmonia perfeita expressa pelos ideais de cultura não é alcançada nem dentro da família, nem na sociedade. Algumas vezes, os mecanismos que pareciam assegurar o bom funcionamento das instituições, depois de prolongada investigação, revelaram-se fontes de atrito. Assim, como foi mencionado anteriormente, um ou ambos os cônjuges podem se esquivar das responsabilidades próprias, o que, de acordo com as crenças caraíbas, é mais típico dos homens; por outro lado, as esposas tendem a estender sua autoridade a assuntos pertinentes ao mundo masculino. As mulheres são muitas vezes acusadas de recorrer a "remédios" ou fórmulas mágicas que obtêm dos feiticeiros com a finalidade de "domar um homem". Em alguns casos, segundo rumores da aldeia, doses maciças de drogas foram usadas inadvertidamente produzindo nas vítimas um estado próximo ao da idiotia.

O conflito entre cônjuges em uma família pode ter como resultado uma divisão permanente entre uma facção masculina e uma feminina. Nos contos populares, um pai, ao saber que o bebê recém-nascido era uma menina, ordena sua morte, mas a criança, salva pela mãe, com o passar do tempo, é o instrumento para a ruína do pai. A autoridade de que se reveste o irmão mais velho é muitas vezes causa de animosidade entre os irmãos. Raramente observam-se manifestações de hostilidade aberta contra o pai, já que ele representa o laço vivo entre o mundo terrestre e o dos *gubida*, e colocar em dúvida essa supremacia solaparia os fundamentos das crenças caraíbas. A desunião dentro da família cria grande ansiedade devido ao medo de que um membro indisposto possa fazer um pacto com o *pengaliba*, entidade sobrenatural equiparada às vezes ao demônio dos cristãos, entregando-lhe a alma de um dos parentes em troca de poderes mágicos.

Já que a agressão aberta também é desencorajada na sociedade em geral, recorre-se freqüentemente à arma do ridículo em forma de canções satíricas, apelidos e comentários maliciosos. A feitiçaria é outra maneira indireta para se destruir um inimigo. Acredita-se que o ódio dissimulado materializa-se numa espécie de fluido chamado *udahadu* que tem efeitos maléficos. Conta-se o caso de uma mulher que tocou um coco colhido por uma inimiga o qual estava tão carregado de *udahadu* que sua mão ficou aleijada para sempre. Para resumir, nas palavras de um caraíba, "Um homem prevenido sabe que deve esperar o melhor e o pior de seus parentes e de seus companheiros caraíbas".

Embora os padrões culturais regulem mais minuciosamente e com maior precisão as relações entre sexos do que entre as classes de idade, estas últimas não produzem tantas tensões emocionais e situações de conflito. A hierarquia por idade é considerada como uma parte tão integrante da ordem universal que seus princípios jamais são discutidos. As crianças são educadas a respeitar essa ordem universal mais por condicionamento do que por instruções diretas. Assim, o adulto é provido de uma série de normas, padrões de comportamento e atitudes básicas aprendidas na infância que o preparam para o relacionamento com parentes de todas as categorias tradicionais e com pessoas pertencentes a classes de idade correspondentes a essas categorias.

Embora os grupos de idade sejam concebidos como entidades distintas, não são separados por linhas rígidas de demarcação. Ninguém é excluído das principais cerimônias seculares ou religiosas e, muitas vezes, os membros dos diversos grupos de idade têm nelas papéis específicos. Nos velórios, por exemplo, todos dançam e ouvem histórias contadas pelos anciãos; as crianças, por sua vez, têm um jogo que envolve a passagem de pedras, enquanto os homens adultos preferem os jogos de cartas. Do mesmo modo, na época do Natal, não só há festas das quais todos participam, como também danças dramáticas executadas por grupos de jovens ou de crianças.

Por vezes, entretanto, os diferentes grupos de idade têm funções exclusivas. A morte de uma criança mais velha pode ser solenizada por um velório composto apenas de crianças. As pessoas mais velhas promovem seus próprios bailes, assim como os grupos mais jovens. Todos, com exceção dos homens velhos, costumam tomar parte do chamado *hôgóhôgo*, que consiste em grupos que vão de casa em casa cantando e aos quais se servem bebidas. Entretanto, de maneira ideal, todo membro de um grupo etário deveria executar as tarefas concernentes a esse grupo, gozar de suas prerrogativas e participar na vida social da maneira prescrita pelo seu círculo de idade.

Agrupamentos de trabalho cooperativo.

Os agrupamentos de trabalho cooperativo na sociedade caraíba negra carecem de organização formal; com exceção do sentimento de que se deve auxiliar um vizinho quando este necessita, não há nenhuma modo de participação prescrito neles, nem é imposto um conjunto definido de obrigações a ninguém. Entende-se, entretanto, que o rebocar das paredes de uma casa construída para um casal recém-casado cabe a todos os homens, mulheres e crianças que tenham relações de amizade com os donos ou que venham a ser seus vizinhos. Muitas vezes na prática, os habitantes de um *barrio* inteiro ou até mesmo de uma pequena aldeia poderão estar incluídos nesse número. Essa forma de mutirão é conhecida como *abodorahani* ou *embarrada*.

Primeiramente ergue-se o vigamento com a ajuda de um carpinteiro e de seus aprendizes[11]. Na véspera do dia marcado, um grupo de homens vai às montanhas para procurar um depósito de argila. Levam consigo baldes de água e, às vezes, areia para misturar com o barro, caso seja muito espesso. A massa é trabalhada com enxadas até que fique pronta para ser usada e deixada para descansar durante a noite. No dia seguinte, depois da refeição matinal, todos se reúnem no centro da aldeia; um pedaço de pano com cores vivas (a bandeira da *embarrada*) é amarrado a um mastro e entregue geralmente a uma mulher que o carrega bem alto e começa a cantar uma canção de marcha que logo é acompanhada por todos. Seguindo a liderança, todo o grupo encaminha-se para o local onde se ergue a casa semi-construída. As mulheres e as crianças formam uma linha até o depósito de argila, carregando em suas cabeças telhas e pedaços de tábuas que trazem de volta cheios de massa para o reboco. O revestimento das paredes é feito pelos homens, com movimentos vigorosos dos braços e das mãos, enquanto suas línguas não ficam menos ativas, caçoando de todo o mundo. Todos se envolvem em réplicas vivas, fazendo as insinuações que os caraíbas tanto gostam. As velhas, que possuem um talento especial para as canções satíricas, são muito temidas, pois os versos são facilmente lembrados e a ferroada do comentário é duradoura.

As paredes vão sendo rebocadas, enquanto as reputações se despedaçam, velhos escândalos são revividos e novos casos contados. Pelo meio-dia, geralmente, o trabalho está terminado, faltam somente as portas e as janelas que serão colocadas pelo carpinteiro. É típico da cultura dos caraíbas negros que a primeira pessoa a entrar na casa nova o faça dançando. Pois a alegria, dizem, deve ser a primeira a entrar na casa e permanecer para sempre. Todos os participantes devem também entrar e dançar. Então, servem-se rum e freqüentemente uma refeição, depois do que retiram-se os convivas, com

---

11. Vide *infra*, "As despesas da família", p. 91.

exceção dos moços que, às vezes, mandam buscar bebida e continuam cantando ao som de tambores até o anoitecer ou mais tarde.

Outra tarefa habitualmente feita por meio de cooperação é o transporte de uma canoa do morro – onde o carpinteiro ajudado pelos aprendizes e pelo dono abate uma árvore e a escava – até a praia, onde lhe será dado o acabamento. Para esse trabalho, que se chama *halada*, reúnem-se o proprietário e seus amigos íntimos, em um total de seis a doze homens, conforme o tamanho do barco, e a operação dura às vezes três dias ou mais. Costumam trabalhar desde o amanhecer até o meio-dia; param então e recomeçam no dia seguinte até que a embarcação chegue finalmente à praia.

Como sempre acontece entre os caraíbas, a data para o início do transporte da canoa é marcada e adiada uma ou duas vezes. Finalmente, no dia combinado, o grupo dirige-se até o morro, às quatro horas da madrugada, munido de número suficiente de cordas grossas. Estas são passadas pelos orifícios aos quais serão presos os bancos; os homens, sob a direção de um lenhador experiente, são colocados de modo a assegurar um trabalho eficiente de conjunto, uns puxando as cordas, outros empurrando o barco por trás. A um grito do dirigente, todos entram simultaneamente em ação e a canoa começa a jornada morro abaixo, pelas estreitas picadas que serpeiam as encostas. A descida é vagarosa, entremeada de frases em caraíba, espanhol e inglês, tais como "*Pull, boys, pull! Muchachos, no me engañen! Aho, nibugaião!*" (*Vamos, irmão mais velho!*). A troca de exortações e de insultos amistosos não pára, exceto quando um esforço maior se faz necessário e, nesse caso, todos entoam juntos uma canção de trabalho. Quando a canoa precisa ser levada por uma trilha de rocha desnuda, fazem uma parada e retemperam as forças com goles de rum; colocam toras sob a canoa a fim de preservá-la de arranhaduras, o que exige habilidade e força para que não role declive abaixo e vá se estraçalhar de encontro às árvores que ladeiam a passagem.

Ao meio-dia, quando a temperatura é incômoda demais para continuar o trabalho, são servidas as provisões trazidas pelo dono da canoa e doses de rum. Depois disso, geralmente, cada um volta para casa, pois os caraíbas temem permanecer na mata perto da hora do crepúsculo, ficando expostos, assim, aos ataques dos espíritos. Se a canoa é necessitada com urgência, tomam-se precauções contra os perigos sobrenaturais e o trabalho pode prosseguir pela noite adentro.

Quando as modalidades de trabalho cooperativo foram discutidas com os membros do grupo, mencionou-se também o cavar a sepultura para um amigo que morre, tarefa recompensada com garrafas de 1/4 de litro de rum; o que é feito pelo bem da amizade e não pela recompensa material, do mesmo modo que lavar e vestir o morto para o velório.

Como pode ser deduzido do que foi dito acima, o trabalho cooperativo não é tão organizado entre os caraíbas como entre outros grupos negros do Novo Mundo. Os padrões de auxílio mútuo nessa sociedade regulamentam mais as atividades dos indivíduos do que a dos grupos. As formas institucionalizadas de serviços recíprocos encontradas dentro da família são da maior importância como fator econômico.

3. O Casamento

Na maioria dos aspectos da cultura caraíba, dá-se especial importância à transição: uma situação leva à outra por gradações sucessivas. Ao nascer, a criança não é considerada uma pessoa completa, falta-lhe ainda uma parte do seu ser espiritual que será adquirida nos sete dias seguintes. A morte também é considerada como sendo gradual e é em si mesma apenas a primeira fase do processo de divinização do ancestral. Tampouco o desenvolvimento sexual do indivíduo passa pelas descontinuidades que se observam em outras sociedades. O casamento não é concebido como uma mudança súbita do *status*, mas sim como o passo final na estabilização de uma união sexual. Via de regra, os casos amorosos dos adolescentes, comportando ou não a consumação do ato sexual, levam a relações de maior duração. Se ambos os pais estão satisfeitos com a seriedade de intenção de um pretendente, este recebe permissão para freqüentar a casa; a intimidade sexual entre ele e a futura esposa é tacitamente consentida na maioria das vezes.

A conduta sexual dissoluta, entretanto, é condenada. Ao se indagar a respeito de uma moça, "De quem ela é namorada?", pode-se às vezes receber a resposta, "Fulana? É namorada de todos". Jovens como essa dificilmente encontram um companheiro permanente; como explicou um informante, "Quando levo uma mulher para casa, quero ter a certeza de que os filhos que tiver com ela são meus mesmo". Mas admite-se que mesmo depois de muitos casos uma mulher pode sossegar e vir a ser tão boa esposa como qualquer outra. Freqüentemente, as mães são censuradas pela má conduta das filhas, por não as terem educado e vigiado convenientemente.

As mães caraíbas vigiam constantemente as filhas, especialmente durante os velórios, quando as mulheres mais velhas são vistas deixando o grupo em que dançam ou se contam histórias para se certificar de que as moças sob sua guarda não foram para a praia em companhia de rapazes. As tentativas de sedução podem ocorrer em outras ocasiões. Assim, uma manhã, por volta das quatro horas, uma mulher notou que a filha tardava ao buscar água necessária para a refeição da família. Foi à sua procura e encontrou-a entrando em uma casa abandonada nos arredores da aldeia, seguida por um rapaz que a estivera cortejando. A mulher fez tal escarcéu que a vizinhança toda veio ver o que estava acontecendo. Sendo esse o tipo de caso que delicia os caraíbas de todas as idades, isso espalhou-se pela aldeia em poucas horas e por toda a região alguns dias mais tarde. O rapaz foi alvo de tal ridículo que, incapaz de suportá-lo por mais tempo, foi passar um mês em Tegucigalpa, só voltando quando outros acontecimentos haviam desviado a atenção de sua pessoa. Louvou-se a esperteza da mulher, mas a atitude do jovem, embora considerada cômica, não encontrou total desaprovação. Os rapazes e as mães das moças são, às vezes, como antagonistas em uma competição de destreza na qual a moça é o prêmio. Os irmãos da moça podem estar de um lado ou de outro, de acordo com as alianças formadas pelos rapazes.

Conta-se que antigamente esse jogo era praticado mais intensamente e com maior arrojo do que na atualidade. Os homens idosos narram com o mesmo gosto proezas sexuais e aventuras com o contrabando, e igual prestígio advém da destreza e audácia evidenciadas em ambos os tipos de atividade. Segundo essas histórias, a prática de se insinuar durante a noite na casa de uma moça com o propósito de seduzi-la era então bastante freqüente.

Se um rapaz, ao atingir a idade de casar, não mostra inclinação para constituir família, sua conduta será considerada repreensível. Tal foi o caso de um homem de trinta e três anos que, ao voltar à aldeia depois de uma ausência de mais de uma década, cortejou uma moça durante muito tempo, a despeito da oposição da mãe, mantendo com ela relações sexuais, segundo foi dito. Depois de decorridos alguns meses, recusando-se a tomar uma decisão, foi censurado publicamente por um dos anciãos da aldeia que declarou estar fazendo o papel do falecido pai do rapaz.

Habitualmente, ao se chegar à idade sancionada para o casamento, cerca de 20 anos para os rapazes e 18 para as moças, ambos os namorados comunicam às respectivas famílias o desejo de contrair uma união estável. Todos os parentes de ambas as partes são consultados, pois, embora os problemas emocionais dos dois jovens digam respeito somente a eles, a continuação da linhagem familiar é de interesse vital para a família extensa. A história passada das famílias é examinada de ambos os lados, à procura de indícios de esterilidade e casos de abortos ou de morte freqüente de recém-nascidos que possam ter causas naturais ou sobrenaturais. As discussões tomam às vezes um tom azedo, desenterram-se segredos vergonhosos e são feitas acusações com ou sem fundamento.

Se ambas as famílias aprovarem a união, exige-se apenas uma declaração formal do intento de casar. Na ausência de maiores objeções, realiza-se uma cerimônia simples. No dia marcado, o rapaz, acompanhado pelos pais ou, na falta destes, por dois parentes masculinos de idade madura ou dois velhos da aldeia, vai visitar os pais da moça. Na presença dessas testemunhas promete solenemente casar-se na forma da lei com a jovem, tão logo as condições financeiras o permitam. Se possível, o casal irá então morar junto, em uma casa nova construída para eles[12]. Entretanto, talvez seja necessário que o rapaz obtenha trabalho em algum lugar longe da aldeia, a fim de juntar dinheiro suficiente para fundar sua família. Ele irá então trabalhar a bordo de um navio, ou em um campo de mogno, em uma companhia de frutas, como criado doméstico ou em qualquer empresa que tenha vaga na ocasião. Espera-se que volte ao fim de um ou dois anos para tomar seu lugar.

A própria construção da casa é um acontecimento significativo. O rapaz, com a ajuda dos companheiros ou de um carpinteiro contratado, levanta os esteios, fixa as hastes de *caña brava* de que são feitas as paredes e cobre o teto de palha. O rebocar das paredes, chamado *embarrada*[13], é sempre feito cooperativamente. É uma ocasião festiva da qual participam todos os parentes e amigos do casal.

12. Taylor observou em Honduras Britânica que se exige que o jovem escreva um pedido formal da mão da moça. O original é guardado pela mãe da moça e tira-se uma cópia para os pais do rapaz, às vezes, para os próprios jovens também. Depois disso, o rapaz tem livre acesso à moça e deve se casar tão logo seja possível. Ocasionalmente, a carta formal tem de especificar que o casamento terá lugar dentro de um certo período, por exemplo, dentro de cinco anos; quase sempre, porém, isto é considerado como um assunto que concerne ao próprio casal. (Taylor, *op. cit.*, p. 95.) Um informante contou ao autor que a carta de casamento não era desconhecida na República de Honduras, mas que não é mais exigida pois hoje "as pessoas confiam mais umas nas outras". Talvez um maior desenvolvimento urbano nas Honduras Britânica seja responsável pela continuidade dessa prática.

13. A palavra caraíba é *abodoriha*. Os caraíbas usam o equivalente espanhol, *embarrada*, significando revestir ou calafetar, para designar toda a ocasião festiva. Entretanto, o termo *embarrada* não se aplica em Honduras Britânica, onde as casas são construídas somente de madeira.

As funções da *embarrada* são muitas. A mais importante é seu papel econômico, uma vez que possibilita a construção da casa, tendo como única despesa os gastos com comida e bebida. É também uma maneira indireta de se obter a aprovação do grupo para a união recém-formada; além disso, proporciona ocasião para danças e cantos, algo sempre muito bem-vindo para os caraíbas.

Em caso de oposição paterna, o casal pode fugir. Usualmente, a família se resigna quando é confrontada com o *fait accompli*, mas recorre às vezes à ação policial com o objetivo de assegurar o casamento imediato. Neste caso, as formalidades são mínimas. As despesas são também eliminadas, já que se abre mão da taxa paga ao Juiz de Paz, o casamento na igreja não é celebrado e não se dá a festa habitual. A fuga é tolerada pelo grupo. Entretanto, a possibilidade de um afastamento permanente dos pais da moça sempre é levado em consideração, uma vez que isso poderia acarretar graves conseqüências religiosas e sociais. Na prática, após um período de relações tensas, vem a reconciliação; mas, se o marido se mostrar indesejável, como previram os pais, a moça é bem recebida de volta à casa paterna.

Como é sugerido pelo que foi dito acima, a barreira mais importante para o casamento é a econômica. A maioria dos jovens, no começo da vida, não possue dinheiro suficiente para cobrir as várias despesas que o casamento acarreta. Mesmo aqueles que possuem recursos para as bodas, adiam a sua realização até que as necessidades mais prementes como casa, alguns móveis, instrumentos agrícolas e apetrechos de pesca, inclusive a canoa, possam ser satisfeitas, pois seria considerado indesejável proceder de outra maneira.

As despesas do casamento constituem um ônus pesado para indivíduos que vivem próximos do nível da subsistência. A taxa paga ao padre é de cerca de $ 5.00[14]. O traje da noiva, que deve ser todo novo, inclui sapatos, meias, roupas de baixo, vestido, véu e luvas, o que perfaz cerca de $ 30.00. O noivo veste sua melhor roupa e seu melhor par de sapatos, não precisando assim comprar nada de especial para a ocasião. Devem ser comprados três anéis, dos quais a esposa usa dois e o marido um; ao todo, custam $ 10.00. Brincos de cristal são indispensáveis para a noiva; os tradicionais "brincos de

---

14. A unidade monetária da República de Honduras é a lempira, no valor de US$ 0.50. Porém, as moedas e notas bancárias hondurenhas raramente são encontradas nas regiões distantes da costa caraíba, onde os preços são referidos em lempiras, mas pagos com divisões de dólar (*half dollar, dimes, nickels*). Neste trabalho, os preços serão dados apenas em moeda americana.

casamento" lembram uma gota d'água pendente de uma corrente e custam $ 6.00 o par. Parece que em um dos ritos faz-se o uso de doze moedas de prata, embora este assunto não tenha ficado bem esclarecido. Após a cerimônia, tem lugar uma refeição mais suntuosa do que as servidas em qualquer outra ocasião. O bolo custa de $ 5.00 a $ 7.50; café e bebidas outros $ 10.00 e a orquestra toca geralmente de sete a oito horas, a $ 3.50 a hora.

Entretanto, uma razão não econômica apresentada para adiar a cerimônia do casamento é que os caraíbas acham que nenhuma mudança importante em suas vidas deve ser precipitada, pois cada acontecimento nada mais é do que um de uma série e segue um curso culturalmente predeterminado. Não se trata de tomar uma decisão e agir de acordo com ela, mas de executar o movimento apropriado no tempo certo, atitude esta que aparece em cada fase da vida caraíba. No caso específico do casamento, ouve-se freqüentemente a citação do provérbio espanhol: "Casamento y mortaja en el cielo se taja".

Visto que, como ficou demonstrado, a maior parte dos casamentos realizam-se entre pessoas que viveram juntas por muitos anos, a maioria dos casais já tem vários filhos quando se casam oficialmente. Do ponto de vista dos caraíbas, entretanto, isso prova não só a capacidade do casal para viver junto e criar os filhos, como também mostra que não existem obstáculos sobrenaturais à união. A bênção nupcial não confere maior estabilidade do que existia antes. De acordo com os padrões da cultura caraíba, a cerimônia nada mais é do que a etapa final no processo de se estar casado; não é, por si, considerado um ato decisivo. Embora as uniões sancionadas pela Igreja dissolvam-se menos freqüentemente do que as que não o são, isto não se deve à diferença do *status* legal das uniões. Os caraíbas com os quais se discutiu a questão geralmente concordaram que o compartilhar contínuo de uma vida em comum é o fator essencial e que, se as desavenças surgirem, os casais legalmente unidos irão se separar tão prontamente como aqueles constituídos informalmente. De novo, é pertinente notar que após a separação, um ou ambos os cônjuges habitualmente contraem novas ligações que muitas vezes têm duração maior que as precedentes, embora não possam ser reconhecidas, quer pela Igreja Católica, quer pela lei.

Os motivos para a dissolução de uma união são semelhantes aos encontrados em muitas outras culturas. O fato de um dos dois deixar de prover a sua parte dos víveres é importante. A embriaguez é uma razão freqüentemente apresentada e a esterilidade outra. Pode haver uma incapacidade de adaptação ou meramente o fato de que um homem deixe sua aldeia para ser marinheiro ou trabalhar em outra parte. O adultério é mais tolerado no caso do homem do que no da mulher. A mulher tentará ocultar suas relações extraconjugais e recorrerá ao aborto se for necessário. Recorre-se raramente ao divórcio legal, pois implica pesadas despesas; o único caso encontrado no correr desta pesquisa tinha como principal motivo a tentativa de elevação do *status* pela imitação dos padrões morais ocidentais.

A dissolução do lar não é de freqüência elevada, embora as normas ideais da cultura o permitam. A afirmação feita pelos ladinos que "nenhuma esposa caraíba sabe se encontrará o marido a seu lado na manhã seguinte" é bastante exagerada, e o sentimento de insegurança subentendido é inexistente. A separação de um casal é freqüentemente gradual e ocorre quando o homem vai trabalhar em algum outro centro e torna suas visitas à aldeia cada vez menos regulares. O papel de provedora de alimentos agrícolas dá à mulher grande independência; ela recebe assistência moral e financeira dos pais, com quem pode ir morar quando abandonada pelo companheiro. Do mesmo modo, se é o marido que fica, pode residir com a família paterna. Na sociedade caraíba, a natureza contratual das relações entre marido e mulher é enfatizada, enquanto que os laços que prendem pais a filhos são considerados de natureza mística, tanto quanto biológica, sendo assim em grande parte independentes da vontade humana.

A poligamia, não reconhecida pela lei de Honduras, é, em princípio, aceita pelos caraíbas e realiza-se na prática, a despeito da vigorosa campanha mantida pela Igreja Católica. Entretanto, faz-se distinção entre as ligações transitórias e as de caráter permanente. No primeiro caso, a mulher é chamada *querida*, termo de conotações derrogatórias. Quando um homem e uma mulher contraem uma ligação duradoura, diz-se que são *endamados*. A mulher é chamada de *dama*, do espanhol vernáculo, enquanto que o homem é designado por *damo*, palavra de criação popular.

Mesmo na ausência de obstáculos legais ou religiosos, relações de *endamados* podem continuar pela vida toda sem o casamento. Entretanto, às vezes, quando um dos cônjuges está no leito de morte, o padre e o Juiz de Paz são chamados para realizar a cerimônia do casamento. Freqüentemente os caraíbas aproveitam essa última oportunidade para regularizar a situação com relação à Igreja Católica e com relação às leis de herança.

As estatísticas hondurenhas de 1945 mostram que 75% das crianças caraíbas nascidas no distrito de Trujillo são "ilegítimas", isto é, de acordo com o código civil provêm de uniões irregulares. Dessas, 23% não puderam ser legitimadas, sendo presumivelmente fruto de lares polígamas[15]. Sempre que possível, o pai muda o *status* da criança através de uma declaração oficial de paternidade na hora do nascimento. Isso não é permitido se o pai for casado legalmente com outra mulher, mas mesmo assim, ele pode mentir sobre seu estado civil para efetuar o registro. Deve ser ressaltado aqui que não há lugar na cultura caraíba negra para o conceito de ilegitimidade como existe nos sistemas legais europeus ou deles derivados. Sendo a legitimidade uma vantagem do ponto de vista dos ladinos, traz em si algum prestígio; mas na sociedade caraíba não se faz distinção entre crianças nascidas de casamentos sancionados pela lei e pela Igreja e as que se nascem de um casal *endamado*.

4. A Família

Embora à primeira vista a família caraíba pareça ser um lar constituído por marido, mulher e filhos, esse arranjo, certamente em seu estágio inicial, tem menos importância do que a família extensa consangüínea. Na eventualidade de um homem se casar com uma moça de outra aldeia, o casal normalmente fixará residência perto da família da moça, assim a mãe poderá ajudá-la nas dificuldades dos primeiros tempos da vida de casada, especialmente no que se refere à gravidez e à criação dos filhos. O marido, do mesmo modo, ficará dependente de sua família quanto aos conselhos e auxílios, mesmo que esteja separado dela. Entretanto, com o passar do tempo e o crescimento dos filhos, a nova família torna-se mais sólida. Assim, as relações entre marido e mulher diferem em natureza daquelas da cultura euro-americana. Os laços que os ligam a seus pais jamais se rompem, mas, novamente de acordo com os padrões dos caraíbas negros, são gradualmente atenuados.

Tão logo a casa esteja construída, o casal muda-se. Desde o início, os respectivos papéis são estabelecidos pela cultura. Cada um tem seus próprios deveres e responsabilidades, cabendo ao homem as tarefas mais pesadas.

A primeira necessidade de um novo lar é uma horta, feita pelo homem que derruba as árvores grandes e queima a vegetação rasteira. Embora a partir de então as atividades agrícolas sejam geralmente atribuições da mulher, o marido pode ser chamado ocasionalmente para carpir, se houver necessidade. Sua obrigação básica, entretanto, é apanhar peixe, a principal fonte de proteínas dos caraíbas, o que lhe toma a maior parte do tempo. Deste

---

15. *República de Honduras – Resumen del Censo General de Población*, 1947, pp. 173-182.

modo, suas horas de trabalho são passadas no mar ou consertando o barco, as redes e demais apetrechos. Ele também é responsável pelo armazenamento de lenha a ser utilizada durante a estação das chuvas. Tradicionalmente, o homem também traria a caça, mas não se pode mais caçar uma vez que o governo hondurenho proíbe aos caraíbas negros a posse de armas de fogo. Ocasionalmente, pequenos animais são caçados em armadilhas.

A lavoura, tarefa fundamental da mulher, compreende plantio, rega, podas ligeiras e colheitas[16]. Ela recolhe lenha para as necessidades diárias durante a estação seca e, muitas vezes, adiciona ao suprimento de proteína a coleta de mariscos feita na praia. Periodicamente, um grupo de quatro ou seis mulheres reúne-se para ralar mandioca e fazer pão. Há também uma variedade de tarefas domésticas para as mulheres: preparar as refeições, lavar a roupa e limpar a casa. Em suas atividades, as mulheres são ajudadas por todos os filhos de menos de dez anos e também pelas filhas mais velhas; os meninos mais velhos e seus pais ocupam-se com o trabalho dos homens.

A posição da mulher na família não é subordinada; concebe-se o casal em termos de igualdade e não como uma associação em que uma pessoa manda e outra obedece. Embora maior prestígio social esteja associado à posição do homem, uma vez que as atividades masculinas colocam em jogo os traços mais admirados, tais como coragem, destreza e presença de espírito diante do perigo, nem por isso sua posição o habilita para os serviços de uma mulher. Se ele deixa de cumprir com sua parte, a esposa continuará a prover o lar com sua parte da comida e, em caso de prolongada má sorte na pescaria, poderá dar ao marido alguns trocados, mas ele irá se sentir em débito com ela. Contudo, a mulher que se recusa repetidamente a auxiliar o marido é tachada de mesquinha pelo grupo, uma vez que a falta de generosidade é um defeito aos olhos dos caraíbas e freqüente alvo de ridículo.

Sendo a agricultura uma ocupação menos incerta que a pesca, as mulheres raramente deixam de suprir a casa com produtos da horta. Com mais freqüência também, elas possuem pequenas sobras de produção que podem ser convertidas em dinheiro. Esse fato, aliado à regularidade da rotina, dá à mulher um senso maior de segurança do que tem o homem, que, ao lutar pela subsistência, está à mercê das marés, das correntes, das condições do tempo e de todos os fatores que ocasionam a escassez ou abundância de peixe. Na tradição dos caraíbas negros, a instabilidade do mar freqüentemente

---

16. Vide *infra*, "A produção de alimentos", p. 71.

se opõe à firmeza da terra; supõe-se que as mulheres partilham das qualidades da terra e, portanto, são menos irascíveis e psicologicamente mais estáveis que os homens.

A divisão sexual do trabalho é julgada, portanto, não como uma causa, mas como o resultado de uma divisão básica da natureza e da sociedade em um domínio masculino e um feminino, concepção essa que afeta não só a estrutura social, mas também a vida econômica e religiosa. As diferenças sexuais acentuadas são tidas como a principal fonte dos problemas do casamento; a solução para esses problemas está em não tentar superar as diferenças entre os sexos, mas em definir claramente o campo de ação de cada cônjuge, regendo-se as relações pelo princípio de reciprocidade de serviços, como é visto em ação no lar. Fora do lar, marido e mulher podem ou não partilhar de interesses e atividades recreativas comuns; a compatibilidade ou incompatibilidade de gostos não repercute profundamente na vida matrimonial. Uns poucos exemplos ajudarão a esclarecer o funcionamento da instituição.

Um pescador próspero, um individualista que acreditava mais nos seus próprios poderes mágicos do que na proteção concedida pelos espíritos ancestrais, pouco se interessava por esse culto. Sua mulher, entretanto, gostava acima de tudo dos cantos, danças e pratos especiais que fazem parte das cerimônias religiosas dos caraíbas negros e, assim, era vista freqüentemente fazendo longas viagens, desacompanhada de seu marido, para participar de uma das cerimônias. Às vezes, ela ficava ausente durante uma semana inteira, sem que disso resultasse qualquer tensão nas relações conjugais. Ao voltar, tarde da noite, ela o acordava para lhe contar sobre a festa e depois, visto que necessitava de um sono reparador, ele armava a rede e cedia-lhe a cama.

Outro caso era o de um moço cuja esposa era ligeiramente mais velha do que ele e que, segundo o rumor popular, mimava-o em tudo, não compartilhando, no entanto, de sua paixão pela dança. Certa ocasião, sabendo que ele desejava ir a um baile promovido pela *Comunidad* sem ter recursos para pagar a entrada, trabalhou três dias fazendo pão de mandioca, obtendo com a venda dinheiro suficiente para que ele pudesse ir à festa, enquanto ela ficou em casa.

A independência dos cônjuges em relação um ao outro é reforçada pelos laços religiosos que os prendem à própria família extensa. Assim, chegada a ocasião, cada cônjuge participa das cerimônias apropriadas, cada qual com seus parentes. O outro cônjuge não fica impedido de assistir a tal cerimônia, pelo contrário, há casos em que o marido, estabelecendo relações amistosas com os parentes por afinidade, contribuía com comida ou rum para os ritos celebrados em honra dos mortos. Tal procedimento é louvado, mas não se trata de uma obrigação. Assim também as crianças são ensinadas a respeitar e a contar com a proteção dos ancestrais dos pais. Vê-se o princípio de reciprocidade em ação desde o momento do nascimento, com a instituição da *couvade*. Depois que a criança nasce, o pai deve ficar em casa ou, se não o fizer, não deve se empenhar em grande esforço muscular, até que o cordão umbilical do recém-nascido tenha secado e caído. A violação dessa regra traz graves conseqüências. Histórias, que seguem um padrão regular, relatam como um *sprit fort* local, um ex-marinheiro que considerava grande parte das tradições de seu povo como "conversa de mulher velha", ao ser pai pela primeira vez desafiou a lei da *couvade*. Um dia depois de sua esposa ter dado à luz, ele pegou o machado e foi para a floresta com o propósito de derrubar uma árvore para fazer uma canoa. Encontrando uma árvore de mogno de tamanho conveniente, começou a abatê-la. A mulher e as parentas, em casa, observaram que o recém-nascido se contraía ritmicamente, a intervalos regulares que, segundo suspeitavam, correspondiam às machadadas do pai. Mandaram um menino buscá-lo imediatamente. Quando ele chegou em casa, o umbigo da criança estava sangrando profusamente e somente era possível ao pai salvar a criança se envolvesse seu corpinho na camisa do pai empapada em suor[17]. Agora, dizem, ele aprendeu a respeitar "os costumes que vieram de nossos ancestrais".

A *couvade* é explicada à luz das crenças caraíbas relativas à pluralidade de almas. Quando a criança é concebida, supõe-se que a mãe lhe forma o corpo. No momento do nascimento, a criança tem um ou talvez dois dos componentes espirituais, *anigi* e *iuani*, mas nunca seu *áfurugu*, corpo astral semelhante ao anjo da guarda que, em consonância com sua natureza de protetor, está relacionado com os espíritos divinizados da linhagem do pai e só virá depois que o cordão umbilical cair[18]. Deste modo, a criança depende da substância espiritual do pai, não possuindo uma que lhe seja própria durante aquele período crítico. E, assim, a concepção de uma cooperação harmoniosa e independente entre os dois sexos manifesta-se até para explicar o fato biológico da formação de um novo ser[19].

---

17. Este é o procedimento padrão recomendado pelos curandeiros. Vide *infra*, "Adivinhas, curandeiros e feiticeiros", p. 141.
18. Vide *infra*, "A crença básica: o conceito de alma", p. 99.
19. Para maiores detalhes sobre a *couvade*, vide Coelho, 1949.

Os padrões de divisão de trabalho que prevalecem dentro da família adaptam-se muito bem à prática da poligamia. Sendo os deveres do homem para com a casa específicos e limitados, ele está apto a desempenhá-los em dois ou mais lares simultaneamente. Isto é importante, já que quando um homem tem várias mulheres, cada uma tem direito igual à sua ajuda. As instituições que regulamentam a poligamia existem há muito e não mudaram substancialmente com o passar do tempo, como evidencia a narração de um viajante do século XIX que diz,

A poligamia é geral entre eles, alguns tendo até três ou quatro mulheres, mas o marido é obrigado a ter uma canoa e uma plantação separadas para cada mulher e, se dá um presente para uma, deve dar às outras um do mesmo valor, assim como deve dividir seu tempo igualmente entre elas: uma semana com uma , uma semana com outra e assim por diante. Quando um caraíba escolhe uma mulher, prepara a terra para a plantação e constrói uma casa; a mulher então assume a direção e ele se torna um ocioso até o ano seguinte, quando outra plantação deve ser preparada. A mulher cuida dessas plantações com muito zelo, perseverança e perícia, e, no curso de 12 ou 15 meses, tem todas as espécies de alimentos usados entre eles. Como todos os produtos lhe pertencem inteiramente, ela guarda em casa o suficiente para o marido e para a família e dispõe do resto para comprar roupas e outras coisas necessárias. É costume, quando a mulher não pode fazer todo o trabalho requerido na plantação, contratar o marido pagando dois dólares por semana.[20]

Não é necessário dizer que o autor, embora seja aparentemente um bom observador, deixa de reconhecer a importância da pesca como atividade masculina. Foi, provavelmente, o fato de ver os pescadores dormindo à tarde que o levou a acreditar que são "*gentleman at large*". Atualmente, a mesma opinião errônea prevalece entre os ladinos que estão em contato com os caraíbas. Além disso, atualmente, não se encontra nenhum caso de esposa pagando ordenado a seu marido por trabalhos feitos em sua horta, embora a idéia pareça perfeitamente aceitável àquelas com quem o assunto foi discutido. A fim de justificar a existência dessa prática no passado, uma anciã aventou a hipótese de que, antes da construção do canal do Panamá, quando muitos navios aportavam freqüentemente em terra firme, a venda do pescado era altamente remunerada, e a mulher que requisitasse o marido para tarefas agrícolas não incluídas em suas obrigações específicas deveria compensá-lo pelo lucro que ele deixasse de ganhar como pescador. Portanto, a escassez

20. Thomas Young, 1842, pp. 122 ff.

do dinheiro teria sido a responsável pela eliminação das transações econômicas dentro da família.

Em outros pontos, o quadro traçado por Thomas Young poderia ainda descrever perfeitamente a situação moderna, embora logo depois de sua visita à costa hondurenha os caraíbas negros tenham se convertido oficialmente ao catolicismo. Hoje, os cortadores de mogno, os marinheiros, os comerciantes, os donos de grandes plantações e todos os que têm recursos possuem legalmente uma esposa em uma vila e mantêm uma ou mais *damas* em outras partes do país. A mera existência de várias esposas não é causa de conflito, mesmo nos raros casos em que elas moram na mesma aldeia. As relações entre as mulheres envolvidas variam da amizade calorosa até a polidez distante, embora haja como antigamente disputa na tentativa de obter maiores vantagens para si e para os filhos. Em alguns casos observados, as boas relações eram preservadas pela ignorância simulada da situação. Os filhos das co-esposas, entretanto, crescem usualmente em boa paz uns com os outros. A união sancionada pela Igreja Católica e pela lei hondurenha confere à esposa a mais alta posição, independentemente de ser ou não a preferida.

Estimativas feitas em três aldeias caraíbas mostram que 20 a 25% dos homens adultos sustentam duas ou mais casas[21]. Se tomássemos ao pé da letra as afirmações iniciais do trecho de Young, isso poderia significar que os costumes mudaram desde aquela época. As pessoas idosas são também da opinião de que antigamente a poligamia era mais generalizada do que hoje. As razões que apresentam para o seu declínio são as condições econômicas desfavoráveis que prevalecem agora e a oposição da Igreja. Em tempos idos, a poligamia era institucionalizada e não suscitava objeção alguma, mas ao que tudo indica, não era mais praticada do que na atualidade, uma vez que estava somente ao alcance dos membros mais ricos da sociedade. Assim, é razoável admitir que a crença de que era mais disseminada no passado origina-se do fato de que era então abertamente aceita.

---

21. Esses números corroboram os dados do recenseamento hondurenho relativos aos filhos ilegítimos que não podem ser legitimados.

A Família como Unidade Econômica

1. A Produção de Alimentos

A maior parte dos gêneros de consumo diário são produzidos pela família, cada membro participando do trabalho de acordo com suas capacidades. Embora, como já se viu, as crianças de menos de sete anos sejam deixadas à vontade para brincar e se banhar no mar, mesmo nessa primeira fase elas procurarão às vezes imitar as atividades dos mais velhos e serão encorajadas a fazê-lo por meio de aplausos e risos. As horas que passam na escola, entre os sete e dez ou onze anos, limitam necessariamente a utilização de seus esforços no lar; mas, depois do período escolar, dedicam-se plenamente às ocupações produtivas.

Desse modo, mesmo os mais novos não são meros consumidores. Em seu constante vagar pelas praias, bandos de crianças de todas as idades coletam caranguejos e frutas. Embora tais atividades sejam consideradas mais como recreação do que como um trabalho, esta contribuição para a dieta da família está longe de ser insignificante.

Os caranguejos, dos quais há muitas variedades, são muito apreciados pelos caraíbas e mesmo os adultos apanham-nos em suas horas de folga. Os ancestrais divinizados muitas vezes pedem iguarias preparadas com eles e, então, expedições de pesca dos crustáceos são organizadas nos dias que precedem os banquetes que fazem parte dos ritos, ao passo que os molhos preparados com sua carne são usados habitualmente nos pratos diários.

O coco é a mais importante das frutas colhidas, pois seu óleo constitui a gordura mais empregada e seu leite é usado em vários tipos de mingau. As frutas silvestres nunca fazem parte de uma refeição, mas são consumidas como petiscos durante o dia. As mais comuns entre elas são as "uvas de praia" (*Coccoloba uvifera*), os icacos (*Chrysobalanus icaco*), "nances" (*Byrsonima crassifolia*), abius (*Lucuma mammosa*), sapotis e maracujás. O mel silvestre é apanhado por qualquer membro da família que por acaso encontre uma colmeia e a lenha é colhida durante a estação da seca.

Em todas as aldeias, pequenos bosques de coqueiros são encontrados perto da praia protegendo as casas contra os ventos frios do norte. Em alguns quintais, além de um galinheiro, encontram-se algumas árvores frutíferas e algumas verduras. Porém, em todos os povoados, as principais plantações localizam-se nas colinas, a uma distância de duas milhas ou mais da aldeia. Em Honduras Britânica, segundo Taylor[1], a terra próxima à aldeia é imprópria para o cultivo, mas isso não é verdadeiro para a República de Honduras, onde as razões para esse costume devem ser encontradas no passado do grupo[2]. Os constantes ataques dos índios e dos europeus contra os caraíbas de São Vicente obrigaram sua retirada periódica para o interior da ilha. Assim, plantavam os gêneros alimentícios nas montanhas, para onde poderiam escapar da destruição caso a aldeia fosse tomada, sendo essa tradição responsável pela prática atual.

Há amplas terras para cultivo entre La Ceiba e a fronteira da Nicarágua. Qualquer caraíba pode "ir até o mato" e abrir uma nova roça, quando necessário. Depois de três ou quatro anos, a plantação é abandonada e logo invadida pelo mato, podendo ser mais tarde ocupada por quem assim o desejar, quando o solo estiver novamente em condições para o plantio. Não existe qualquer conceito de propriedade de terras; a roça pertence à mulher, à irmã ou à mãe do homem que limpou o terreno, mas somente pelo tempo em que a cultivar. As mulheres de uma família podem cultivar diferentes glebas não contíguas ou ter uma grande horta em comum.

Mais da metade das terras são ocupadas pelo cultivo da mandioca, da qual há muitas variedades divididas geralmente em brava e doce. As variedades doces mais importantes são a iúca cina, a iúca ponki, a iúca idudu e a araca que, de acordo com a lenda, foi a primeira a ser cultivada. Quando os caraíbas negros estavam ainda explorando as ilhas, conta-se que um grupo de homens guiados por um jovem que teve uma visão encontrou a araca em um lugar remoto. Era tão alta quanto um mogno e suas raízes tão grandes que os homens tiveram de construir uma canoa maior que um navio a vapor para levar algumas delas para casa. Cada família recebeu uma muda que, quando plantada, cresceu até o tamanho que tem hoje. Essa é, segundo dizem, a

---

1. Taylor, 1951, p. 57.
2. Os caraíbas usam o termo *árabu* (*monte*, em espanhol), para designar as montanhas onde estão localizadas as plantações.

razão que faz com que um homem, quando limpa um novo terreno para sua esposa ou passa por qualquer terra já preparada para o plantio, primeiro plante uma muda de mandioca, uma prática chamada *ieruca*, que se acredita trazer boa sorte.

A iúca cina e a iúca ponki não são de origem caraíba. Quando os caraíbas chegaram a Trujillo em 1798, a iúca cina era cultivada por seus vizinhos ladinos. Uma velha contou que a iúca ponki (*pumpkin?*) foi introduzida durante aquele mesmo período por um negro inglês chamado David que morava em Campamento, a oeste de Trujillo. A existência de uma aldeia habitada por negros das Índias Ocidentais em Campamento é confirmada pelo relatório de 1804 do governador Ramon Anguiano[3]. A iúca cina é de cor castanha clara e a iúca ponki avermelhada. A iúca idudu foi primeiramente cultivada pelos índios Miskito e Paya que são chamados *idudu* pelos caraíbas negros. A variedade amarga branca é mais usada para a produção do pão de mandioca chamado *areba*. A mandioca doce é o principal ingrediente de alguns mingaus que os caraíbas tanto apreciam. A batata doce, o inhame, a *malanga*, planta da família das aráceas, e outras raízes suculentas são usadas para os mesmos fins.

Entre os frutos cultivados mais importantes encontram-se os da família das *musaceae*, tanchagens, bananas e as *chatas*, chamadas "butuku" pelos caraíbas. As tanchagens são sempre comidas verdes, fritas em óleo de coco ou amassadas. Abacaxis, cajus, mamões, melancias, abóboras, caimitos, abacates, mangas, goiabas, pinhas e frutas cítricas são também geralmente plantados. A cana de açúcar é chupada ao natural ou transformada em açúcar. O milho, o feijão, o arroz, principais gêneros dos ladinos, são cultivados em pequenas quantidades, principalmente para venda. Os caraíbas usam diversas ervas em suas sopas ou para fazer "chá". Utilizam também pimentões, pimentas, abobrinhas, *chayotes* e palmitos de muitas variedades para fazer cozidos; cebolas, tomates e alho são cultivados e usados como tempero, porém nunca são comidos crus.

Além da cerveja de mandioca, o vinho de palmeira é a bebida mais comum. Prepara-se abatendo o *coyol* (*Acrocomya vinifera*) e deixando a seiva se acumular e fermentar durante a noite. As mulheres e as crianças, às vezes auxiliadas pelos homens, apanham castanhas de corozo, que são empregadas na fabricação de sabão e de botões nas fábricas de La Ceiba e San Pedro

---

3. Durón, 1927, pp. 109-10.

Sula. Os recipientes para todos usos domésticos são feitos das cabaças produzidas pelas cabaceiras.

As atividades agrícolas têm lugar durante a estação seca, estendendo-se de fins de março ou começo de abril até os primeiros dias de outubro. Nos primeiros meses, os homens derrubam as árvores maiores e queimam o mato nas novas glebas que serão cultivadas, enquanto as hortas velhas são capinadas; em ambos os casos, as cinzas são deixadas para fertilizar o solo. Uma chuva moderada é então propícia, pois faz com que as cinzas penetrem na terra; mas em excesso é nociva, pois carregam-nas na enxurrada. O plantio é feito durante os meses de maio, junho e julho; os que estiverem atrasados poderão fazê-lo ainda até o fim de agosto. Mais freqüentemente em agosto e setembro, a família toda recolhe lenha para a estação chuvosa.

Três de outubro, dia dedicado a São Francisco de Cordon, marca o início da estação das chuvas. Uma trovoada, chamada *cordonada*, é esperada todos os anos nessa data, já que esse santo é violento, amante do barulho e é permitido fazer o que ele gosta em seu dia. Quando não acontece, acredita-se que foi porque os outros santos convenceram-no de que seu dia já havia passado. Durante novembro, dezembro e a primeira metade de janeiro as chuvas pesadas são muito comuns. As pessoas fazem viagens semanais até às montanhas apenas para trazer o que é necessário para as refeições da semana.

Pouco trabalho é feito até março. Às vezes, as hortas do ano anterior precisam ser capinadas. As tanchagens e as bananeiras são podadas e produzem um segundo cacho, a que dão o nome de "últimos filhos" (*badarabau*). As tanchagens com três anos não produzem mais e têm de ser cortadas para dar lugar às novas. Daí por diante o ciclo se repete.

A única ferramenta agrícola vista em uso foi o facão, embora se dissesse que as pessoas mais antiquadas ainda usavam a cavadeira. Os homens e os meninos empregam cestos para carregar implementos e produtos, mas as mulheres e as meninas fazem uso do *gadauri*, recipiente típico dos caraíbas que se leva às costas, sustentado por uma correia que passa pela testa.

Uma vez que, como foi dito, os caraíbas da República de Honduras não têm permissão para carregar armas, caçam apenas com cães. Pequenos roedores são apanhados em armadilhas preparadas para proteger as plantações contra suas incursões, sendo os mais apreciados deles o preá, a cutia e a paca. Veados, caititus e aves selvagens são também abatidos uma vez ou outra, mas são quase sempre vendidos aos ladinos em vez de consumidos, pois os caraíbas preferem o peixe para as suas refeições diárias.

A pesca não é apenas uma maneira de prover proteínas para a dieta alimentar, mas também a atividade masculina por excelência, um esporte e uma fonte de prestígio. Pescar para um banquete oferecido aos ancestrais faz parte do ritual. Em contrapartida, supõe-se que os ancestrais ajudem nas expedições de pesca de seus descendentes. Passagens do Novo Testamento, tal como a do milagre da multiplicação dos peixes, são muito citadas para confirmar o valor místico atribuído a essa atividade. Para os caraíbas, a pesca é, para usar a terminologia dos sociólogos franceses, uma atividade de significação social total.

Várias técnicas de pescaria são usadas, empregando-se armadilhas, tarrafas, anzóis e linhas. A rede de arrasto é chamada *chinchorro*; diz-se que é de introdução recente e não há palavra caraíba para designá-la. Nos dias prósperos de Trujillo, antes da Primeira Guerra Mundial, havia numerosos grupos de *chinchorreros*. Em 1947 e 1948, entretanto, restavam poucos desses *chinchorros*, quase sempre necessitando de reparos, uma vez que o alto preço da linha impedia a substituição das partes imprestáveis por outras novas. Eram usadas ainda em intervalos irregulares por grupos de seis, sete ou até mesmo nove homens[4].

Os *chinchorreros* tomam precauções especiais para assegurar o bom êxito das excursões. Abstêm-se de relações sexuais na véspera da partida. Os membros do grupo não devem guardar qualquer ressentimento um do outro, manifesto ou oculto, pois isso poderia "estragar a sorte". Aparentemente, a magia desempenha aí um grande papel; talvez pelo fato da pesca de arrasto não ser uma habilidade tradicional dos caraíbas, ela requer auxílio sobrenatural maior. Quando outras técnicas são utilizadas, o produto é dividido em porções iguais entre todos, sem levar em conta a quem pertence o barco ou os instrumentos usados. Entretanto, o grupo de *chinchorreros* divide o pescado de acordo com regras que parecem variar de um caso para outro. Certa ocasião, um bando de sete *chinchorreros* voltou com carga abundante, um terço dela foi partilhado igualmente entre todos os membros e levado para casa. Os outros dois terços foram vendidos e a metade do dinheiro obtido foi para o proprietário das redes que era também o dono do barco; isso foi chamado de "a cota da canoa". Um sétimo da soma restante coube a cada membro, inclusive ao proprietário.

---

4. Apesar de haver alguns indivíduos mais velhos que sabem ainda fazer linhas de pesca das fibras de *Bromeliaceae*, o material para os apetrechos de pesca é geralmente comprado nas lojas.

Há duas espécies de armadilhas, uma feita de taquara, chamada *masíua*, e outra de arame chamada *nasa*, em espanhol. O primeiro tipo "vem dos ancestrais", enquanto que o segundo tipo dizem ser moderno, embora a data de sua introdução não pudesse ser determinada. A *masíua* dura mais que as nassas. As nassas são uma estrutura de madeira revestida de tela de galinheiro com um funil do mesmo material. Embora caras, não resistem por muito tempo à ação corrosiva da água salgada, mas porque são mais fáceis de se fazer, são empregadas na captura de lagostas pelos pescadores que podem adquirir o arame, pois são vendidas por alto preço nas cidades maiores e nas capitais.

As tarrafas (*siríuia*) são de vários tamanhos: a menor, que tem um anel de chifre de boi no centro, é usada para apanhar camarões e sardinhas, ao passo que as maiores são empregadas na pesca de outros peixes que nadam em cardumes próximos à superfície da água. Pescar com tarrafas e com anzóis são atividades individuais praticadas habitualmente por meninos. A pesca de arpão, entretanto, necessita de dois ou mesmo três homens hábeis e constitui uma empresa perigosa. É a favorita entre os jovens ambiciosos à procura de aventuras, que desprezam a rotina dos outros tipos de pescaria. Embora seja às vezes recompensada pela captura de um peixe-boi, de uma barracuda ou outro desses gigantes do mar, a pesca de arpão é considerada incerta pelos homens mais velhos – opinião evidentemente justificada pelo fato de que, das dez expedições de arpoadores observadas durante o período desta pesquisa, somente três foram bem sucedidas. As pontas dos arpões e os pesos de chumbo para as redes passam de pai para filho. Poucas são as pessoas que ainda fazem armadilhas para tartarugas porque, por alguma razão desconhecida, as tartarugas são menos freqüentes nas águas da baía de Trujillo atualmente do que o eram antigamente. Foi dito que um pescador lançava suas armadilhas com regularidade, mas com escassos resultados.

A pecuária é uma fonte secundária de proteína. O gado é encontrado com freqüência nas aldeias caraíbas da República de Honduras, mesmo nas áreas consideradas legalmente urbanas. A criação de porcos existiu até cerca de dez anos atrás, quando grupos de soldados vieram das cidades e mataram-nos a tiros[5]. O gado foi salvo, mas atualmente ninguém se preocupa em mantê-lo em cercados; assim, as vacas vagueiam livremente por Cristales.

---

5. Aparentemente era ilegal criar porcos em áreas urbanas, mas tolerava-se as freqüentes violações à lei quando Trujillo possuía dez mil habitantes, em vez dos três mil e quinhentos de hoje, e podia ser considerada como uma cidade.

Encontram-se com freqüência galinhas, galinhas-d'angola e perus. Recentemente, proprietários brancos introduziram o carneiro e alguns caraíbas passaram a criá-los.

Nos principais portos, como La Ceiba e Tela, o gado é abatido diariamente; nos centros menores, como Trujillo, apenas duas vezes por semana. A maior parte da carne é vendida aos ladinos; as camadas mais pobres da população, caraíbas ou não, podem adquirir apenas os cortes de segunda e as vísceras. O prato conhecido como *mondongo*, feito com a tripa e mocotó cozidos juntos, é freqüentemente servido por ocasião de velórios e *embarradas*. Mas, entre os caraíbas, mesmo os homens de posses preferem peixe à carne. Pratos de carne de vaca ou de porco são de "consumo notável" e assinalam ocasiões festivas. As aves representam maior luxo e raramente serão encontradas fora dos banquetes oferecidos aos espíritos ancestrais. Entretanto, laticínios e ovos, difíceis de encontrar nas regiões menos habitadas da costa do Caribe, fazem parte das refeições comuns nas aldeias caraíbas.

O leite é dado às crianças ou utilizado como ingrediente em vários pratos; somente os criadores tomam-no fresco, pela manhã, pois a maior parte do suprimento disponível é transformado em manteiga, coalhada e queijo. A manteiga é batida à mão em barris de formato cônico, semelhantes aos usados pelos camponeses europeus. A coalhada (*cuabu*, do espanhol *leche cuajada*) e o queijo (*furumasu* do francês *fromage*) são também produzidos e elevam o teor de proteína da alimentação dos caraíbas negros.

2. Padrões Familiares de Alimentação

Embora as refeições caraíbas não sejam variadas, a dieta dos caraíbas inclui grande número de itens. Mais de vinte variedades de plantas fornecem-lhes carboidratos. As fontes de gorduras e proteínas são mais limitadas, sendo no primeiro caso o óleo de coco e no segundo o peixe, seguido das carnes de porco e de vaca. As vitaminas são supridas por grande variedade de frutas silvestres e cultivadas, mencionadas anteriormente.

O pão de mandioca, chamado *areba* pelos caraíbas e *casabe* pelos demais, é o principal componente da alimentação. Sua importância prática é reforçada pelo significado místico que lhe é atribuído, semelhante ao papel do pão de trigo nos ritos cristãos[6]. O pão de trigo (*fei*, do francês *pain*) é

---

6. A primeira versão do Padre Nosso em caraíba, feita pelo padre Breton, dizia: "O *areba* nosso de cada dia, nos dai hoje". Breton, 1877 (1667).

comprado nos armazéns e comido geralmente com fatias de abacate, bananas verdes ou queijo, como acompanhamento de aperitivos. Na República de Honduras não há a tendência de se substituir o *areba*, como foi observado por Taylor em Honduras Britânica. Ao contrário, há ladinos que adquiriram gosto pelo *areba* e preferem-no a qualquer outro tipo de pão.

A técnica empregada pelos caraíbas negros para fazer o pão de mandioca é idêntica à usada por diversos grupos indígenas da América, caraíbas ou não, e pelos negros Bush da Guiana Holandesa. Consiste em ralar as raízes de mandioca, retirar o suco venenoso em um espremedor de cestaria, peneirar a farinha assim obtida e fazer bolos chatos e redondos, assando-os em uma chapa de ferro colocada sobre um fogueiro de carvão. Os pedaços da mandioca que não passam na peneira, um subproduto desse processo, servem para fazer *híu*, a cerveja dos caraíbas[7]. O óleo de coco, usado habitualmente como gordura para cozinhar, é igualmente produzido em casa. O fruto é ralado e a polpa espremida; o líquido assim obtido é fervido com água. O óleo que flutua na água fervente é então escumado e guardado.

A carne e o peixe são conservados salgados ou defumados sobre fogo de lenha verde, o que é menos freqüente nos dias de hoje. Os caraíbas preferem o seu próprio peixe salgado e seco ao bacalhau e arenque vendidos nos armazéns, que lhes parecem sem sabor. Os ladinos também gostam de peixe defumado à moda antiga, sobre grelhas de varas (*alibele*) colocadas sobre um fogo de folhas e ramos odoríferos. A carne de porco preparada da mesma maneira também é apreciada.

A cozinha dos caraíbas negros não carece de variedade. Os rapazes são freqüentemente contratados como cozinheiros em navios, enquanto as moças são muito procuradas pelas famílias dos ladinos para os serviços domésticos. Graças à maleabilidade que lhes é característica, em pouco tempo aprendem a preparar pratos típicos ladinos, tais como *enchiladas* e cozidos de feijão, enquanto os que vão para os centros urbanos tornam-se peritos na cozinha internacional dos hotéis e restaurantes. Mas os caraíbas continuam apegados à própria culinária como a outros aspectos de sua cultura, e em suas casas a comida diária é autenticamente caraíba. Os banquetes oferecidos aos espíritos ancestrais são ocasiões nas quais a cozinha no estilo tradicional apresenta o que possui de mais típico e de melhor.

---

7. Pode-se encontrar uma descrição detalhada de como fazer *areba* e preparar *híu* em Taylor, 1951, pp. 62 e ss.

Uma refeição comum consiste de peixe ou, às vezes, um prato de carne, comido com *areba* ou com um tipo de *durudia* (do espanhol *tortilla*). Inclui sempre um molho – a menos que os ingredientes sejam colocados em uma sopa –, tanchagens amassadas ou outro tipo de pirão. Ao fim de cada refeição serve-se café ou "chá" de erva. Os doces são comidos como petiscos a qualquer hora do dia.

Os peixes maiores são habitualmente salgados ou defumados sobre as grelhas (*alibele*), os de tamanho médio são salgados e as variedades menores são consumidas frescas. A maneira mais comum de se preparar os peixes pequenos é a seguinte: retiram-se a pele, a cabeça e a espinha, depois os filés são fritos em óleo de coco. A cabeça e a cauda são cozidas em leite de coco ou *dumari* (o caldo venenoso da mandioca brava que foi fervido, libertando assim o ácido cianídrico), junta-se cebola, *chili*, alho e ervas, sendo esse o tipo de molho mais comum. As sardinhas, os camarões e os caranguejos são preparados da mesma maneira. O peixe salgado é levemente fervido para tirar o sal e depois é frito.

Os peixes salgados ou defumados de tamanho maior são usados em sua maioria para o *tapahu* (do espanhol *tapado*), um prato feito com postas grandes de peixe que são cozidas durante horas em fogo baixo com tanchagens verdes e maduras, batata-doce, inhame, mandioca de qualquer variedade doce, verduras, temperos e leite de coco, até que o molho fique quase tão espesso quanto um mingau. Os ingredientes do *tapahu* podem variar: às vezes a carne de porco ou de vaca substitui o peixe; outros tubérculos, tais como a *malanga* e a araruta, podem ser incluídos. Se não se dispõe de raízes, cozinha-se simplesmente o peixe com leite de coco, *chili* e ervas; quando assim preparado, recebe o nome de sopa. Muitas vezes a sopa é feita com um tipo de queijo local, muito rico em gordura. As donas de casa, quando cansadas, acham prático servir sopa de queijo no jantar, pois é preciso apenas esperar o leite de coco absorver o tempero dos condimentos, misturar o queijo cortado em pedacinhos e deixá-lo derreter.

A *tortilla* típica da América Central, feita de mingau não fermentado de milho, não é apreciada pelos caraíbas. A *durudia* que eles fazem é uma mistura de farinha de trigo, leite de coco e um pouco de gordura. Às vezes o leite de coco não é coado e pedacinhos de coco são encontrados na massa. Nestes casos é chamada de *durudia falumato* ou *géfegu*.

Prepara-se ainda uma infinidade de mingaus, amassando-se raízes ou milho assado em um pilão, chamado *hana*, com a mão de pilão, *áneuerao*. O pilão tem o formato de uma ampulheta, com a parte superior queimada e côncava. Tanto o pilão como a mão são feitos de madeira de lei, como o mogno. O *hudutu*, que os ladinos chamam de *machuca*, é feito de tanchagem verde amassada ou de bananas ou de outra fruta da família das Musáceas chamada de *butuku* ou *chata*.

O pilão é usado também na confecção de variados tipos de "pão", como o de mandioca doce, o de batata doce, o de banana e outros. As frutas ou raízes são ligeiramente assadas, para desidratá-las e reduzi-las facilmente à farinha. A farinha assim obtida é misturada com manteiga, uma pitada de sal, açúcar, banha de porco e leite de coco condimentado com especiarias. Essa mistura é cozida em uma panela tampada, em fogo de lenha e com brasas sobre a tampa. Em consistência e sabor são semelhantes aos pudins. Os "pães" desse tipo são dados aos pescadores e viajantes que passam o dia todo fora de casa, constituindo, ao lado do *areba*, das frutas frescas e dos doces, o *jabuini*, ou seja, provisões levadas pelos viajantes para serem comidas durante a viagem.

Os doces são feitos por muitas mulheres caraíbas, mas algumas são consideradas peritas e têm especialidades próprias que seus filhos vendem nas ruas. A qualquer hora do dia, especialmente ao anoitecer, meninos e meninas, carregando na cabeça tabuleiros cobertos com toalhas imaculadamente limpas e bem engomadas, são abordados pelas pessoas que estão sentadas às suas portas. Um velho senhor atencioso ou uma dona de casa hospitaleira oferecerão balas ou doces a todos. Às vezes, alguém retribuirá, mas ninguém comerá mais de dois ou três pedaços, pois os caraíbas acreditam que açúcar demais faz mal à saúde.

Os confeitos mais apreciados são: *fufu darara*, feito com polvilho de mandioca, açúcar branco, leite de coco ou de vaca e assado na chapa; *dani*, feito com farinha fina de mandioca doce misturada com açúcar, canela e leite de coco; tudo é embrulhado em folhas de *gasibu* e fervido em água; *bimikakili*, feito com arroz cozido com leite e melado grosso; *tabletas de coco*, feitas com coco ralado, leite e açúcar mascavo e *tabletas de cacahuetes*, feitas com leite, açúcar mascavo e amendoim[8].

Além dos artigos produzidos em casa, alguns itens incluindo sal, açúcar, café, pimenta do reino e especiarias (exceto a canela) são comprados em armazéns. A produção de cebola e alho em Trujillo não dá para toda a população, de modo que precisam ser importados de La Ceiba. O açúcar mascavo

---

8. Os dois últimos confeitos são de origem ladina.

– rapadura – é de uso diário e vendido na forma de tabletes. Aqueles que não podem adquirir o tablete inteiro podem comprar pequenas quantidades como o equivalente a um centavo, por exemplo. O café é vendido em saquinhos como o chá, podendo ser usados duas ou até três vezes pelos mais humildes. Segundo uma expressão corrente, faltar até "o saquinho de café de ontem" é sinal de extrema miséria. Entretanto, as bebidas feitas com folhas, denominadas *bacati* em caraíba e *té* em espanhol, nada custam. São empregadas com uma variedade de propósitos medicinais, cada tipo de folha ou erva é específica para determinado tipo de doença. As pessoas idosas tomam-nas diariamente no lugar do café, assim como há os que preferem um certo tipo de *bacati* a qualquer outra bebida. Folhas de *zacate limón*, abacate, limão, laranja e canela são as mais usadas em tais "chás".

A composição e o custo das refeições podem ser verificados pela comparação da alimentação diária de uma família abastada com a de uma de recursos modestos. Ambas são compostas por quatro adultos e quatro crianças, respectivamente de seis, nove, doze e quinze anos, e não representam os dois extremos da escala econômica, mas antes o termo médio das classes alta e baixa. Os preços dados são os do mercado, não considerando se os alimentos são produzidos em casa ou não. Estão expressos em moeda americana no câmbio de 1947-1948.

Família da classe alta

Café da Manhã (às 4:30 ou 5:00)
Dois peixes *gauadi*	$0.06
Pão de mandioca	$0.13
Cinco saquinhos de café	$0.05
Três pedaços de rapadura	$0.03
Um coco	$0.06
Total	$0.33

Almoço (ao meio dia)
Dois peixes	$0.10
Pão de mandioca	$0.25
Tanchagem	$0.06
Café (somente para o chefe da família)	$0.01
Rapadura	$0.01
Um coco	$0.06
Total	$0.49

Família da classe alta

Jantar (às 17:30)
Pão de mandioca	$0.13
Peixe frito	$0.05
Óleo para cozinhar	$0.03
Uma libra de farinha (para *tortillas*)	$0.16
Chá (feito de folhas)	$0.00
Total	$0.37

Família de rendimentos modestos

Café da Manhã
Farinha de milho	$0.06
Café	$0.06
Açúcar	$0.03
Total	$0.15

Almoço
Peixe	$0.15
Pão de mandioca	$0.13
Chá	$0.00
Coco	$0.03
Total	$0.31

Jantar
Peixe	$0.09
Marumaruti (tipo de pão fofo de mandioca)	$0.06
Tanchagem	$0.06
Total	$0.21

Em ocasiões festivas, as refeições são mais elaboradas. Esse era o cardápio no dia de Ano Novo de uma família em melhores condições:

Café da Manhã
Peixe	$0.06
Óleo de coco	$0.03
Café	$0.05
Pão de mandioca	$0.12
Açúcar	$0.03
Total	$0.29

A FAMÍLIA COMO UNIDADE ECONÔMICA

Almoço
Pés de porco $0.25
Mandioca doce $0.06
Inhame $0.06
Pão de mandioca $0.13
Café $0.02
Açúcar $0.02
Chá $0.00
Total $0.54

Jantar
Peixe $0.10
Óleo de coco $0.03
Farinha de trigo (1 libra) $0.16
Total $0.29

O preço das refeições no mesmo dia nos lares menos prósperos foi o seguinte:

Café da Manhã
Pão de mandioca $0.06
Café $0.05
Açúcar $0.03
Total $0.14

Almoço
Carne de porco (1 libra) $0.18
Um coco $0.02
Tanchagem e bananas $0.11
Pão de mandioca $0.06
Café $0.03
Açúcar $0.01
Total $0.41

Jantar
Meio peixe-espada $0.08
Um coco $0.02
Pão de mandioca $0.06
Total $0.16

O valor nutritivo dos alimentos não é proporcional ao seu custo. As tanchagens e as bananas usadas para se fazer *budutu* são, talvez, mais ricas em açúcar do que os tubérculos amiláceos preferidos pelas pessoas de posses. Quanto ao peixe, as garoupas, as pescadas e os peixes-galo são vendidos a $0.15 a libra, enquanto a arraia e o cação custam $0.05 a libra, embora sejam fontes de proteínas tão boas como os outros. Da mesma forma, a carne de porco de segunda tem o valor energético idêntico ao da carne de primeira. A comparação, entretanto, mostra as diferenças quantitativas, particularmente no que se refere ao óleo comestível e aos carboidratos. Já que os principais gêneros são produzidos nos próprios lares, seu consumo apenas reflete ligeiramente as diferenças no *status* econômico. A quantidade e o consumo freqüente de artigos de luxo são mais reveladores.

Os peixes miúdos e os mariscos usados para molhos geralmente não se compram; portanto, é muito difícil discutir o que esses itens representam em termos de dinheiro. Como foi mostrado anteriormente, as pessoas de *status* econômico mais elevado fazem maior uso de ingredientes para molhos comprados nos armazéns, sendo os gastos semanais para esse fim os seguintes: cebolas $0.08, alho $0.06, pimenta $0.03, outras especiarias $0.03.

Não se incluem na lista os mingaus e os caldos, tais como *pulali*, *pinule*, *gurentu* e outros, que são consumidos fora das refeições, principalmente antes de dormir. Nesse caso também, as diferenças no *status* econômico são indicadas mais pelos ingredientes usados do que pela quantidade. As pessoas de posses preparam esses pratos com leite e farinha de trigo, condimentando-se com noz-moscada e macis, enquanto as famílias menos abastadas servem mingaus feitos com mandioca doce, milho, canela e casca de limão.

Os artigos de consumo que representam gastos mais pesados são as bebidas alcoólicas e o fumo. O governo hondurenho possui o monopólio das bebidas, cigarros e charutos, impondo preços muito elevados nesses artigos. Mesmo a bebida alcoólica mais barata, o *guaro* ou o *binu* (do espanhol *vino*) chamado *lija*, (literalmente "lixa"), é vendido a $ 1.00 o litro. A falta de dinheiro para bebidas e cigarros é uma queixa comum entre os pescadores de menos sorte. Embora tomem grandes quantidades de *guaro* em todas as ocasiões festivas, o alcoolismo crônico é muito raro entre os caraíbas negros.

De um modo geral, a dieta caraíba é mais sadia e variada do que a da maioria dos grupos negros do Novo Mundo, se bem que alguns componentes principais – amido, pescado e coco – sejam os mesmos, com a importante adição de laticínios. Os carboidratos não são consumidos em grandes quantidades e é raro ver crianças com a típica "barriga grande". Além disso, uma vez que o amido é obtido de plantas diferentes, é provável que estejam acompanhados dos sais minerais necessários. As proteínas e as vitaminas são providas pelos peixes, laticínios, ovos, pelas frutas e, em menor escala, pelas carnes de porco e de vaca[9].

Essas conclusões aplicam-se à maioria dos caraíbas negros, sem distinção de posses, uma vez que, como foi demonstrado, o *status* econômico afeta apenas levemente a quantidade dos gêneros consumidos e os mais caros deles possuem o mesmo valor nutritivo que os mais baratos.

3. Os Rendimentos da Família e o Mundo Exterior

Toda família caraíba empenha-se em acumular uma reserva em dinheiro para fazer frente a doenças e acidentes, ou ainda para custear os funerais e os ritos religiosos. Uma vez que a família é, em larga extensão, auto-suficiente, apenas uma pequena quantia em moeda corrente é necessária para uso diário e tudo que pode ser economizado é guardado. Antigamente, quando as oportunidades de acumulação dos ganhos eram maiores, era comum, dizem, a ocultação dos bens armazenados. Contam-se muitos casos de pessoas ricas que tiveram de abandonar o país às pressas, por causa das guerras civis, e que morreram no estrangeiro sem ter revelado a seus descendentes o local em que tinham enterrado suas botijas de ouro. A caça aos tesouros é praticada ainda hoje na América Central e não apenas pelos caraíbas.

Constituem maneiras mais prosaicas de se ganhar dinheiro: vender a produção da horta em estado bruto ou semibruto, assim como produtos aca-

---

9. De acordo com Josué de Castro, mudanças radicais na alimentação das populações negras da África e do Novo Mundo ocorreram sob a influência européia e o equilíbrio dietético alcançado por muitos dos chamados grupos "primitivos" rompeu-se no contato com o homem branco. Assim, os habitantes do Congo Belga e de comunidades da Costa do Ouro que, em um caso particular, incluíam 114 tipos de frutas, 46 tipos de leguminosas e 47 tipos de verduras em sua dieta, não apresentaram qualquer sinal de deficiência alimentar quando examinados em suas aldeias nativas. Mas, assim que começam a trabalhar nas fábricas e adotam a dieta de origem européia, começam a ser dizimados por moléstias típicas de carência como a pelagra, o beribéri e outras. Vide Castro, 1952, pp. 32-33.

Os caraíbas negros que vão trabalhar nas grandes cidades da América Central vêem-se privados muitas vezes do peixe fresco, das raízes e das frutas silvestres que consumiam em casa e que são fontes de vitaminas e sais minerais. Muitos que têm de viver do arroz beneficiado, de grãos e charque caem seriamente doentes e recuperam a saúde somente quando voltam às aldeias para participar de cerimônias religiosas e tornam a se alimentar como antes. Assim, os efeitos curativos dos banquetes oferecidos aos antepassados seriam validados de certa forma pela pesquisa científica, embora por razões diferentes daquelas dadas pelas pessoas.

bados, tais como o amido preparado e doces; criar gado e porcos para o mercado; vender peixe e arrumar emprego nas cidades maiores. Tais atividades concernem à família como um todo e, nesse caso, os padrões de divisão de trabalho de acordo com o sexo são menos marcados do que na produção para o consumo da casa, embora se espere que os homens dêem maior contribuição para o fundo comum do que as mulheres.

Os homens, mais do que as mulheres e as crianças, emigram para as cidades costeiras. Se uma criança tiver oportunidade de aprender um ofício, deixa o lar para servir como aprendiz em um ateliê, pois o artesanato é muito apreciado pelos caraíbas. Finalmente, aqueles que já acumularam riqueza, como os comerciantes e os donos de grandes plantações, estão aptos a aumentar ainda mais os seus bens.

Quando a United Fruit Company estava estabelecida em Trujillo, a cultura da banana era a principal fonte de riqueza[10]. Ainda hoje, bananeiras são encontradas em todas as hortas e muitos cachos são vendidos aos ladinos ou enviados a La Ceiba e a outros centros para exportação. As variedades chamadas *manzana* (maçã), *dátil* (tâmara) e *mínimo* (nanica) são cultivadas principalmente para a venda. No decorrer dos últimos anos, o coco tendeu a tomar o lugar da banana como artigo de exportação de maior importância na região de Trujillo. Milho, feijão, abóbora, quiabo, batata doce, inhame, árum, melancia, abacate, caimito, pinha e outras frutas são vendidos nos mercados urbanos.

O pão de mandioca é comprado por alguns ladinos que o consomem em lugar do pão comum. O amido de mandioca é outro artigo vendável, às vezes as mulheres levam grandes quantidades desse produto para vender nos portos. As mulheres e as crianças apanham também castanhas de corozo, planta nativa na República de Honduras, que são descascadas, escolhidas e embarcadas para as fábricas de sabão e óleo comestível em La Ceiba e São Pedro Sula. Os bolos e doces encontram compradores locais. Essas atividades, relacionadas com o cultivo da mandioca, são consideradas como predominantemente femininas e a cooperação masculina nesses setores é tradicionalmente limitada. Entretanto, as roças denominadas *icari*, onde se cultiva feijão, abóbora e outros legumes, são antes um empreendimento comum do

---

10. Essa afirmação ainda é válida para a economia hondurenha como um todo: as bananas constituem 49% do total de exportações. Recentemente, verificou-se uma tendência para a diversificação de produtos cultivados.

que individual, uma vez que essas plantas requerem maiores cuidados do que a mandioca e outros gêneros caraíbas.

O cultivo da banana e do coco, os dois principais produtos exportáveis, é considerado uma ocupação masculina. As bananeiras são plantadas, podadas e cuidadas pelos homens. Os coqueiros da praia, que protegem a aldeia dos ventos do norte, são propriedade comum dos habitantes. A alta de preço do coco verificada nas últimas décadas encorajou alguns empreendedores a cultivá-lo, tendo um deles enriquecido por esse meio. Descascar coco e preparar a copra são também tarefas masculinas. Nas fazendas de gado e nas poucas em que se criam porcos, não se verifica a divisão de trabalho que a cultura define. Os homens, as mulheres e as crianças mais velhas ordenham as vacas; alimentar os animais pode estar a cargo de qualquer um deles. Conduzir as vacas ao pasto é geralmente tarefa das crianças. As mulheres fazem manteiga e queijo. Os homens cuidam da saúde dos animais, aplicando as regras práticas que aprenderam com os pais ou com os anciões; entretanto, as práticas de magia relacionadas com a criação de gado são também consideradas extremamente importantes e são mantidas em segredo. Os homens também mantêm os estábulos e as cercas em bom estado e abatem as reses. As esposas dos fazendeiros tendem a se absorver cada vez mais nas tarefas comunitárias, negligenciando as próprias plantações. Como conseqüência, seus rendimentos pessoais diminuíram e isso talvez seja uma das razões pelas quais elas parecem carecer da firmeza e da independência características da maior parte das outras mulheres caraíbas.

A importância da pesca como atividade de subsistência já foi ressaltada. Embora não tão regular e certa quanto a agricultura, a pesca é a fonte de renda mais importante. O mau tempo pode às vezes impedir a ida dos pescadores ao mar, então suas famílias devem viver de raízes e verduras às quais se pode acrescentar queijo, carne de vaca ou de porco, conforme os meios disponíveis. Por outro lado, uma pescaria pode ser tão compensadora que permite a compra de um objeto há muito necessitado, restando ainda algum dinheiro para ser guardado. De todas as técnicas de pesca, a captura de lagostas é considerada a melhor fonte de renda. A lagosta não é o prato favorito dos caraíbas, que apreciam acima de tudo certos tipos de caranguejo e o *uadabu*, molusco marítimo. Assim, eles preferem ganhar um bom lucro vendendo as lagostas para restaurantes e hotéis dos portos. Um pescador empreendedor e próspero de Trujillo chegou mesmo a enviar as lagostas por avião até Tegucigalpa, a capital de Honduras situada nas montanhas do nordeste, onde os frutos do mar são escassos. Porém, ninguém mais na região teve condições para fazer isso.

Aparentemente, para os caraíbas jovens, a maneira mais rápida e compensadora de ganhar dinheiro é trabalhar como assalariado. Muitas moças deixam a aldeia e vão para La Ceiba, Tela, San Pedro Sula e outras cidades importantes, onde procuram trabalho como cozinheiras, arrumadeiras e pagens. Nos hotéis e restaurantes da costa do Caribe, encontram-se com freqüência garçons, *barmen* e cozinheiros caraíbas. Eles trabalham também como comissários ou tripulantes a bordo de navios a vapor e muitas vezes são capitães de pequenos barcos. As companhias de mogno em Honduras Britânica e as companhias de frutas em Guatemala e Honduras empregam a força de trabalho disponível nas aldeias e nas cidades caraíbas. Um pequeno número de caraíbas tomou parte na construção do Canal do Panamá e quase todos os grandes empreendimentos na América Central contaram com sua ajuda. Entretanto, poucos são os que não retornam, pelo menos temporariamente, à sua cidade natal. Se não têm laços de família que os retenham, gozam as férias e vão pescar com os amigos até que todo seu dinheiro acabe, chegando a hora então de voltar para seus navios ou outros postos. Em Trujillo, havia muitas esposas e *damas* de marinheiros que iam regularmente ao correio receber ordens de pagamento enviadas para elas de países distantes. Os marinheiros caraíbas, como os marinheiros em geral, não importando sua origem étnica, são notórios pelas *queridas* que têm em diversas aldeias.

Embora o trabalho assalariado seja a atividade mais compensadora do ponto de vista econômico, atribui-se maior prestígio às ocupações intelectuais e às habilidades técnicas. A taxa de alfabetização dos caraíbas é muito superior à taxa de qualquer outro grupo étnico da América Central, excetuando-se os brancos da classe alta. Os pais não poupam esforços para proporcionar aos filhos o máximo de instrução possível. Uma das queixas mais sérias contra o regime ditatorial de Honduras procede do fracasso do governo em prover facilidades para a educação formal, de modo que a maioria dos caraíbas só pode ir à escola por dois ou três anos. Ouve-se freqüentemente que os *muladu* os mantêm propositadamente na ignorância com receio de que os caraíbas possam dominar Honduras, caso adquiram maior instrução.

Um grande número de caraíbas negros teve ensino profissional, pois eles se orgulham de suas habilidades em vários ofícios, especialmente de seu conhecimento de maquinaria. Acredita-se, mesmo entre os ladinos, que um curto aprendizado ou às vezes o autodidatismo é suficiente para desenvolver seus dons naturais. Porém, em uma cidade comercialmente estagnada como Trujillo, cuja população está em declínio, os profissionais encontram pouco trabalho. Os únicos trabalhadores em período integral são seis carpinteiros (sendo dois ladinos), quatro marceneiros, dois canoeiros, um sapateiro e quatro alfaiates. Há profissionais que são chamados ocasionalmente pelos ladinos para consertos domésticos, servindo-lhes como oportunidade de aumentar sua renda. Em Trujillo, um rápido levantamento dessas ocupações suplementares apresentou os seguintes resultados: um mecânico ferreiro, um encanador, dois eletricistas, dois pedreiros, um britador e dois pintores. A essa lista devem ser acrescentados quatro barbeiros, dos quais dois são caraíbas, que abrem suas barbearias à tarde somente durante três horas. Um dos barbeiros ladinos é também o chefe da banda local, cujos membros são todos caraíbas. Os outros três trabalhadores em período parcial são cesteiros que fazem toda espécie de cestos, espremedores de mandioca, peneiras e armadilhas de peixe; há também um homem que faz pilões, gamelas e tambores. O acabamento dos raladores é feito pelas velhas que fazem e inserem os "dentes" de pedra. Os únicos objetos feitos exclusivamente pelas mulheres são as esteiras grossas de palha chamadas *nado*.

Os adivinhos e curandeiros constituem um grupo à parte. Na República de Honduras, as condições econômicas adversas e a ação policial contra o culto dos espíritos têm reduzido muito a pompa e a freqüência das cerimônias religiosas. Assim, os sacerdotes, chamados *bûiei*, têm atualmente poucas ocasiões para ganhar os substanciais honorários pagos aos serviços religiosos. São chamados também para descobrir as causas das dificuldades que afetam a família, principalmente em casos de doenças persistentes. Se essas causas se mostram de natureza exclusivamente espiritual, o *bûiei* pode removê-las com a ajuda de seus espíritos familiares. Entretanto, só se recorre ao *bûiei* quando falham os outros meios, uma vez que os caraíbas consultam freqüentemente o médico branco, embora se digam cépticos quanto à sua competência. Acreditam na existência de doenças especificamente caraíbas, que são melhor tratadas pelos curandeiros, que conhecem as virtudes das ervas, e pelos *gariahati*, equivalente aos *look-men* das Antilhas britânicas[11]. A função mais importante dos *gariahati* é a sua capacidade para descobrir feitiçaria e neutralizar seus efeitos por meios sobrenaturais.

11. *Aríaha* significa ver, *gariahati*, alguém com capacidade para ver. Para informações sobre o papel do *lookman* na vida religiosa de Trinidad vide M. J. Herskovits e S. Frances, 1947.

Muitos velhos e a maior parte das velhas conhecem "chás" e banhos medicinais, entretanto, há os ervanários profissionais, às vezes chamados humoristicamente de botânicos. As parteiras são consideradas peritas em doenças infantis e sua prática estende-se freqüentemente aos adultos. Embora os *búiei* tenham oportunidades consideráveis de ganhar dinheiro, raramente chegam a enriquecer, pois de acordo com a crença geral, possuem uma personalidade complexa e instável, cujos traços principais são a prodigalidade, o pendor para o álcool e um excessivo gosto por mulheres, sendo essa última, talvez, a fraqueza mais dispendiosa. Alguns se tornam alcoólatras crônicos, prejudicam seus poderes sobrenaturais, são abandonados pelos guias espirituais (*biúruba*) e, finalmente, perdem seus clientes. Mas outros, que se auto controlam, conseguem economizar dinheiro suficiente para viver confortavelmente na velhice. Tal era o caso de um dos mais estimados *búiei* da região de Trujillo que possuía uma bela propriedade junto à lagoa de Guaymoreto. Os ervanários muitas vezes não cobram pelos serviços, recebendo eventualmente pequenas gratificações em espécie. A maioria dos adivinhos e até alguns *búiei* devotam a maior parte de seu tempo à pesca e à agricultura, exatamente como seus vizinhos. O dom especial que receberam ao nascer apenas fornece a eles uma fonte suplementar de renda. De qualquer maneira, os ofícios de *búiei*, *gariahati* e afins não estão associados à idéia de riqueza. O estereótipo aplicado a eles é semelhante ao do artista boêmio na cultura euro-americana.

O topo da escala econômica na sociedade caraíba é ocupado por uns poucos grandes proprietários de terras e comerciantes. Em Trujillo, com seus 3.500 habitantes, há umas dez pessoas que têm presumivelmente uma renda mensal superior a $120, que é alta para a região. Sua riqueza consiste em plantações de coco, fazendas de criação de gado e porcos, plantações de cana-de-açúcar, banana, roças de milho, de feijão, de abóbora e de outras verduras e frutas. Quatro armazéns e cinco *estancos* na cidade são propriedade de caraíbas[12]. No passado, parece que havia um número bem maior de plantações de cana-de-açúcar na costa de Honduras. As poucas que ainda existem produzem açúcar mascavo para o consumo local e uma pequena quantidade de bebidas destiladas clandestinamente. Os bananais deixaram de ser uma fonte de riqueza importante depois que a United Fruit Company

---

12. *Estanco* é um entreposto de bebidas alcoólicas locais; é uma concessão do governo feita geralmente a um membro do Partido Nacionalista, o mesmo partido de Carías.

fechou seu estabelecimento na região de Trujillo. Depois da Segunda Guerra Mundial, uma alta nos preços da copra e do coco estimulou a plantação de coqueiros, mas essa prosperidade foi de curta duração; logo outros países produtores de coco entraram novamente no mercado e os preços caíram. Durante as primeiras décadas do século XX, quando Trujillo era um porto de comércio ativo, os fazendeiros podiam vender carne de vaca, de porco e verduras à população local e aos negociantes dos navios. Atualmente, podem contar apenas com os barcos que transportam mogno, cujas visitas são irregulares, e com a exportação. Entretanto, as facilidades para a exportação são poucas, uma vez que o transporte é escasso. Recentemente, a produção de frutas cítricas, que se mostrara promissora, não se desenvolveu por falta de meios de transporte.

Portanto, não há fundamento para a opinião corrente de que a decadência econômica do Departamento de Colón, habitado quase totalmente por caraíbas negros, é devida à imprevidência e à preguiça dos habitantes. Ao contrário, desde o começo eles têm demonstrado uma grande aptidão para a navegação e o comércio e ressentem-se profundamente das condições sob as quais têm de viver no presente. Dos mais pobres aos mais ricos, todos expressam as mesmas reivindicações – liberdade de comércio e de transporte. Os fazendeiros ricos, que utilizam o espaço disponível dos navios e aviões que saem de Trujillo, acolheriam naturalmente de bom grado a oportunidade de incrementar os lucros que um sistema melhor de transportes poderia proporcionar. Os menos afortunados pedem apenas o direito de carregar suas canoas com os produtos e ir vendê-los onde quiserem. Mas esses clamores não foram ouvidos. Assim, temos o paradoxo de uma região cheia de possibilidades que poderia normalmente atrair novos colonos, mas que, ao contrário, vai gradualmente perdendo a força de trabalho, tendo como resultado uma economia que, apesar da sua grande capacidade de expansão, vai recuando, tornando-se mais e mais retraída.

4. As Despesas da Família

Em tempos normais, as despesas com a alimentação não representam problema para a família caraíba. Nem há outras mercadorias para comprar além de querosene para as lâmpadas e sabão. O querosene é vendido a $0.18 o litro, o que dura uma semana, pois os caraíbas geralmente dormem cedo. As pessoas de posses que vivem em cidades maiores têm suas casas iluminadas com eletricidade, mas em Trujillo só há energia elétrica das seis às dez horas da noite;

depois desse horário, aqueles que podem pagar usam lampiões ingleses ou americanos. Os menos favorecidos não dispõem de instalações elétricas, não usam eletricidade e iluminam suas casas com lamparinas. Quanto ao sabão, as fábricas de La Ceiba e de outros lugares fornecem um produto de boa qualidade, mas mesmo a marca mais barata, que custa $0.10 o tablete, é considerada cara demais pela maioria dos caraíbas. Pequenos pedaços de um centavo são comprados geralmente para as necessidades diárias.

As condições climáticas da América Central reduzem ao mínimo as necessidades de roupas. As crianças andam nuas até os cinco ou seis anos e até a adolescência vestem-se sumariamente. Presume-se que os adultos mantenham seus corpos cobertos por decência, mas o gosto pela água fresca e pelo asseio supera o desejo de seguir os padrões ocidentais de comportamento. Durante a estação quente, homens e mulheres tomam banho juntos nos rios, usando freqüentemente apenas uma tanga. Os padres católicos pregam contra esse "costume pagão" que também é censurado pelos velhos, que sabem da associação da nudez com a selvageria e querem evitar a impressão de que os caraíbas sejam um povo "primitivo".

Aceita-se que os homens na pesca e as mulheres que trabalham nas roças vistam suas roupas velhas. Ao voltarem para casa, entretanto, espera-se que se lavem e coloquem trajes melhores, o que para os homens consiste de roupa de baixo, calça e camisa. Um terno completo é guardado para os domingos e outras ocasiões festivas; poucos possuem mais que um. As mulheres, como em outras culturas, possuem mais roupas do que os homens, mas custam menos e são feitas geralmente em casa. O guarda-roupa completa-se geralmente por ocasião do casamento civil e religioso; uma estimativa de custo foi dada anteriormente[13].

Outros bens, além das roupas, vão sendo pouco a pouco acumulados durante o período que vai do momento em que é formada a nova união até o seu reconhecimento oficial pela Igreja e pelo Estado. O objetivo que a média dos caraíbas espera alcançar razoavelmente ao atingir a maturidade é o de possuir uma casa suficientemente grande para as necessidades da família, uma canoa com os apetrechos de pesca, uma ou duas vacas e algumas galinhas. Sua mulher, nesse tempo, deve possuir hortas em plena produção e deve manter um comércio ativo, aumentando a renda familiar. Por modesto que pareça esse ideal, não é facilmente alcançado, pois as somas necessárias

---

13. Vide *supra*, p. 62.

para sua realização são elevadas em termos das possibilidades que a economia oferece a muitos indivíduos.

Para começar a vida, é necessário pouco mais que uma cabana e algumas ferramentas. Na República de Honduras, como foi mostrado, os jovens ainda costumam construir casas de barro com o auxílio dos amigos. Aqueles que moram no vasto território da Mosquitia têm provisões abundantes de madeira de lei ao alcance da mão. As montanhas ao redor de Trujillo, entretanto, foram desnudadas por grupos de madeireiros de navios americanos e escandinavos, resultando daí a escassez de árvores para a construção das casas. Atualmente, o mogno é vendido geralmente a esses forasteiros e nem mesmo as pessoas ricas o empregam em suas casas. Portanto, o tronco reto do *botoncillo* é utilizado freqüentemente para os esteios. As pessoas que têm plantações em volta da lagoa de Guaymoreto, perto de Trujillo, e que não exauriram suas matas, vendem as árvores de lei a $1.50 cada. Considera-se mais econômico para um homem trabalhar bastante ou economizar seus rendimentos regulares a fim de comprar as árvores, do que gastar dias inteiros viajando até as regiões distantes onde elas podem ser obtidas sem dispêndio monetário.

Uma vez adquiridas as árvores para os esteios, elas precisam ser cortadas, desbastadas e transportadas para o local onde a casa será construída. Isso é feito pelo futuro proprietário com a ajuda de seus amigos ou, às vezes, de um carpinteiro contratado. O acabamento e levantamento dos esteios geralmente é trabalho executado inteiramente por carpinteiros.

Materiais para as vigas, as esquadrias das portas, os barrotes e afins são mais facilmente obtidos; o palmito e outros tipos de palmeiras são utilizados para isso. O carpinteiro e seus aprendizes são contratados também para fazer essa parte do trabalho, mas uma vez que todo caraíba se orgulha de ser "homem para toda obra", o carpinteiro recebe muita ajuda do proprietário da casa e de seus amigos.

A cobertura do teto, chamada *pajeada* (do espanhol *paja*, palha) vem a seguir. Uma quantidade suficiente de folhas de corozo é apanhada e posta para secar, assim as folhas estarão prontas quando o carpinteiro tiver terminado a sua parte. Um grupo de dez homens leva um dia de trabalho para cobrir a casa. Depois que a tarefa está completa, servem-se bebidas e às vezes uma refeição. As *pajeadas* são muito menos freqüentes que as *embarradas*, pois o teto pode ser facilmente coberto pelo proprietário com a ajuda de um ou dois amigos.

A fase final é o levantamento das paredes. Varas de *caña brava*, planta semelhante ao bambu, são cortadas e arrumadas de forma que fiquem maleáveis para o trabalho; então são entrelaçadas para formar uma espécie de treliça que é amarrada ou pregada às vigas, pilastras e esquadrias da casa. O reboque das paredes (*abodorahani*, em espanhol *embarrada*) é uma ocasião festiva cujo significado já foi discutido.

O preço de uma casa com paredes de barro foi estimado em cerca de $60.00, o equivalente à renda de um pescador em dois meses ou dois meses e meio de trabalho. Esse cálculo inclui o custo da cozinha, que é uma estrutura separada no fundo do quintal. A terra faz parte geralmente da propriedade comum, da qual qualquer caraíba pode se apropriar, mediante o preenchimento de uma petição junto às autoridades e o pagamento de uma taxa de $3.50.

Uma casa feita inteiramente de madeira custa pelo menos quatro vezes mais que uma casa comum. As paredes são construídas com tábuas de quatro polegadas de largura por duas de espessura, com encaixes de uma polegada, que são pregadas aos esteios da casa. Uma casa de tamanho médio requer duzentas a duzentas e cinqüenta dessas tábuas; se for assoalhada e levantada acima do solo pelo menos mais cinqüenta devem ser acrescentadas, sendo também necessários esteios mais altos. Elegância genuína é alcançada cobrindo-se o telhado com chapas de ferro corrugado, que duram mais que o telhado de sapé, mas que intensificam o calor nos meses de verão. A despeito desse inconveniente, é a cobertura preferida por aqueles que podem adquiri-la, por razões de prestígio. O custo do material será de $50.00 para a madeira (duzentas e cinqüenta tábuas a $20.00 o cento) e $ 150.00 para o ferro corrugado (30 chapas a $5.00 cada). Uma vez que o trabalho é feito inteiramente por operários contratados, deve-se acrescentar $75.00 para o carpinteiro, perfazendo um total de cerca de $275.00. Pode-se economizar utilizando-se chapas de segunda mão ou madeira de qualidade inferior, o que seria insensato na opinião de muitos, pois, nesse caso, não se teria uma casa realmente sólida que pudesse durar gerações. De qualquer forma, reconhece-se que uma cabana resolve o problema do abrigo, contanto que o sapé seja renovado periodicamente e as paredes de barro rebocadas sempre que necessário.

As casas de madeira não são numerosas nas comunidades caraíbas da República de Honduras, exceto nas proximidades das cidades da costa noroeste. Em Honduras Britânica, as estruturas de madeira são muito mais comuns, mesmo nas aldeias, embora nessas últimas os telhados de sapé sejam a regra geral[14].

14. Taylor, 1951, pp. 70 e ss.

A FAMÍLIA COMO UNIDADE ECONÔMICA

Um jovem casal sem recursos viverá com um mínimo absoluto em matéria de mobiliário: uma mesa, uns poucos bancos feitos de caixas de sabão, uma rede ou talvez uma cama. A jovem dona de casa poderá usar a chapa de ferro da mãe (*budari*, ou no espanhol da América Central *comal*); as chapas novas vêm de Honduras Britânica e custam $25.00, mas estão se tornando cada vez mais escassas atualmente. Os artigos de manufatura local são menos dispendiosos: um espremedor de mandioca feito de vime (*ruguma*) pode ser adquirido por $2.00; uma peneira grande de vime (*híbise*) por $1.00 e as menores por $0.75 e $0.50; vasilhas de madeira (*badaias*) de $2.00 a $4.00, conforme o tamanho; um pilão (*hana*) e a mão de pilão (*áneuerao*) por $5.00; dois raladores (*egei*), sendo um pequeno para coco e outro grande para mandioca, a $1.00 e $2.00 respectivamente. Para cozinhar usam-se panelas de barro de tamanho grande e latas vazias. A água e o *híu* são armazenados em jarros ou em latas de querosene. As conchas de cozinha são feitas com pequenas cabaças presas a cabos de madeira; as cabaças servem de recipientes para molhos e de pratos de sopa. Alguns garfos e facas e alguns pratos de louça para as visitas são objetos desejáveis, mas podem ser dispensados, pois nas refeições diárias, os caraíbas usam apenas colheres que custam $0.25 cada.

Ao menos dois ou três facões são encontrados em todas as casas, o preço varia de $1.75 a $2.50. Um bom machado custa $2.50; uma enxada $1.25; um *gadauri* $1.75; os *faniês* (cestos, do francês *panier*) cerca de $1.35 cada. Quanto aos utensílios de pesca, os preços são os seguintes: armadilhas, feitas de cana, $1.80 cada; redes de pesca, de $8.00 para cima, conforme o tamanho; uma caixa de anzóis sortidos, $1.00; linhas de diferentes espessuras, cerca de $1.75 a libra. As armadilhas e as redes desgastam-se rapidamente e os anzóis e as linhas extraviam-se com freqüência e precisam ser consertados ou substituídos, de modo que uma determinada quantia deve ser colocada regularmente de lado para essas despesas. O item mais caro é a canoa.

A pessoa que deseja uma canoa nova chama um especialista. O preço é discutido e, depois de alcançado o consenso, o canoeiro e seus aprendizes vão para as montanhas procurar uma árvore adequada que, se for encontrada em terreno privado, deve ser comprada. A árvore é então derrubada e desbastada; o encarregado do trabalho volta várias vezes ao local, sempre cobrindo o tronco com folhas antes de partir. O trabalho prossegue a passos vagarosos, sendo interrompido freqüentemente por falta de fundos; mas os caraíbas acreditam que não há desvantagem nisso, uma vez que a madeira deve ser sazonada. Quando a canoa fica pronta, é levada para a praia pelo dono acompanhado de um grupo de amigos, como já foi descrito anteriormente. Na praia, o canoeiro faz os remos, o mastro, os bancos e dá os retoques finais; adquire-se então a lona para as velas e as cordas. A soma total despendida é, em média, de $60.00 a $70.00, incluindo a comida e a bebida para os amigos que ajudaram o dono a levar o barco para o mar.

Uma família adquire *status* mais elevado quando seus membros dispõem dentre suas posses, além do já mencionado, duas ou três vacas e um galinheiro. Em Cristales, metade das famílias possui pelo menos uma vaca; poucas são as que não possuem uma ou mais galinhas.

A madeira para as casas muitas vezes é adquirida peça por peça e paga com mercadorias; a compra das chapas de ferro para o telhado é também um processo gradual, como o são a própria construção da casa e o pagamento da canoa. Naturalmente, as pessoas com recursos não precisam esperar tanto tempo; por exemplo, certa vez, a construção do barco foi iniciada em meados de fevereiro e, em meados de abril, a canoa já tinha sido levada para a praia e lançada ao mar. Do mesmo modo, uma bezerra e uma galinha podem ser o ponto de partida de todo um rebanho e de um galinheiro.

Os móveis são considerados mais um luxo do que artigos de primeira necessidade. Seu número e custo variam. Uma moça de Trujillo, que se casou com um marinheiro e era boa cozinheira, pôde comprar, com as próprias economias e com o dinheiro enviado por seu marido, um conjunto completo de móveis no curso de seis anos – uma mesa grande, duas cadeiras, duas cadeiras de balanço, um divã, e uma cama entalhada de mogno, feita pelo melhor marceneiro local pelo preço de $65.00. Esse caso, entretanto, é excepcional, uma vez que a expectativa normal para um homem e sua esposa é adquirir essas coisas muito mais tarde na vida. Um bom cavalo e uma sela bonita são sinais exteriores de riqueza e fonte de satisfação para o possuidor. Uma máquina de costura pode ser adquirida, mas considera-se que uma pessoa sensata não deveria esperar muito mais além disso. Os marinheiros, os lenhadores e outros indivíduos que trabalham por salários levam às vezes para casa um rádio. Há dois ou três em Cristales e Rio Negro, muito apreciados, principalmente pelos jovens que gostam de ouvir as canções mexicanas e cubanas de sucesso. Acham, entretanto, que esses rádios são suficientes para toda a comunidade, uma vez que, segundo os padrões em vigor, qualquer pessoa que deseje ouvir um programa pode levar uma cadeira para a casa onde haja um rádio e se sentar no terreiro diante da porta aberta, sendo desnecessário qualquer convite especial.

A dona de casa caraíba não mostra grande entusiasmo pelas "conveniências modernas" que ela às vezes vê. O fogão a querosene é bem-vindo, mas não justificaria sacrifícios para obtê-lo. Na medida que satisfazem as necessidades da família, os utensílios que usa parecem ser adequados e, já que o mercado externo não é acessível aos caraíbas, não existe motivação para um aumento de produção. Uma vez que o trabalho é considerado não como algo penoso, mas como uma ocasião para manter contatos sociais agradáveis, o valor psicológico dos dispositivos que poupam trabalho é minimizado.

Portanto, aqueles que, nos termos da cultura caraíba negra, podem ser considerados "ricos" não levam uma vida muito diferente da de seus vizinhos menos afortunados. O maior plantador de coco de Trujillo que, ao que se dizia, fazia $200.00 por mês, podia ser visto diariamente cuidando dos coqueiros ou fazendo outro trabalho vestido com calças esfarrapadas e camisa de algodão desbotada. É claro que, se o desejasse, ele poderia contratar trabalhadores e não fazer mais nada a não ser supervisioná-los, mas plantara cada coqueiro que possuía com suas próprias mãos e não deixaria ninguém mais tocar as plantas novas.

Essa atitude é típica do caraíba negro próspero. Alguém pode ser apresentado a velhos vestidos modestamente, a quem não se dirige nenhuma deferência especial e, mais tarde, ao visitá-los, verificará que moram em casas espaçosas e ricamente mobiliadas segundo os padrões locais e, como sinal de requinte, bebem vinho e cerveja às refeições. Como foi apontado anteriormente, outro sinal de *status* econômico elevado na sociedade caraíba negra é ter muitas concubinas de estilo de vida luxuoso.

Assim, os padrões básicos de desenvolvimento econômico do indivíduo estão de acordo com os princípios que regem a mudança gradual, um dos fundamentos da cultura caraíba. À medida que alguém se aproxima da maturidade, as coisas necessárias da vida serão acumuladas uma a uma. Os encargos financeiros mais pesados são as despesas com a construção de uma casa, de uma canoa nova, os funerais e o culto dos ancestrais[15]. Nos dois primeiros casos, os amigos e parentes dão ajuda na forma de trabalho cooperativo, ao passo que as obrigações de caráter religioso são partilhadas por toda a família.

---

15. Vide *infra*, "O aspecto econômico da religião", p. 149.

Bosque de coqueiros que protege as casas ao longo da praia de Trujillo, contra os ventos frios do norte.
Douglas McRae Taylor. *The Black Carib of British Honduras*, Viking Fund Publications in Anthropology, n.17. Nova Iorque, Wenner-Gren Foundation for Anthropological Research, 1951.

A Unidade das Esferas de Vida Secular e Sobrenatural

1. O Mundo Sobrenatural

A crença básica: o conceito de alma.

A religião dos caraíbas negros é composta de práticas e ensinamentos católico-romanos, de crenças herdadas de seus antepassados africanos e indígenas e de ritos que têm por objetivo promover a divinização dos antepassados, para honrá-los "como os filhos devem fazer com seus pais", isto é, apaziguá-los se estiverem irritados com os descendentes e assegurar sua boa vontade e proteção contínua contra os perigos naturais e sobrenaturais. O culto dos ancestrais, portanto, quando considerado em suas implicações práticas e em seu papel na preservação das tradições do grupo, deve ser encarado como o cerne do sistema das crenças dos caraíbas negros. A flexibilidade e a versatilidade, virtudes típicas dos caraíbas, capacitaram-nos a incorporar essa tradição não cristã ao catolicismo, logrando, assim, uma síntese que compreende um corpo de doutrina coerente e unificado, a despeito das vigorosas denúncias dos representantes oficiais da Igreja. Em nenhum outro aspecto de sua cultura se amalgamaram tão completamente os elementos africanos, indígeno-americanos e europeus de sua herança cultural como na elaboração dos conceitos teológicos, especialmente daqueles pertinentes à natureza da alma.

A falta de uma hierarquia clerical formalmente organizada e dogmas oficialmente definidos, bem como o caráter inspirador da religião dos caraíbas negros não resultou, como poderia se esperar, em acentuada variação nos conceitos teológicos, embora alguns *búiei* e seus devotos mais inclinados à filosofia discutam longamente pontos controvertidos da doutrina, para os quais fornecem explicações alternadas e antagônicas. Mas, para a maioria de seus devotos, intelectualmente menos propensos, os preceitos religiosos básicos herdados dos antepassados são suficientemente claros para guiá-los por toda a vida. Tanto em suas formulações mais simples quanto nas mais refinadas, os conceitos centrais do pensamento caraíba negro apresentam-se com notável uniformidade por toda a estreita e extensa faixa de terra por eles habitada[1].

De acordo com a teoria mais generalizada, a alma do homem é composta de três partes. A primeira, denominada *anigi*, é uma espécie de força vital ou espírito animal e, na medida que as palavras possam reter o seu sentido na tradução intercultural, é concebida como uma entidade concreta, ainda que fluida em certo grau; sua sede é o coração e começa a se extinguir imediatamente ou, quando muito, alguns meses após a morte de seu portador. Essa força vital manifesta-se através das funções dos órgãos principais, tais como os batimentos cardíacos, a pulsação das artérias, a respiração e o calor do corpo. Evidencia-se também no palpitar das veias da cabeça do recém-nascido, estando exposta, nesse caso, aos ataques externos e necessitando ser protegida por meios mágicos. É um ponto discutível se a sombra (*iaua*) é uma proteção direta do corpo (*úgubu*) ou da *anigi*.

Passado o período da infância, há pouco interesse pela *anigi*. Pode escorrer para a parte inferior do tórax, como conseqüência da queda da "tampa do coração" (*anigidao*), um órgão imaginário situado no diafragma, sendo essa a explicação cultural da hipertrofia do baço, doença comum nas regiões do leste de Honduras, onde 90% da população sofre de malária. O tratamento das doenças que, conforme a crença, resultam desses acidentes, quando ocorrem em adultos, inclui massagens vigorosas e dolorosas dos órgãos afetados executadas por curandeiras especializadas, designadas pela palavra espanhola *sovadoras*.

O segundo componente da alma, *iuani*, cuja sede é a cabeça, é considerado imaterial e deixa o corpo imediatamente após a morte. Alguns velhos asseguram que *iuani* é sinônimo de *anigi*, ficando assim reduzido a dois o número de partes da alma; entretanto, essa não é a teoria que prevalece. Depois de sua conversão ao catolicismo, foi fácil para os caraíbas identificar a *iuani* com o conceito de alma pregado pelos missionários, tanto que o vocábulo espanhol *alma* é dado hoje como tradução exata do termo primitivo. Acredita-se que a *iuani* não é perceptível aos sentidos e que, portanto, não pode se fazer conhecer pelos vivos.

1. Vide Taylor, 1951, *passim*.

Entre a *anigi* física e a *iuani* espiritual está o *áfurugu* (literalmente, "o outro de um par"), corpo astral que reproduz a forma material da pessoa em todos os detalhes, mas composto de uma substância semelhante à das entidades sobrenaturais, compartilhando, assim, das qualidades atribuídas a essas entidades. É designado também pela palavra *viejamota* (bajamota?) que não se encontra nos dicionários espanhóis, ou, mais freqüentemente, por *ángel de guardia* (anjo da guarda) que, contudo, não carrega as conotações de um indivíduo, ser puro espiritual que existe na doutrina católica oficial. Durante o período de vida da pessoa, o *áfurugu* não possui existência independente e, embora possa se separar do corpo físico, está indissoluvelmente ligado a ele, acarretando conseqüências terríveis para a saúde da pessoa com suas ausências prolongadas.

O corpo astral é o intermediário entre o reino sobrenatural e o das realidades cotidianas. Possui faculdade de discernimento, de clarividência, que o tornam capaz de perceber os perigos que ameaçam o indivíduo a quem está ligado, antes que este tenha conhecimento deles. Avisa seu dono desses perigos através de sinais bem conhecidos, como coceira nos braços e nos ombros ou fagulhas que se desprendem de um cigarro aceso. Às vezes, os sinais não são tão claros e devem ser interpretados com o auxílio de um idoso ou de alguém versado nas tradições sobrenaturais. Em face de um perigo imprevisto, entretanto, pode fugir de súbito, deixando a pessoa mergulhada em um estado de estupor que, de acordo com o "peso" do *áfurugu*, será mais ou menos prolongado e grave[2].

A separação contínua de um indivíduo de seu duplo espiritual chega a causar a morte ou, no mínimo, a perda permanente das faculdades mentais, o que torna o indivíduo um morto-vivo. Essa separação pode resultar dos ataques de entidades sobrenaturais maléficas ou das operações mágicas de um feiticeiro que recebe dinheiro de um inimigo ou quer se apropriar do duplo espiritual de alguém para entregá-lo a um espírito mau, com a finalidade de adquirir maiores poderes e riquezas[3]. O afastamento temporário do *áfurugu*, tal como acontece nos sonhos, dá aos feiticeiros oportunidade de se apoderar dele. Assim sendo, acredita-se que as pessoas que possuem um corpo astral

2. Os indivíduos nervosos, excitáveis e facilmente impressionáveis são considerados como possuidores de *áfurugu* "leve", enquanto aqueles que manifestam uma reatividade menor e uma maior estabilidade emocional são caracterizados como tendo um corpo astral "pesado".

3. O termo zumbi, aplicado nas Índias Ocidentais, não é conhecido em Honduras.

"leve" nunca deveriam dormir sozinhas a fim de não serem vítimas dos feiticeiro (*gabiarahaditi*).

Os dotados de *áfurugu* "pesado", que estão menos expostos aos perigos espirituais, podem se entregar às experiências dos sonhos, muito valorizadas pelos caraíbas negros como uma fonte de conhecimento profético e como um meio de comunicação com os mortos, através do qual os ancestrais podem tornar seus desejos conhecidos aos seus descendentes, indicando processos para a obtenção de pescado abundante ou revelando os desígnios secretos dos inimigos ou ainda os riscos que devem ser evitados pelos que planejam viagens longas. A inspiração para as canções religiosas, o conhecimento de caminhos que conduzem a tesouros ocultos e os métodos mágicos para assegurar o sucesso das operações de contrabando também vêm dos espíritos ancestrais através dos sonhos.

Entretanto, para colher todos esses benefícios, deve-se cumprir os deveres religiosos com incansável zelo, uma vez que o princípio de equivalência, que foi apresentado como regulador das relações recíprocas dentro do lar e do grupo familiar, bem como dentro da sociedade em geral, aparece também como a norma básica que norteia o intercâmbio entre os vivos e os mortos. Portanto, assim como um jovem conta com apoio financeiro e moral de seus parentes durante a fase inicial de sua vida de adulto, também os mortos recentes confiam nas práticas religiosas de seus descendentes para progredir no caminho da "Glória", o mais alto dos céus. Por outro lado, da mesma forma como se supõe que uma pessoa que alcançou sucesso ajude seus pais idosos, os mortos da família, depois de terem sido admitidos entre as "almas benditas", tornam-se *gubida*, têm por obrigação fazer progredir por meios sobrenaturais os negócios terrestres dos filhos e netos.

Entretanto, o processo para um espírito atingir as posições mais altas do mundo dos mortos é lento e gradual como aquele que conduz a uma situação segura e confortável na vida terrestre. Como já foi indicado anteriormente, acredita-se que, depois da morte, a alma (*iuani*) vá para o Céu ou para o Purgatório, estando os ensinamentos católicos no que se refere a esse ponto essencialmente de acordo com a tradição dos caraíbas negros. As almas do purgatório necessitam apenas de missas e não interessam muito aos vivos; mas o corpo astral (*áfurugu*) da pessoa morta permanece na terra e deve ser tratado com as maiores precauções, pois os caraíbas encaram com inquietude os períodos de transição, especialmente o que ocorre quando se passa do mundo tangível e cotidiano dos vivos para o mundo dos mortos. Supõe-se que os *ábari*, como são chamados os que morreram recentemente, são irritáveis e caprichosos, ou, nas palavras de um velho que tinha gosto pelas discussões teológicas, "são exatamente como as crianças que são mandadas para a escola quando querem brincar". O motivo para se atribuir tal atitude aos *ábari* é, de acordo com esse mesmo informante, "a idéia que nós, os caraíbas, temos, já que somos uma raça *carnífera* [sic], de que os anjos da guarda enviados a nós por Deus, tendo vivido na terra, ficam presos aos prazeres terrestres dos quais não conseguem se desvencilhar".

O apego dos espíritos pela existência terrestre pode ser mais ou menos pronunciado, conforme a personalidade do falecido e as circunstâncias da morte. Os ambiciosos, os sensuais, os avarentos e todos aqueles cujas personalidades foram marcadas por paixões violentas são mais relutantes em partir, especialmente se suas vidas foram marcadas pelo crime ou por outras ofensas cometidas, uma vez que eles devem expiar tudo isso antes que lhes seja permitido gozar do repouso. Mas mesmo os dóceis e pacíficos tardarão ainda depois da morte, ligados às suas ocupações e aos prazeres simples que tinham em vida, ainda que por um período menor. E, independentemente de suas características psicológicas, os espíritos devem permanecer na terra se seus parentes deixam de executar os ritos apropriados, de acordo com a filiação religiosa e os desejos do morto. Rezam-se missas não só para os católicos, como também para os que, tendo lido folhetos religiosos metodistas ou batistas, consideram-se protestantes, embora, na realidade, só tenham acrescentado uns poucos elementos ao seu sistema de crenças. Em tais casos, ao fim de cada reza realizada durante os nove dias que se seguem à morte, cantam-se hinos protestantes. Conta-se o caso de um rapaz que entrou para a Ordem Maçônica quando morava na Guatemala e que voltou à aldeia para morrer; seu espírito não pôde ter paz porque o pai, sob a influência dos padres católicos, não permitiu a realização de ritos maçônicos no funeral.

Como regra, os recém-falecidos (*ábari*) não são visíveis para seus parentes, mas ruídos vagos e repentino bater de portas revelam sua presença na casa e quando muito irritados podem causar acidentes domésticos. À noite, entretanto, vagueiam pelas ruas da aldeia e podem ser vistos pelas pessoas que voltam dos banquetes das cerimônias religiosas ou pelos pescadores que se encaminham para a praia antes do amanhecer. Esses espíritos são então chamados de fantasmas (*ufĩ*). Os *ufĩ* de pessoas violentas ou daqueles que morreram em circunstâncias incomuns podem atacar qualquer indivíduo que se aproxime deles inadvertidamente; os meios de defesa contra tais ataques são o uso de talismãs sobre o corpo e a recitação de orações e de encantamentos. Mais freqüentemente, entretanto, os espíritos são vistos à distância e parecem ignorar a presença dos vivos. De acordo com o testemunho daqueles que já se defrontaram com esses fantasmas, é difícil distingui-los de um "cristão" – termo usado para uma pessoa realmente viva – especialmente durante o período que se segue à morte. As pessoas que possuem um duplo espiritual "pesado" (*áfurugu*) e que mantêm a calma podem observar que as aparições estão envoltas em um tênue vapor e que seus pés nunca tocam o chão; com o passar do tempo, os *ufï* tornam-se tênues e pouco visíveis, a distância entre seus pés e o chão aumenta até que pareçam caminhar sobre pernas-de-pau, depois do que não mais são vistos.

Essa suposta ocorrência de um desaparecimento gradual do *ufï* é a base de uma teoria, não aceita por todos, segundo a qual o fantasma é realmente a força vital do corpo morto, *anigi*; o esmaecimento do fantasma seria concomitante à decomposição do cadáver, seu desaparecimento coincidindo com a desintegração completa do corpo. A explicação provavelmente tem por objetivo conferir maior dignidade ao *áhari*, dissociando-o das histórias tragicômicas contadas sobre os *ufï*. Nem todos são igualmente sensíveis à presença de fantasmas; afirma-se que as mulheres, por terem maior estabilidade psicológica que os homens, desenvolvem uma percepção mais aguçada para os fenômenos sobrenaturais com o passar dos anos, ao passo que os homens recebem esse dom de nascença.

A atitude adequada em presença da aparição é a impassibilidade, uma vez que qualquer manifestação emocional daria ao *ufï* a oportunidade de se apossar do duplo espiritual da pessoa. É aconselhável assumir uma expressão indiferente ou mesmo desdenhosa; pode-se também recorrer a insultos violentos para fazer a assombração desaparecer. Um jovem pescador, a quem se atribuía um duplo espiritual "pesado" e proficiência na magia, sempre que avistava um fantasma na praia à noite, dizia aos amigos, "Vamos a toreálo!", "Vamos combatê-lo [como um touro em uma tourada]. Às vezes, o *ufï* provava ser forte demais para ele, mas ele conseguia freqüentemente pô-lo em fuga.

Acredita-se que os que carregam culpas na consciência são os mais expostos aos ataques dos fantasmas. Os membros de uma família onde ocorreram várias mortes e que, segundo rumores, praticavam feitiçaria, eram continuamente atormentados pelos *ufï*. Contava-se que uma mulher dessa família era seguida por um espírito onde quer que fosse; um dia, ao entrar na casinha no fundo do quintal, topou com o fantasma sentado na latrina e saiu correndo aos gritos; um incidente que por muito tempo foi fonte de comentários irreverentes dos moradores da aldeia. Mas mesmo aqueles que estão livres do sentimento de culpa podem ver fantasmas; de fato, é raro encontrar um caraíba que não tenha uma experiência dessas para contar: assustadora, mas no geral, não muito perigosa. Contudo, que ninguém se iluda pela maneira jocosa com a qual esses incidentes são narrados, pois se trata de um padrão culturalmente elaborado para dissipar a ansiedade que a evocação dos acontecimentos poderia causar.

Admite-se que, geralmente depois de um ano ou um ano e meio, o corpo astral do morto (*áfurugu*) tendo se banhado (*amuiedahani*) certo número de vezes, tendo participado de banquetes (*acuguhani*) ou mesmo dançado (*adogorahani*) com seus parentes da terra, inicia viagem para se reunir à alma (*iuani*) em sua morada permanente. Segundo alguns, os que morrem em idade avançada, não estando tão fortemente ligados à terra, podem começar a jornada imediatamente após o "velório do nono dia", embora nenhuma valise seja preparada para eles, como observou Taylor em Honduras Britânica[4].

O caminho que leva ao mundo dos mortos é longo e árduo, os espíritos pedirão mais banhos para se refrescarem e mais oferendas de alimentos para restaurar as forças antes de chegarem lá. A viagem não pode ser medida em termos de distâncias reais; parece implicar em uma mudança na substância e a aquisição pelo espírito de maior fluidez e mobilidade. As informações a esse respeito são um tanto obscuras, devido à dificuldade de tradução de conceitos para os quais não há equivalentes precisos nas línguas européias e à relutância em discutir esses pontos com estranhos, uma vez que os assuntos relativos aos ancestrais situam-se entre os aspectos mais esotéricos da cultura caraíba negra.

Entretanto, foi admitido que a jornada para o mundo dos mortos comporta certo número de etapas; o *áhari* freqüentemente pára ao encontrar amigos que morreram antes dele, mas que foram incapazes de viajar tão depressa quanto ele. Pessoas consideradas mortas, mas que "voltaram à vida" contam ter sentido, mais do que visto, uma longa estrada que se estendia além do horizonte; indivíduos de todas as nacionalidades caminhavam por essa via, alguns vagarosamente, outros a passos rápidos. Contam-se também histórias de mulheres que, por necessidade, tiveram de ir às plantações nas colinas, no dia 2 de novembro (Finados) e que viram a procissão dos espíritos. Em uma dessas histórias, uma moça, tendo enchido sua cesta (*gadauri*) com mandioca, voltava para casa quando ouviu sons confusos "como os de

---

4. Taylor, 1951, p. 97.

uma multidão distante". Olhando para cima, viu um grupo de pessoas subindo as colinas e ficou extremamente amedrontada quando reconheceu entre elas sua avó morta. Correu para casa tão depressa quanto possível, mas parou quando ouviu uma voz gritando: "Espere por mim!" Pensando que outra mulher tinha ido também às plantações e que estava com medo de voltar sozinha para casa, ela respondeu: "Estou indo!" Olhou, olhou e não viu ninguém. Então pensou: "A voz que ouvi não era de um cristão!" No dia seguinte, ela foi encontrada fria e morta em sua rede.

Finalmente, se eles não forem retidos nos "lugares ruins", mesmo os *áhari* mais vagarosos chegam ao seu último destino. A família é mantida informada dos progressos da jornada através de presságios e sonhos até que, finalmente, o espírito "reúne-se aos *gubida*".

Os espíritos e os santos católicos.

De acordo com a crença caraíba negra, na hierarquia dos seres sobrenaturais, os espíritos ancestrais (*gubida*) equiparam-se aos anjos, com os quais muitas vezes são identificados. O termo "almas solitárias" (*animas solas*) é aplicado àquelas que se encontram no Purgatório, que estão abaixo dos santos e das Virgens (que, em princípio, são muitas) e os ancestrais, possuindo, assim, acesso a eles para interceder em benefício dos membros vivos de sua família. Acredita-se que os *gubida* se importem com os interesses de seus parentes vivos, pois a extinção da linhagem, é evidente, poria fim aos ritos em sua honra.

Quando contrariados, entretanto, retiram a proteção aos descendentes e cessam de agir como mediadores entre eles e as autoridades supremas do universo, não mais os defendendo contra os perigos que lhes ameaçam a vida e a fortuna. Não só as ofensas ao código moral ou a negligência para com os deveres religiosos são punidos dessa maneira; muitas vezes, o abandono dos modos de vida tradicionais, como a venda de uma propriedade e a mudança para um centro de maior população, provoca o mesmo resultado.

As negociações entre os adivinhos (*búiei*) e os espíritos ancestrais nunca são realizadas, em princípio, diretamente, mas através de uma outra classe de espíritos chamados *biúruha*, que ocupam uma posição inferior em relação aos ancestrais. Diz-se que alguns dos *biúruha* habitam uma região inferior do mundo dos mortos chamada *Sairi*, reminiscência, talvez, da concepção caraíba de Paraíso, ainda que muitas vezes seja comparada ao Limbo da teologia católica. Sob essa denominação estão incluídas as almas dos que morreram em épocas remotas, antes da conversão dos caraíbas negros ao cristianismo, e os espíritos da natureza. Um adivinho estabeleceu uma distinção entre os primeiros e os últimos, para estes usou o termo arcaico *kolubi*, mantido apenas na linguagem esotérica dos praticantes religiosos. Segundo ele, os *kolubi* governam as forças da natureza, como o mar, a terra produtiva, o vento. Mas, uma vez que esse mesmo adivinho reconheceu que os *hiúruha* também podem morar na terra ou no mar e exercer influência sobre essas forças naturais e que, por ocasião dos banquetes rituais a mesma parte de alimento é oferecida conjuntamente aos *hiúruha* e aos *kolubi*, essa distinção que ele fez parece ter poucas implicações rituais.

A maioria dos *búiei* denomina indiferentemente *hiúruha* ou *kolubi* as entidades espirituais que os ajudam em seus "trabalhos". Esses ajudantes espirituais atuam como mensageiros entre o adivinho e os ancestrais, revelando os motivos de contrariedades, quando se mostram irritados com seus descendentes, pedindo-lhes que "baixem" para tratar dos assuntos de desafeto com sua família, convidando-os para cerimônias religiosas. Como os mensageiros no teatro clássico, atribui-se a alguns deles esperteza e jocosidade; sempre correndo, não recusam se refrescar com um gole de rum e suas respostas animam bastante as consultas com os espíritos.

Os *hiúruha* ajudam também os praticantes religiosos na adivinhação das causas das doenças e na prescrição de remédios adequados, revelam as tramas que os inimigos fizeram com feiticeiros ou descobrem forças ocultas que impedem o casamento, dotam amuletos com forças mágicas, em suma, asseguram o êxito do *búiei* em todos os esforços em benefício do cliente. Nos casos graves, como o de rapto do corpo astral de alguém por um espírito mal-intencionado, o adivinho entra em transe e envia um grupo de *hiúruha* sob a direção de seu próprio duplo espiritual para o resgate, empenhando-se às vezes em lutas épicas.

Cair vítima de uma entidade sobrenatural malévola é um risco que os caraíbas negros correm freqüentemente, pois de acordo com as tradições, inúmeros desses seres estão de tocaia esperando um homem em todos os caminhos da vida. Nas corredeiras dos rios oculta-se a *agaiumau*, um ser fantástico que pode assumir a forma de um crocodilo[5] ou de um caranguejo, mas que usualmente é visto como uma mulher bela, de pele clara e cabeleira verde. Conta-se a história de um jovem que guiava sua canoa através das

---

5. Tanto o derivado espanhol *cayman* como o termo caraíba *agaiumau* vêm da palavra caraíba *Akaiouman*, registrada por de la Paix. Vide Rennard, 1929, p 46.

corredeiras de um rio, quando ouviu um canto melodioso. Virou a cabeça para olhar, apesar dos conselhos de um companheiro mais experiente, e teve uma nítida visão da *agaiumau*, que parou de pentear os cabelos, como é seu costume, mergulhando nas águas com um grito e arrastando consigo o *áfurugu* do jovem. O amigo levou-o de volta à aldeia em estado de completo estupor, incapaz de qualquer reação ou até mesmo de se alimentar sozinho. Um *búiei* foi chamado e tendo ouvido o fato, dirigiu-se imediatamente ao local indicado; ele e seu *biúruha* tiveram de mergulhar mais de vinte vezes antes de poder desembaraçar das vegetações subaquáticas o duplo do rapaz que estava emaranhado nelas. O herói da aventura, diga-se de passagem, nada mais sofreu do que um violento resfriado.

A *sucia* é outro espírito feminino que pode ser nocivo aos jovens. Ela se origina no cemitério, aparentemente da força vital (*anigi*) de mulheres que morreram em circunstâncias estranhas ou, como asseguram outros, de qualquer acúmulo de matéria orgânica em decomposição. Sai à meia noite e, ao avistar um homem sozinho passando por um caminho isolado, assume a aparência física da mulher que ele ama e o induz a acompanhá-la em um passeio. Quando estão a considerável distância da aldeia, a *sucia* volta-se repentinamente para o rapaz e revela-se uma bruxa macilenta, com seios murchos e pendentes, com os quais bate-lhe no rosto gritando: "Venha para meu peito! Eu sou sua velha mãe!" Diante disso, o *áfurugu* de uma pessoa impressionável pode experimentar tamanho choque que fugirá apressadamente, podendo permanecer ausente por muitos dias, fazendo com que a pessoa, ficando indefesa, possa ser vítima dos ataques de animais selvagens ou morrer de fome. Mesmo se encontrado por outros e levado para casa, pode nunca mais se recobrar e passar o resto de seus dias como um morto-vivo.

Quando vão pescar em alto mar, os homens também se expõem a perigos sobrenaturais de tal natureza que mostram grande relutância em relatá-los, exceto os casos considerados menos graves. Muito pouco pôde ser investigado a respeito do *dibinaua*, que vira canoas quando se enfurece, ou sobre o procedimento correto a ser seguido no trato com os *biúruha* do mar. Por outro lado, contam-se livremente histórias sobre o *fáialândia*, mais freqüentemente descrito como um clarão avistado a grande distância, embora alguns pescadores afirmem ter distinguido os contornos de um antigo navio iluminados por essa luz. Taylor provavelmente está certo em remontar essa crença à lenda européia do *Holandês Voador*; o termo e o tema devem ter sido introduzidos nas Índias Ocidentais por marinheiros no século XVII[6]. Nenhum outro mal advém do encontro com um *fáialândia* além da imobilização da canoa, apesar do mar em volta parecer revolto e espumante, como se fosse agitado por um motor de popa. Para se livrar dessa situação, basta colocar duas facas em forma de cruz à proa do barco.

Supõe-se que o mar seja também a morada dos *úmeu*, pequenas criaturas hostis às crianças. Segue-se a declaração de um informante a respeito deles:

Os úmeu vivem em cavernas submarinas profundas, além da linha dos recifes; em noites muito escuras, podem ser encontrados caminhando sobre a água em grupos de quatro, mas usualmente vagueiam pelo mar montados em peixes grandes como o mero e podem entrar nas casas, quando um desses é apanhado. Têm tal aversão às crianças que, se o peixe é dado a uma criança que o pega e o lambe, fogem apressadamente. Quando essa precaução não é tomada, a pequena criatura instala-se na casa e pode causar doenças graves em bebês de colo; as emanações de seu corpo produzem erupções e sua presença torna a criança nervosa, podendo até mesmo provocar convulsões.

Para livrar uma casa de um úmeu, é necessário queimar em seu interior ossos de arraia e de sardinha, enquanto o bebê é banhado em uma infusão de diversas ervas, sendo a principal delas a pimenta gorda. Mas isso pode não dar resultado e a cada dia que passa a criança fica mais doente e o úmeu mais atrevido. À noite, pode até sair do esconderijo e dirigir palavras insultuosas à mãe, que não deve responder e fingir não se dar conta da presença do úme; caso contrário, ele fugirá levando consigo o duplo espiritual do filho. Finalmente, se a criatura não puder ser expulsa pelos métodos comuns, chama-se um adivinho, mas eu não sei o que ele faz para conseguir seu propósito.

Meu amigo X, que é conhecedor de magia, contou-me que, certa noite, passeava pela praia quando viu um grupo de quatro úmeu saindo da água. Sem parar para pensar, atirou a rede sobre eles e assim pôde examiná-los bem. Descreve-os como tendo não mais que vinte e cinco centímetros de altura, de aspecto humano em todos os detalhes, exceto quanto ao rosto que é um tanto chato. Estavam loucos de raiva e a fêmea menor [pois eram dois casais] usava a linguagem mais suja que jamais ouvira. Finalmente, permitiu que fossem embora, mas desde então tem tido o máximo cuidado com a espécie de peixe que traz para casa, pois receia que os úmeu se vinguem dele, fazendo os filhos adoecerem.

Os *úmeu* são também denominados *ninfas* e *pastoras*. A suscetibilidade das crianças a esses seres varia; algumas são imunes à sua ação, ao passo que a outras eles causam constante agitação e periódicas erupções na pele até os sete anos de idade.

6. Taylor, 1951, p. 106.

Muito mais temido que os *úmeu* é o *ogoreu*, entidade maligna sobrenatural que se fixa nas mulheres e é transmitida pela linha feminina da família. O *ogoreu* é visto geralmente como um lagarto azul, mas pode tomar a forma de um caranguejo, cobra, tatu ou qualquer animal pequeno. Um ser desse tipo vive em uma toca em um canto da casa e deve ser alimentado com mandioca, queijo, leite e grandes quantidades de cerveja de mandioca (*híu*). Quando negligenciados, provocam acidentes domésticos e "conectam-se" mentalmente a moças, exatamente como os *gubida* fazem em uma cerimônia *dogo*; além disso, um deles pode matar o primogênito da família e, se não for "amarrado" pelo *búiei*, continuará provocando nascimentos de bebês mortos e morte de crianças até a extinção da linhagem. Uma das razões apresentadas para a separação de um casal é o fato do marido descobrir que a companheira tem um *ogoreu* associado a ela[7]. Entretanto, nem sempre o caso é desesperador, pois um curandeiro experiente sabe como levar o ser pernicioso para um lugar bem afastado e mantê-lo permanentemente lá, de modo que não possa voltar a atormentar a mulher.

Outro nome para *ogoreu* é *ulasa*, palavra originária dos índios Miskitos, mas que se refere, de acordo com uma teoria, a determinada espécie de *ogoreu*. Alguns afirmam que *iauararugu* também é sinônimo de *ogoreu*, com a diferença que esse termo indica um tipo de lagarto espinhoso. Na opinião de um velho adivinho, famoso por seu conhecimento de livros europeus, o *iauararugu* é idêntico ao basilisco "mencionado por autores gregos e romanos", sendo um dragão fabuloso, serpente ou lagarto cuja respiração ou até mesmo o olhar eram considerados fatais.

Os espíritos chamados *mafia*, que vagueiam pelas ruas durante a noite e às vezes penetram nas casas, são responsáveis por acidentes domésticos e podem estrangular as pessoas durante o sono. Também atacam as mulheres que vêm das plantações nas montanhas, especialmente se excitados pelo odor de sangue menstrual. Seu chefe chama-se *Uinani*, freqüentemente identificado com Satã.

Viajantes solitários falam sobre encontros com animais fantásticos nos arredores das aldeias. Essas criaturas parecem aumentar de tamanho quando se aproximam de alguém e desaparecem no ar poucos segundos depois. O *timbó*, espírito de cachorro, e o *cadejo*, espírito de gato, estão incluídos entre eles; o

---

7. Taylor enfatiza a ligação do *ogoreu* com a casa, mas na República de Honduras tornou-se claro que o espírito acompanha a mulher onde quer que ela vá.

timbó tem olhos de fogo e juntas que estalam quando anda. Ambos os termos são encontrados em dicionários espanhóis classificados como hondurenhismos e foram obviamente tomados pelos caraíbas negros dos seus vizinhos latinos.

Os *hiúruha* ou *kolubi*, que encarnam forças da natureza, o *dibinaua*, a *agaiumau* e os espíritos animais, como o *cadejo* e o *timbó*, são designados pela expressão coletiva de *labureme ubáu* (*aburemei*, senhor; *ubáu*, ilha, terra, aldeia). Outra expressão que inclui todos esses e ainda *sucia*, *fáialándia*, *úmeu*, *ogoreu*, *iauararugu* e *mafia* é *lihoro ubáu* (a carga ou os pesadelos da aldeia). Alguns caraíbas afirmam que *labureme ubáu* e *lihoro ubáu* são equivalentes.

Há duas outras classes de espíritos, *duendu* e *pengaliba*, cuja concepção revela nitidamente influências européias; muitos acreditam que ambos pertencem a uma única categoria, que coincide com a dos demônios no catolicismo. Tanto os *duendu* como os *pengaliba* (se considerados distintamente) vivem dentro de árvores de grande porte, como as paineiras e as figueiras bravas, das quais saem ao meio dia por algumas horas e depois novamente à meia noite. Supõe-se que esses últimos possuam extensas propriedades e que realizem negócios lucrativos, já que precisam de muito dinheiro para aumentar seus poderes sobre os "cristãos". Tanto os *duendu* como os *pengaliba* são procurados por indivíduos ambiciosos ou por aqueles que se encontram em situação financeira desesperadora, desejando assim assinar um pacto ligando-se a esses espíritos.

O *duendu* mora próximo à fazenda cujo dono tenha feito um trato com ele; adora leite, queijo e manteiga e, em troca dos alimentos favoritos, faz crescer e prosperar o rebanho do seu hospedeiro. Assemelha-se fisicamente a um homem bem baixinho e de tórax desenvolvido; usa um barrete vermelho, semelhante aos dos dignitários da Igreja Católica. Os indivíduos desejosos de acumular grande fortuna em pouco tempo combinam entregar a alma de um membro da família ou de um amigo ao *duendu* que, então, usará todo seu poder mágico para conseguir esse objetivo.

O *pengaliba*, às vezes chamado *uinani* ou Rei dos Demônios, também firma contratos com os mortais nos mesmos termos. O aparecimento repentino de uma fortuna depois da morte de um membro jovem da família é sempre atribuído a tal origem. Os indivíduos que carregam o caixão de alguém que tenha morrido sob a suspeita de ter sido vítima de um feiticeiro dessa prática contam que o defunto pesa pouco, como se fosse de palha. Entretanto, o *áfurugu* dessa pessoa torna-se escravo do espírito demoníaco e trabalha nas propriedades dele até o dia do Juízo Final. Pesava sobre um próspero criador de gado a suspeita de ter adquirido fortuna por esse meio, pois seu filho mais velho, segundo os rumores da aldeia, desaparecera misteriosamente sem deixar vestígios e, pouco tempo depois, o pai ficou rico. Cita-se o seguinte caso para confirmar essa opinião:

> Certa vez, uma velha veio à cidade para comprar tripas; como não possuía relógio, saiu de casa muito cedo e, ao passar pelo cemitério [que em Trujillo fica a poucos passos do matadouro], ouviu o relógio da torre da igreja bater 12 horas. De repente, viu um homem muito alto parado na rua. Estava vestido como um oficial de algum exército estrangeiro, de preto e amarelo com insígnias que brilhavam como ouro. Ele começou a conversar com ela e, ao saber que ela iria esperar a abertura do matadouro às quatro horas, deu-lhe dinheiro para comprar peixe e pediu-lhe que voltasse à aldeia, pois tinha assuntos particulares a tratar com um homem que devia encontrá-lo ali. Ela perguntou-lhe atrevidamente o nome da pessoa e ele respondeu-lhe o nome do referido criador de gado. Foi logo depois disso que o filho dele desapareceu.

Outros, além deste fazendeiro, são acusados de ter feito um pacto com os espíritos maus às escondidas. Tais ações são fortemente desaprovadas e consideradas anti-sociais e insensatas, uma vez que "o *pengaliba* trapaceia e conhece mil maneiras de não cumprir a parte que lhe cabe no contrato".

Embora a palavra *agaserúti* (do francês *engagé*), que define uma pessoa sob pacto com alguma entidade demoníaca, não seja aplicada aos devotos dos santos, em ambos os casos as relações entre o indivíduo e o ser sobrenatural são bastante semelhantes. As tradições do catolicismo popular trazidas pelos colonizadores espanhóis de Honduras precisaram de poucas alterações para que fossem assimiladas pelo pensamento religioso dos caraíbas negros. Assim, supõe-se que um santo tenha compromisso para com os devotos; as velas acesas e as preces dedicadas a eles são consideradas como um pagamento adiantado pelo favor solicitado. Existem também compromissos escritos ligando uma pessoa ao serviço religioso de determinado santo. Depois da morte de um velho, encontraram entre seus papéis um documento intitulado por ele "Carta de Escravidão" (Carta de Esclavitud), no qual declarava a resolução de se fazer um escravo de Nossa Senhora das Graças[8]. É interessante observar que esse mesmo homem fora muito ativo

---

8. Eis o documento, ipsis literis, com seus erros de gramática d espanhol e má imitação das fórmulas legais:
"Carta de Esclavitud
Sepan quantos esta carta de esclavitud vieren, como yo, R.T., me vendo por esclavo perpetuo de la Virgen Maria, Nuestra Señora, con donación pura, libre y perfecta de mi

no culto aos *gubida* e acredita-se mesmo que acumulara riquezas por meio de um pacto com um *duendu*.

Aqueles que não são devotos de determinado santo podem, todavia, apelar para sua ajuda quando em situações críticas, fazendo votos de realizar rituais em sua honra. Quando uma mulher passa por um ou mais abortos, ela faz a promessa de ir em peregrinação até o Santuário da Virgem Santa de Suyapa, em Honduras, ou o de Nosso Senhor de Esquipulas, na Guatemala, se lhe for dada a graça de uma gestação normal. A proteção contra doenças e riscos específicos é concedida pelos santos que têm funções especiais; nesse caso, as práticas caraíbas seguem as tradições ibéricas. Para dar alguns exemplos, Santa Luzia é a "protetora dos olhos", São Sebastião cura os ferimentos feitos por instrumentos cortantes; São Lázaro promove a cura de moléstias da pele; São Miguel evita os ataques de espíritos maus; São Cristóvão protege os viajantes, e assim por diante. Tal como na Espanha, em Portugal e em toda a América Latina, Santo Antônio de Pádua é muito popular, uma vez que através de sua intercessão, as moças encontram marido, objetos perdidos são recuperados e negócios rentáveis são realizados. Entre os caraíbas negros, acredita-se que ele seja também o protetor dos ladrões e dos praticantes de magia negra.

Cada profissão ou ofício é colocado sob a proteção de um santo. A estampa de São José é encontrada nas oficinas dos carpinteiros e dos canoeiros caraíbas; São Crispim é reverenciado pelos sapateiros; São João Batista pelos criadores de gado. Aqueles que plantam para vender no mercado ou se ocupam com negócios de qualquer espécie prestam homenagem à Nossa Senhora da Caridade de El Cobre (Cuba), distribuidora de riquezas. O culto de São Pedro é o mais difundido, como seria de esperar em uma população composta predominantemente de pescadores. Os que se interessam por artes mágicas invocam a proteção de Santo Antônio, São Cipriano e Santo Alberto, o grande.

As associações religiosas (*associaciones*, *hermandades* ou *confradias*), tão importantes na vida religiosa de todas as populações da América Cen-

persona y de mis bienes, para que de mi y de ellos disponga a su voluntad, como verdadera Señora mia. Y porque me hallo indigno de esta Merced, ruego al Santo Angel de Mi Guardia, a San José, a Santo Niño Jesus de Atocha, y a Nuestra Señora de las Mercedes, cuya fiestibidad se selebra el 24 de septiembre, me alcansem de la Virgen Maria, que me reciba em el número de sus esclavos. Y por verdad lo firm em Trujillo a 19 de agosto de 1922.
R.T."

tral, também são encontradas entre os caraíbas. Em Trujillo, as *hermandades* (irmandades) mais atuantes eram as seguintes: de Propaganda Fide, Santa Teresita (Santa Tereza de Lisieux), Sagrado Corazón de Jesus, Madre Dolorosa, Guardia del Santisimo, San Judas Tadeu e La Virgen de Suyapa. Oitenta por cento dos membros dessas associações são mulheres que pagam uma mensalidade de cerca de 25 centavos. Pertencer a uma delas implica na obrigação de se confessar e comungar uma vez por mês e de tomar parte nas novenas que se realizam às vezes na casa de uma devota, quando se arma um altar na sala principal, colocando-se sobre ele um quadro ou uma imagem do santo patrono da associação. Em cada noite, depois da reza, servem-se café e bolos e a conversa continua por uma ou duas horas. Entretanto, as canções que se cantam em todas as ocasiões sociais são consideradas impróprias.

As mulheres de idade, que são mais ativas no culto aos antepassados, são também membros das associações religiosas, embora devam guardar segredo de sua participação nas cerimônias condenadas pela Igreja, pois a descoberta de sua atividade pelas autoridades eclesiásticas acarretaria na expulsão imediata da organização. Entretanto, há pouco receio de denúncia, pois quase todos os membros das *hermandades* são culpados da mesma transgressão e, assim, qualquer um que delate "as práticas pagãs" de um membro companheiro, como dizem os padres, está sujeito à represália. Desse modo, é possível ao devoto conciliar as exigências contraditórias, que se originam de tradições religiosas diferentes que se sintetizaram na cultura caraíba negra.

Presume-se que aqueles que não fazem parte de nenhuma *hermandad* e que não reverenciam nenhum santo em particular acendam uma vela ao santo de seu nome quando chega seu dia. No geral, se os santos são considerados mais distantes e menos interessados nos assuntos humanos do que os espíritos ancestrais, os chamados "espíritos diabólicos" na definição católica, seu culto não é, apesar disso, negligenciado pelos caraíbas negros. Eles procuram associar os *gubida*, os espíritos e os santos a todos os empreendimentos importantes de suas vidas, pois, de acordo com um provérbio, "rum, dinheiro e bons protetores nunca se tem demais."

Os fundamentos da adivinhação, cura e magia.

Além da proteção que espera dos seres sobrenaturais, todo caraíba adulto confia em algumas fórmulas mágicas que foram conservadas na família e passadas de pais a filhos; mas os principais praticantes são profissionais ou párias malfazejos. Dentre esses, aos que é atribuída a capacidade de mudar a aparência de seu corpo para se adaptarem à aparência de um animal ou de uma planta, são designados pelo nome de *buruhu* (do espanhol *brujo*). Quando uma aranha, um caranguejo ou um lagarto se comportam de forma estranha, quando um crocodilo se aproxima de uma embarcação ou quando um morcego entra em uma casa, suspeita-se que não sejam animais reais, mas um desses agentes do mal disfarçado. Acredita-se que o poder para realizar tais transformações é, em alguns casos, fornecido por fórmulas mágicas chamadas *oraciones* (orações).

Contam-se muitas histórias a respeito dos *buruhu* e suas façanhas miraculosas. Durante o período desta pesquisa, um desses casos, que aconteceu supostamente na aldeia de Aguán, era recontado por diferentes pessoas. Um homem, que morava nos arredores daquela aldeia, caíra no desagrado de um feiticeiro. Um dia, quando todos os membros da família haviam saído, com exceção de uma filha adotiva que ficara para tomar conta de um recém-nascido, apareceu um crocodilo, que foi visto por ela e que, em vão, tentava entrar no quintal da casa, imobilizado aparentemente por uma força invisível. O chefe da família, conhecedor das práticas mágicas, ao saber do acontecido, compreendeu imediatamente que seu inimigo tentara invadir sua casa, mas tinha sido impedido de fazê-lo devido à "proteção mágica colocada na entrada do quintal" (*lúiaua bóroro*, literalmente, guarda do pátio).

Na expectativa de que o ataque se repetisse, ele preparou uma tocaia para o atacante. No dia seguinte, levou sua canoa ao mar, mas logo escondeu-a na beira da praia em um ponto deserto coberto pela vegetação; voltou para casa por um atalho e ficou à espera, de faca em punho. Depois de uma hora, viu um crocodilo tentando arrebentar a cerca no fundo do quintal; segurando com firmeza a arma, disse uma oração e investiu contra o animal, dando-lhe duas facadas. O crocodilo lançou um grito humano e desapareceu; dizem que, mais tarde, o feiticeiro foi encontrado a caminho de sua casa, com dois ferimentos profundos nos ombros, pelos quais perdera muito sangue.

Outro caso é contado sobre um famoso contrabandista dos velhos tempos que, quando se achava em perigo de ser apanhado pelos guardas da alfândega, transformava-se em uma banana; certa ocasião, os guardas decidiram esperá-lo e comeram, uma a uma, as bananas do cacho onde ele estava escondido. Quando só restava uma, (aquela que era realmente o contrabandista disfarçado), desistiram e foram embora.

Orações bastante conhecidas por todos podem ser usadas por qualquer pessoa que queira influenciar outra[9]. Uma das mais curtas é a que se segue que, segundo dizem, acalma as explosões de ira de pessoas violentas, quando repetida três vezes: "Com um eu te acalmo, com dois te arrebento; o sangue te bebo e o coração te parto. Jesus, valei-me e dai-me paz![10]"

Muitas vezes, além das fórmulas escritas para recitação, são necessários certos atos rituais para dar eficácia à magia, como, por exemplo, o caso da "oração do charuto" (*oración del puro*), usada pelos maridos ou esposas com a finalidade de fazer voltar o companheiro errante. A maneira de usá-la foi descrita assim:

> Suponhamos que um marido se apaixone por outra mulher e negligencie sua esposa. Ainda que não a abandone completamente, vem raramente para casa e dá dinheiro apenas para as necessidades básicas. A esposa, então, consegue uma cópia da fórmula e compra um charuto de cinco centavos e três alfinetes com cabeça de esmalte preto. Ela deve conseguir também uma vela da igreja e um pedaço de algodão que tenha servido para enxugar, durante a Semana Santa, as gotas de água benta salpicada sobre os olhos das imagens para simular lágrimas.[11]
>
> Em uma sexta-feira à meia-noite, a mulher acende a vela e inclina-a sobre um pires; quando tiver acumulado um bocado de cera derretida, do tamanho de um polegar, fixa a vela no pires. Faz um bonequinho com a cera derretida para representar o marido. Espeta os três alfinetes no charuto, acende-o e lê a fórmula mágica soprando fumaça a cada palavra. Um vez tive comigo uma cópia das palavras da oração, mas eu consigo me lembrar apenas do começo: "Charuto, charuto, eu te conjuro, em nome de Satã, Lúcifer, Lusbel, rei de todos os demônios..." No final, ela dirá "faça fulano [o nome do marido] pensar em mim; se estiver trabalhando, faça-o parar e voltar para mim; se estiver dormindo, faça-o sonhar comigo e voltar para mim; o que quer que esteja fazendo, faça-o pensar em mim e arder de desejo de voltar para casa.

Ela risca então um fósforo e queima o pedaço de algodão, segurando a figurinha de cera sobre o fogo por alguns segundos. O homem pode estar na África ou na China, mas seu pensamento será possuído pela imagem da mulher e ele será irresistivelmente impelido para casa.

---

9. Supõe-se que as orações mais poderosas sejam reveladas pelos espíritos, mas as que todos conhecem provêm de brochuras baratas impressas em Buenos Aires ou na Cidade do México, como *El Libro de San Cipriano, El Libro de La Bruja Evora*.

10. "Con uno te acalmo, con dos te arreviento [sic], la sangre te bebo y el corazón te parto. Jesus, valedme y dadme la paz!"

11. Esses pedaços de algodão podem ser obtidos através de um membro de uma associação religiosa que, geralmente, cobra por eles.

Dizem que quando a fórmula é recitada sem se mencionar um nome qualquer, surgirá o próprio Satanás. Se um indivíduo souber que o encantamento está sendo feito contra ele, poderá desmanchar seus efeitos colocando uma moeda de prata no sapato, sob o calcanhar. Outra maneira de se conseguir o mesmo resultado é colocar o chapéu em cima da cama, com a copa para baixo.

A "oração do Justo Juiz" (*oración de Justo Juez*) também foi mencionada várias vezes durante as conversas sobre magia. Aparentemente, implica uma invocação ao Diabo que transmite tal força e tal fúria a quem a tenha pronunciado, "que um regimento inteiro não pode derrotá-lo".

As orações servem para uma variedade de fins, tais como obter vingança contra um inimigo, tomar conhecimento dos acontecimentos futuros, achar objetos perdidos ou riquezas. Não se faz qualquer distinção entre as orações dirigidas aos espíritos maus e as que pedem a proteção de Santo Antônio, São Cipriano e outros santos.

Os que são versados nas artes ocultas não necessitam de textos ou rituais para atingir o inimigo; acredita-se que basta uma praga (*íaruni*) rogada por um velho feiticeiro para que alguém perca o movimento de um membro, ou fique cego, ou doente mental. Era uma questão discutível se a maldição atua por si mesma, como a materialização da inveja (*udahadu*), ou se faz um espírito agir de acordo com o desejo da pessoa, sendo, nesse caso, mais semelhante a uma oração.

Entretanto, geralmente se admite que determinados objetos podem se tornar "carregados de feitiço" (*abiaragole*) e produzir efeitos nocivos sem a ajuda de qualquer mediação espiritual. O dinheiro, que passa pela mão de todos, é um dos veículos favoritos para a magia negra. A pessoa que recebe dinheiro de alguém tido como feiticeiro, enrola-o em um pedaço de papel e leva-o imediatamente a um curandeiro ou um adivinho para que seja "limpado" dos maus fluidos[12]. O *abiaragole* é concebido como uma espécie de mecanismo infernal, enviado às vezes para proteger a propriedade de alguém, como ilustra a seguinte história contada em Trujillo.

Havia um pescador que sabia fazer redes para pegar tartarugas gigantes (*carey* em espanhol, *gadaru* em caraíba) que estão se tornando cada vez mais raras na Baía de Honduras. Um dia, esse homem encontrou duas tartarugas presas em uma de suas redes (*gari*); dando-se por feliz com sua sorte,

---

12. De acordo com uma comunicação verbal de Taylor, a prática de embrulhar o dinheiro em papel é amplamente difundida nas Índias Ocidentais.

remou de volta à praia em busca de uma faca para matar os animais. Ao voltar, encontrou apenas uma tartaruga; a outra tinha sido libertada por algum pescador despeitado. Ficou tomado de raiva, mas apenas disse: "A pessoa que fez isso vai se arrepender amargamente".

Um mês mais tarde, um homem adoeceu e consultou um médico e vários curandeiros e adivinhos sem resultado. Finalmente, chamou um velho *búiei* e confessou-lhe ter sido ele quem soltara a tartaruga da rede. O *búiei* tentou restaurar sua saúde usando todos os meios que conhecia, mas nada conseguiu; chegou mesmo a suplicar ao responsável pela magia negra que, no entanto, não pôde desmanchar o que havia sido feito. Com o passar do tempo, o doente, deitado de costas, cada vez mais se parecia com uma tartaruga marinha atirada à praia que movia vagarosamente as patas em uma vã tentativa de se virar[13]. Com o correr do tempo, não mais lhe foi possível levantar da cama.

Os ingredientes mais usados em trabalhos de magia negra (*abiaragole*) são terra de cemitério e ossos de cadáveres; morcegos, sapos, cobras, lagartos e aranhas são também empregados. Esses ingredientes são secados e reduzidos a pó; joga-se sobre o objeto que se torna então "carregado de feitiço". Às vezes, um osso pode ser usado sozinho para lançar um feitiço. Enche-se uma cabaça com água e coloca-se perto uma vela acesa; o osso é mergulhado na água, causando um borbulhar semelhante ao produzido por sais efervescentes; depois de algum tempo, aparece a imagem de uma pessoa que, na realidade, é seu duplo espiritual (*áfurugu*); esse pode ser chicoteado, apunhalado ou maltratado de qualquer maneira e a pessoa atacada sofre como se tudo isso tivesse sido feito em seu próprio corpo. Acredita-se também que um feiticeiro possa introduzir um sapo no corpo de um inimigo, enterrando vivo um desses animais e, depois de sua morte, "preparando" o couro seco e colocando-o em baixo da cama da pessoa contra a qual o feitiço é dirigido.

Os objetos usados como proteção contra feitiçaria são chamados *iari* (colares). Esse termo pode ser aplicado a medalhas religiosas, relíquias de santos católicos, ou a amuletos fornecidos pelos padres católicos contendo orações escritas, mas é mais usado quando se trata de "guarda-pele" (*lúiaua nura*), manufaturados pelos *búiei*. Um desses amuletos era aparentemente composto de cera para lacre, pedacinhos de vidro colorido e penas amassadas. Outros tipos de "guardas" protegem casas, barcos e plantações.

---

13. Uma visita ao inválido revelou que tal semelhança era mais imaginada do que real.

Todo caraíba usa algum tipo de proteção contra feitiçaria, embora aqueles que nasçam com a membrana amniótica chamada *gágaiti* (*agai*, literalmente revestimento, concha) não precisem usar um *iari*, se a mãe tiver tomado as devidas precauções. O âmnio deve ser conservado em sal e uma pequena parte dele deve ser pulverizada, dissolvida em água e dada à criança todas as manhãs antes do café, até que tenha sido toda consumida. Acredita-se que assim a criança fique invulnerável à maioria das formas de feitiçaria e cresça feliz e próspera.

Além de servir como proteção contra a magia negra, os *iari* possuem também papel positivo, contribuindo para o sucesso de todos os empreendimentos. Acredita-se que todos os líderes legendários do povo caraíba e os famosos contrabandistas do passado que ainda vivem na tradição possuíam poderosos talismãs. Em alguns casos, esses amuletos tinham de ser "alimentados" e "banhados", tal como os espíritos dos mortos ou o espírito de um animal (*ogoreu*)[14]. As proezas de Kasibi, morto há uns 15 anos, ainda são narradas. Conta-se que quando Carías Andino subiu ao poder consultou um médium espírita para saber quem eram seus inimigos; foi-lhe dito que o homem mais perigoso de Honduras era o caraíba Kasibi, contrabandista e conspirador contra o domínio de Carías. Desde então, Kasibi não teve mais descanso; guardas alfandegários e soldados vistoriavam-lhe os barcos em todas as horas da noite, na esperança de apreender contrabando, mas ele parecia saber sobre essas buscas através de seus poderosos talismãs. Um marinheiro, que dizia ter trabalhado sob suas ordens, contou que em uma ocasião, quando as lanchas da polícia estavam quase para alcançar uma de sua embarcações de contrabando, acabou a gasolina. Como não havia vento, Kasibi pegou uma casca de ovo, encostou-a a uma pequena pedra pendente em seu pescoço, murmurando palavras ininteligíveis. A casca ficou do tamanho de uma canoa, levou-o a La Ceiba e voltou com gasolina poucos minutos depois.

O fim de Kasibi, segundo a tradição, foi causado por uma de suas amantes que descobriu, no bolso de um paletó que ele havia deixado para lavar, um amuleto (*iari*) e mergulhou-o imediatamente na água. A água fez um chiado e a pedrinha "cortou o ar como se fosse um peixe voador". Nesse exato momento, Kasibi, que se achava no mar, foi morto por uma explosão do motor de seu barco[15].

14. Nenhum detalhe foi fornecido sobre como isso é feito.
15. Essa é uma história típica de contrabando, apesar da maioria desses casos terem supostamente acontecido em períodos mais remotos, quando não eram usados barcos a motor.

Deve-se ter os maiores cuidados com os talismãs, para que não sejam "estragados" em contato com a água, nem tocados por uma mulher menstruada e assim por diante; as precauções que devem ser tomadas para garantir a eficácia de um encanto variam de acordo com a sua natureza. Freqüentemente um adivinho deve ser consultado para se ter conhecimento delas. Os amuletos mais poderosos são herdados pela linha feminina ou masculina, ou fabricados por um indivíduo, não necessariamente um adivinho, para seu próprio uso, após uma revelação sobrenatural ou muitos anos de estudo.

Assim, a magia é uma parte muito importante das tradições caraíbas que atrai mesmo os que não têm interesse especial pela religião. Quase todo o ato da vida diária é acompanhado de algum procedimento mágico, principalmente os que se relacionam com a pesca, a horticultura, a criação de gado e a educação das crianças. O procedimento, na maioria dos casos, é muito simples, como por exemplo, mascar determinada folha e pronunciar algumas palavras. Embora se reconheça a perícia de um pescador ou de uma mulher com sua horta, acredita-se que o êxito dependa tanto do emprego criterioso da magia quanto da habilidade pessoal. Todos conhecem e usam métodos mágicos e um profissional só é consultado quando se desconfia que a "guarda" (*úiaua*) já não é suficiente como proteção contra a feitiçaria, ou como meio de assegurar boa sorte, ou ainda se se deseja influenciar os desejos de outra pessoa.

Filtros de amor e encantamentos (*uaiaru*) são usados, sendo a sua manipulação a atividade mais rentável dos profissionais da magia. Uma das técnicas usadas inclui a confecção de um boneco de cera, ao qual se acrescenta qualquer tipo de excreção do indivíduo a ser influenciado e que é "tratado" com uma mistura de ervas. Mas, mais freqüentemente, o preparado mágico (o *uaiaru*) é administrado diretamente, sendo misturado na comida ou colocado na cama ou na rede da pessoa na forma de um feixe de ervas; nesses casos, o feitiço opera através do olfato ou do contato com o corpo. O *uaiaru* é usado não somente para provocar o amor, mas também para estabelecer o domínio de um dos cônjuges sobre o outro. É típico da cultura que os homens recorram a esse encantamento tão freqüentemente quanto as mulheres.

Eis a receita de um filtro de amor tido como irresistível:

Prepare uma armadilha para um gambá (manihu) em uma terça-feira; no dia seguinte, vá até a armadilha, mate o animal e corte seu pênis. Coloque-o entre duas folhas de zacate limón (Melissa officinalis) e deixe-o em cima do telhado durante sete sextas-feiras. Deverá estar bem seco então; jogue fora as folhas, pegue o pênis e faça nele duas incisões em forma de cruz com a ponta de uma faca. Uns dizem que se deve recitar uma oração enquanto se faz isso, mas não é realmente necessário.

O seu uaiaru está pronto para ser usado. Quando você deseja ter uma moça inteiramente em seu poder, basta raspar o pênis seco de gambá assim preparado e juntar um pouco desse pó ao café ou rum que ela beber. Deve-se ter cuidado para não dar demais, pois isso poderia torná-la ardente em excesso [bacá].

A maioria dos filtros de amor usados pelas mulheres tem o sangue menstrual como principal ingrediente. Ervas, ossos e pedras são pulverizados ou fervidos. Presume-se que a mulher consiga completo domínio sobre um homem quando prepara um maço de ervas, cuja composição não foi revelada, colocando-o dentro da vagina; então, por determinado número de noites, a mulher deverá fazer o companheiro cheirá-lo. Contam-se casos de esposas que reduziram dessa maneira os maridos a escravos submissos, fazendo-os até desempenhar tarefas femininas, como lavar as roupas da casa. Aos homens aconselha-se a não dormir de costas, pois assim caem vítima desse tipo de magia.

Assim, a magia não só provê meios para dominar as forças naturais, como também fornece armas que são empregadas em situações de competição. Na cultura caraíba negra, que desaprova a agressão aberta, os métodos mágicos são formas toleradas de expressar hostilidade. Os conflitos entre os praticantes muitas vezes se comparam a duelos que terminam com a vitória do homem mais forte. Entretanto, há um código a ser seguido nessas lutas que proíbe o estabelecimento de pactos com espíritos com a finalidade de derrotar o adversário. Uma vitória nessas condições não tem o menor valor; ao contrário, o vencedor é estigmatizado como demônio e, embora não encontre hostilidade declarada, é temido e evitado por todos, até que morra velho, amargurado e solitário[16].

2. Os Rituais Religiosos

Os funerais e os ritos menores.

Em princípio, quando alguém morre, devem ser realizados o velório, o "velório do nono dia", missas e rezas em conjunto. O ritos de "banhar a alma" (*amuiedahani*), "alimentar a alma" (*acuguhani*) e "dançar para a alma" (*adogorahani*) devem ser executados somente se a pessoa morta pedir por

---

16. Aqueles que estão sob suspeita de serem feiticeiros afirmam estar usando apenas métodos mágicos aceitáveis. Assim, o construtor das armadilhas de tartarugas mencionado anteriormente estava ansioso para explicar que apenas fizera uso de encantamentos poderosos herdados de sua mãe.

eles. Na prática, o espírito nunca deixa de fazer tal pedido, pois ninguém é livre o bastante dos laços pecaminosos que o prendem à terra para poder ir diretamente ao céu depois da morte. Apenas os muito ricos estão aptos a satisfazer imediatamente os desejos do morto, de modo que a questão é discutida até que uma cerimônia menos dispendiosa e mais modesta seja aceita. Os mortos da família (*áhari*) fazem conhecer suas vontades através de um sacerdote (*búiei*) que os consulta por meio de ritos de invocação (*arairaguni*).

A palavra para velório, *beluriu*, é derivada do espanhol (*velorio*), mas a cerimônia está impregnada de traços ameríndios e africanos. Para os caraíbas negros, o momento preciso da morte pode não coincidir com a cessação fisiológica da vida, uma vez que uma pessoa pode ser considerada morta quando ainda manifesta alguns sinais exteriores de vida. Inversamente, contam-se casos de indivíduos que já estavam frios e, não obstante, reviveram. Um desses eventos supostamente aconteceu em 1948, tendo como protagonista uma menina que contraíra tuberculose, em La Ceiba, e tinha sido desenganada pelos médicos brancos. Voltou a sua aldeia natal para procurar a ajuda de curandeiros caraíbas, mas sem resultado. Sua saúde declinava rapidamente e, depois de uma crise aguda, ela presumivelmente faleceu. Seu corpo foi preparado para o enterro e iniciou-se o velório que foi subitamente interrompido quando ela voltou a si e sentou-se no caixão, assustando tremendamente seus parentes e amigos. A "segunda" e definitiva morte aconteceu um mês mais tarde.

Normalmente, não há dificuldade em se verificar o falecimento. Então, o corpo é lavado por 4 ou 5 parentes (que não sejam descendentes diretos, irmãos ou esposos) ou amigos íntimos do falecido, que devem ser todos do sexo feminino se o corpo for de uma mulher. É importante que essas pessoas sejam de idade madura e experientes, pois acredita-se que o cadáver solte uma emanação fria que pode causar calafrios e febre alta, a menos que aqueles que o tocam saibam que precauções tomar, além disso, os mais velhos são menos vulneráveis fisicamente que os mais jovens. Depois de lavado, cortam-lhe as unhas e o cabelo; se o defunto for um homem, fazem-lhe a barba pela última vez; depois, colocam-se moedas de prata (geralmente *dimes* americanos) sobre as pálpebras e espalha-se uma pá de cal sobre o estômago e o peito; então, o cadáver é enfaixado em uma peça de algodão fino e vestido com as suas melhores roupas; finalmente, é depositado no caixão, juntamente com as unhas aparadas e o cabelo cortado, embrulhados em um papel.

Esses procedimentos são marcados por manifestações de emoção, como mostrado na seguinte narração:

Quando meu pai morreu, seu corpo foi preparado para o enterro por três de seus amigos, auxiliados por duas mulheres. Eu, é claro, não fui admitido no quarto em que isso se deu, mas pude ouvir, através da porta, as lamentações e expressões de pesar. Uma das mulheres, que era a afilhada predileta de meu pai, dirigia-se ao morto como se fosse uma criança dizendo: "Oh, meu querido! Dê-me o pé para eu calçá-lo!" Ouvindo isso, todos nós choramos. Os homens conversavam em voz baixa, relembrando perigos e momentos alegres que tinham compartilhado com meu pai no passado: às vezes eles também falavam com ele como se estivesse ainda vivo.

Não é raro que uma garrafa de rum passe entre os presentes, a fim de aliviar a tensão emocional que a situação provoca. Quando tudo está feito, um derradeiro gole de bebida é despejado pela garganta do morto, antes que o queixo seja amarrado com um lenço. Algumas pessoas acreditam que, se o lenço não estiver bem apertado, o morto dará um grito quando for colocado no caixão.

Às vezes, contrariamente ao costume, o corpo é lavado e cuidado apenas pelos parentes mais próximos; supõe-se, então, que a morte tenha ocorrido em circunstâncias não-naturais e que o cadáver apresente sinais suspeitos que a família não quer divulgar. Por exemplo, aqueles que caíram vítimas de espíritos maus com os quais assinaram pactos apresentam, de acordo com um informante, marcas de ferro em brasa nas nádegas, como o gado.

Nunca se coloca o caixão sobre a mesa, mas sobre cavaletes de madeira emprestados pelo carpinteiro e por ele armados na sala principal da casa. O carpinteiro constrói também um altar provisório, que é coberto com tecidos brancos, sobre os quais a família coloca todas as imagens de santos e crucifixos que possui, juntamente com dois ou mais castiçais com velas acesas. As velas precisam ser grandes, pois devem queimar durante nove noites até o "velório do nono dia" acontecer.

Quando anoitece, todos os parentes e amigos do morto reúnem-se na casa. As mulheres idosas trazem seus rosários e cadeiras, colocam-nas ao redor do caixão e passam a noite toda rezando. Os homens pegam as velas de suas canoas, amarram-nas aos beirais dos telhados e estendem-nas sobre as ruas estreitas, protegendo-se assim do sereno. Sob essa espécie de tenda, reúnem-se pessoas de todas as idades para jogar baralho ou ouvir histórias tradicionais, a maioria das quais só é contada nessas ocasiões. As crianças costumam se entreter com jogos, um dos quais consiste em passar pedras do vizinho do lado direito para o do lado esquerdo com o acompanhamento de uma canção ritmada. Quando determinadas sílabas são cantadas, as pedras devem ser apenas tocadas com as pontas dos dedos e não passadas. Às vezes a direção é invertida e as pedras circulam no sentido anti-horário. A maioria dos presentes, entretanto, forma rodas de cantores, dentro das quais os mais jovens ou os mais dinâmicos dançam ao ritmo das canções *punta*, acompanhados pelo batuque em caixotes de sabão[17]. A reunião só termina ao amanhecer; qualquer pessoa que se retire antes disso pode excitar a ira do morto e se expor à sua vingança.

De manhã cedo, o corpo é levado à igreja e, depois da missa, para o cemitério onde é enterrado de acordo com os ritos católicos. O transporte do caixão e a abertura da cova são realizados pelos parentes masculinos do morto, que são recompensados com doses extras de rum.

Nos velórios, como nas *embarradas*, serve-se comida aos parentes e amigos íntimos da família e tomam-se rum e bebidas feitas com especiarias e raízes torradas. Está sempre subentendido que, se necessário, esses parentes e amigos ajudarão a custear os gastos do funeral. Oferece-se apenas café aos demais convidados; qualquer coisa a mais que queiram deve ser comprada das vendedoras que passam constantemente com seus cestos cheios de garrafinhas de rum e pratos caraíbas tradicionais.

Durante as nove noites seguintes, as rezas realizam-se na mesma sala onde o corpo foi velado. As velas são novamente acesas e recitam-se o rosário, as ladainhas e outras orações sob a direção de um homem ou de uma mulher de idade. A primeira reunião não precisa ser necessariamente no dia seguinte ao enterro; às vezes é adiada de modo que o último dia da novena caia em um sábado.

Acredita-se que, durante todo esse período, o duplo espiritual do morto (*áhari*) permaneça na casa. Uma garrafa de água fresca é posta à sua disposição sobre o altar, assim como seu cachimbo ou cigarros, se era fumante. Uma fogueira queima continuamente na cozinha; sua finalidade não foi esclarecida. No último dia, depois da missa, o afilhado mais velho do finado leva as toras parcialmente consumidas para o quintal e reacende o fogo lá. As roupas do falecido são então incineradas, exceto algumas miudezas, tais como lenços que podem ser dados a parentes ou amigos íntimos. É costume a pessoa que corta as unhas do cadáver ficar com a tesourinha; a que apara os cabelos também tem direito à tesoura usada para isso; a navalha fica para o parente ou amigo

---

17. Nunca se tocam tambores nos velórios.

que o barbeou pela última vez; seu rosário é dado ao líder das rezas. Essas lembranças, denominadas *alága*, são muito estimadas, pois são símbolos da amizade que o espírito não deixará de reconhecer quando sua ajuda for solicitada. O "velório de nove dias" que se realiza à noite, em tudo idêntico ao funeral, é a despedida do *áhari* que inicia a viagem para o outro mundo.

No decorrer de sua jornada para o Céu, o espírito irá se sentir cansado e com calor; por meio de sonhos e presságios, ele pede um banho. Esse pedido nunca é feito antes que tenham transcorrido seis meses da sua morte. O rito do "banho da alma" (*amuiedahani*) é íntimo; apenas a viúva e os filhos tomam parte, sendo desnecessária a presença de um sacerdote (*búiei*). Por essa razão, fica difícil assistir a uma dessas cerimônias e, de fato, nenhuma das tentativas feitas para presenciar esse ritual teve êxito, embora a permissão para assisti-lo fosse garantida. Certa vez, quando o ritual era realizado para o pai de um informante, um convite foi feito. Apesar de ter sido declarado que o *amuiedahani* estava marcado para às sete horas da manhã, quando, na realidade, teve lugar às cinco, não se pode dizer se havia sido um engano proposital. Não obstante, foi possível ver o quarto preparado para a cerimônia e foi dada uma descrição do que tinha ocorrido.

Na véspera do dia marcado, os parentes masculinos do morto abrem uma cova no chão do quarto. Nesse caso em particular, a cova tinha um metro e oitenta e dois centímetros de comprimento por noventa centímetros de largura e sessenta centímetros de profundidade, pois o falecido fora um homem bastante alto.

A água para o banho foi, nesse caso, preparada de maneira um tanto diferente da usual. Costuma-se dissolver nela um pãozinho de mandioca meio cozido, pois a farinha de mandioca tem uma qualidade inerente de frescor. Em vez disso, de acordo com os desejos do morto, acrescentou-se ao banho uma mistura de ervas e folhas que habitualmente é prescrita para brotoejas de verão. Os cânticos religiosos chamados *úienu*, que também fazem parte do ritual, foram dispensados. A cerimônia foi curta e simples. A viúva, que era o membro mais velho da família, encheu a cabaça com a água medicinal e jogou-a na cova, dizendo: "Aqui está, é para seu banho". Os outros membros da família fizeram o mesmo, um após o outro, por ordem de idade. Uma camisa limpa e uma calça pertencentes ao morto foram penduradas em uma corda. Sobre uma mesa colocaram um bule de café fresco, um pedaço de pão, o cachimbo do falecido cheio de fumo e alguns fósforos. Depois disso, todos partiram para as suas atividades cotidianas. Antes do jantar, no mesmo dia, o chão foi nivelado outra vez, as roupas retiradas e o café, o pão e o fumo, dos quais a alma consumira a essência espiritual, foram jogados fora. Muito raramente o morto pedirá um banquete (*cugu*) antes da missa de aniversário para que sua alma descanse em paz. Só os muito ricos consentirão imediatamente com tal pedido e mesmo eles, às vezes, considerarão excessiva tal solicitação do espírito. Na maioria dos casos, os espíritos devem exercer todo tipo de pressão para obter as cerimônias que desejam – se os sonhos não derem resultado, transformam-se em pesadelos; os presságios são acompanhados por acidentes domésticos; os pescadores defrontam-se no mar com perigos de natureza misteriosa; as hortas produzem colheitas pobres. Se todos esses sinais de nada valerem, os membros da família podem ser afligidos por grandes calamidades, inclusive doenças mortais. O fato dessas mensagens serem normalmente enigmáticas, de tal modo que os leigos não conseguem interpretar os desejos do morto, constitui uma fonte a mais de ansiedade.

Por fim, quando os meios de subsistência da família estão ameaçados e a saúde de um ou mais de seus membros está seriamente comprometida, tendo falhado todos os remédios, chama-se um *búiei*. Ele ouve a exposição minuciosa das ocorrências e inicia as consultas aos espíritos dos antepassados, enviando-lhes seus mensageiros sobrenaturais (*biúruha*), com cumprimentos de sua parte e de seus clientes. Se os ancestrais estão muito irritados com seus descendentes, levará muito tempo até que consintam em baixar e expressar suas queixas, o que constitui o rito denominado *arairaguni* (literalmente, "fazer descer"). Como resultado das muitas discussões que se seguem, os membros vivos da família fazem a promessa solene de realizar um banquete (*cugu*) ou uma cerimônia dançante (*dogo*) em uma data fixada, cujos detalhes precisos são combinados. Um adiamento de dois ou três meses é geralmente concedido, de modo que a família possa ter oportunidade de fazer os devidos preparativos para a cerimônia. Todos os parentes são informados da decisão para que possam ter o dia livre para celebrar; cada um deve ajudar a saldar uma parte das despesas, de acordo com sua posição e seus meios, ou contribuir em espécie.

Um cântico de significação religiosa pode ser outra contribuição de valor. Os caraíbas negros são muito musicais e estimam bastante esse dom; sua música é notável pela variedade e riqueza de formas e pela originalidade da melodia. Muitas são as ocasiões que inspiram a criação musical, que é sempre considerada espontânea e pouco influenciada pelo treino. Nas semanas que precedem um grande ritual, como um *cugu* ou um *dogo*, espera-se que os músicos do grupo de parentesco recebam dos ancestrais uma dádiva musical, através de uma visão ou de um sonho. Essas músicas são de três tipos principais: *uíanu*, melodia suave e lenta que é uma invocação ou louvor aos espíritos; *abáimahani*, forma cantada por um coro de mulheres e *arúmahani*, forma musical semelhante à anterior, executada apenas por homens. Todas elas dispensam o acompanhamento de tambores e não fazem parte da liturgia regular, que se supõe haver permanecido imutável através dos séculos.

O canto *abáimahani* não se restringe às solenidades religiosas; as mulheres cantam-no freqüentemente em festas profanas, uma vez que lhe são atribuídas qualidades curativas que aliviam qualquer tipo de dor. Quando os *abáimahani* são cantados, um grupo de mulheres fica em fila, cada uma delas segurando a mão esquerda da outra pelo dedo mínimo; cantam em uníssono, às vezes inclinando ligeiramente o corpo para a frente, enquanto seguram as mãos na frente, movendo-as vagarosamente, como se ralassem mandioca ou lavassem roupa. Certa ocasião, foi possível observar o tratamento através do uso do *abáimahani* de uma moça que tinha sido picada por uma arraia venenosa; ela parecia estar com uma dor intensa, mas depois de se colocar entre outras duas mulheres e gesticular e cantar com elas, sentiu-se aliviada e pôde caminhar de volta para casa, assistida por uma amiga.

O *arúmahani* é cantado por homens em fila, o último segurando um remo; seus movimentos são súbitos e vigorosos, como quando remam ou puxam as redes. Atualmente, é ouvido poucas vezes fora das cerimônias religiosas, pois não é popular entre as gerações mais jovens. Assim como o *abáimahani* conta os incidentes das tarefas femininas, o *arúmahani* narra os trabalhos e perigos da vida no mar. Em ambas as formas de música sacra, alude-se às interferências dos espíritos ancestrais em benefício de seus descendentes, que expressam o desejo de receber a mesma proteção no futuro. Os gestos que acompanham essas palavras foram explicados como sendo uma espécie de "afastamento" das más influências físicas e espirituais. Portanto, os efeitos calmantes do *abáimahani* dependem tanto dos processos sociopsicológicos quanto dos psico-fisiológicos. O alívio do sofrimento corporal ou da ansiedade é dado pelos movimentos rítmicos, que levam, segundo as palavras de uma velha, a uma sensação de "se colocar nas mãos dos vigilantes [os ancestrais divinizados]".

O fato dessas composições musicais serem frequentemente cantadas em ocasiões seculares mostra como a religião infiltra-se no cotidiano dos caraíbas negros. Em sua concepção do mundo, o religioso e o profano, o natural e o sobrenatural são partes de uma mesma continuidade. Fora das cerimônias religiosas, as ações de um indivíduo não estão menos relacionadas com as forças espirituais que parecem regular o universo.

Os ritos maiores: o cugu.

O rito *cugu* consiste, como já foi afirmado, em um banquete oferecido pelos membros da família extensa a seus ancestrais divinizados, os chamados *gubida*, e das cerimônias que o precedem e que o seguem. É o segundo em importância, sendo superado apenas pelo *dogo*, o rito mais solene do culto caraíba. O custo proibitivo do *dogo*, ao lado das medidas policiais tomadas contra ele, reduziram em muito sua freqüência. Durante o período que durou esta pesquisa, nenhum ritual desse último tipo se realizou na região de Trujillo[18]. Quando, em muitas ocasiões, os antepassados pediam um *dogo* pela boca de um adivinho, seguia-se entre eles e os membros vivos da família uma longa discussão até que os ancestrais consentissem em aceitar o *cugu* no lugar do *dogo*.

Em teoria, todos os membros da família extensa deveriam se reunir para realizar o *cugu* na aldeia "onde se originou a linhagem". Entretanto, dificilmente isso acontece na prática, como já foi demonstrado, uma vez que os componentes desses grupos estão espalhados por toda a costa do Caribe. Aqueles que não podem assistir à cerimônia auxiliam com suas contribuições; os marinheiros e os cortadores de mogno enviam dinheiro, enquanto os que vêm de aldeias distantes trazem, além das oferendas pessoais, porcos e galinhas enviados pelos parentes idosos e doentes que não podem mais fazer longas viagens.

Quando muitos membros de uma família moram em uma única aldeia, mesmo que não seja aquela em que a família se originou, pode-se achar mais conveniente realizar aí o ritual. Nesse caso, alguém do grupo é enviado ao

---

18. Taylor, durante o período desta pesquisa, teve mais de uma oportunidade de presenciar o *dogo* em Honduras Britânica. Isso se deve, sem dúvida, ao fato de os caraíbas das colônias inglesas gozarem de maior liberdade e estarem em melhores condições econômicas do que aqueles que vivem na República de Honduras. Uma comparação entre a descrição dos rituais feitos aqui e a apresentada por Taylor evidencia a existência de variantes em Trujillo; podemos citar como exemplo a ausência do *lanigi dogo* apontada por ele (Taylor, 1951, p. 120, rodapé). Os trujilanos dizem que em Guatemala e em Honduras Britânica há menor apego à ortodoxia do que entre eles.

lugar onde os ancestrais nasceram ou passaram a maior parte de suas vidas, de onde é recolhida terra dos caminhos por onde os antepassados andaram, água dos riachos onde costumavam beber e se banhar e algumas moedas que tenham passado por suas mãos. Tudo isso vai formar o "coração do *cugu*" (*lanigi cugu*), uma pequena elevação de terra construída pela parenta mais velha do falecido na casa destinada ao ritual. O *lanigi cugu* é feito na véspera do dia marcado para o *cugu*. A anciã encarregada do rito, chamada "avó da terra" (*huáiaua múia*), entra no menor dos dois cômodos em que toda casa caraíba é dividida, carregando uma cesta na mão. Todos deixam a casa para só voltar depois de várias horas. A essa altura, a pequena elevação de terra já foi construída no cômodo que, a partir de então, passa a ser chamado "santuário" (*gule*). Pelo fato de ser um rito secreto, é conhecido apenas por alguns caraíbas; até mesmo os sacerdotes e adivinhos não estavam familiarizados com ele, pois se interessam pouco por assuntos puramente rituais. Um rapaz contou que sua mãe lhe tinha dito que moedas do século XVI e outros objetos (não definidos) também eram colocados dentro do *lanigi cugu*, embora isso pareça ser feito apenas em celebrações muito grandes, quando a homenagem é também oferecida aos ancestrais remotos, cujas mãos teriam tocado aquelas moedas.

A finalidade da construção do monte ritual é atrair e prender os espíritos dos ancestrais que estão misticamente ligados à terra que pisaram, à água que beberam e em que se banharam e ao dinheiro que manipularam. O ritual é executado apenas pela mulher mais velha da família extensa, pois as pessoas mais velhas, estando mais próximas do mundo sobrenatural, podem manipular com segurança os objetos que se tornaram perigosos devido a sua relação com os mortos. Foi explicado também que as mulheres, por terem melhor memória que os homens, lembram-se com maior exatidão de todos os detalhes dos ritos complicados.

Depois de concedido o tempo necessário para a construção do monte, os outros membros da família entram na casa e penduram nas vigas cestas de trançado hexagonal chamadas *uguagai*[19], uma para cada morto. Em alguns casos pequenos pedaços de pano, embebidos em *suruguli*, a tintura extraída de *Bixa orellana* (*ruku* ou *guseue*, em português: urucu), são retirados das cestas, para serem usados como lenços rituais no dia seguinte. Se o banquete

---

19. Apenas dois cesteiros ainda fazem *uguagai*; um mora em Cristales e o outro na aldeia vizinha San Antonio. Os caraíbas que moram em Honduras Britânica ou na Guatemala precisam, portanto, importar esses cestos para seus ritos.

não for de grandes proporções, as cestas podem ser dispensadas; o monte ritual também pode ser simplificado, não passando, em certos casos, de dois a três punhados de terra cobertos por um caixote de sabão vazio. Quando os ancestrais pertencentes a diferentes famílias extensas são homenageados na mesma cerimônia, haverá um pequeno monte de terra adicional para cada um dos agrupamentos, mas só o principal é chamado "o coração do *cugu*".

No dia seguinte, bem antes do amanhecer, um grupo de pescadores, chamados nessa ocasião de "provedores" (*adugahatiu*), vai para o mar em uma ou duas canoas, de acordo com a importância dos ritos a serem realizados, levando todos os apetrechos de pesca, inclusive redes para camarões e armadilhas para lagostas; às vezes, as crianças, acompanhadas de algumas mulheres, vão apanhar caranguejos, pois os espíritos dos ancestrais têm predileção por mariscos[20]. Quando retornam com o produto da pesca, homens, mulheres e crianças tomam banho, vestem suas melhores roupas e vão para a igreja assistir a uma missa de réquiem, depois da qual tiram dos castiçais as velas semi-consumidas e levam-nas para a casa onde se realizará o *cugu*. É preciso dizer que as crianças ficam livres para brincar, uma vez que não tomam parte na cerimônia, exceto por um breve ato ritual na sua conclusão; contudo, estão proibidas somente de assistir aos ritos que poderiam acarretar perigo para seus duplos espirituais, trazendo-os para perto dos mortos[21].

Enquanto algumas mulheres se dirigem para a cozinha para preparar os pratos que serão servidos quentes, todos os outros membros da família extensa, homens e mulheres, reúnem-se na sala principal, de onde foram retirados todos os móveis. O sacerdote principal (*búiei*) entra e dirige-se ao santuário ou "sala isolada" (*gule*), acompanhado de seus assistentes, geralmente mulheres idosas, para ultimar os preparativos do ritual. Nas cerimônias mais caras e pomposas, os assistentes são também *búiei*, sendo o principal deles denominado *sinabúiei*, ocupando posição semelhante à dos bispos na hierarquia da Igreja Católica Romana. Colocam-se sobre o *lanigi cugu* litografias de santos, um crucifixo, uma vela acesa que, como todas as outras que serão usadas na cerimônia, queimou durante algum tempo na igreja, uma cabaça

---

20. Até onde se pôde averiguar, na República de Honduras, as mulheres não são incluídas na tripulação dessas canoas e nem a expedição é solenizada por qualquer ato ritual. Vide Taylor, 1951, p. 116.

21. Uma cerimônia completa, incluindo as partes que dizem respeito somente aos membros da família e que não são usualmente realizadas na presença de estranhos, foi assistida em 25 de junho de 1948 e constitui a principal base da descrição apresentada aqui.

cheia de cerveja de mandioca (*bíti*) e pequenas garrafas de rum, chamadas *chaparritas*, tampadas com chumaços de algodão. Outras velas são colocadas sobre os outros montes (se houver mais de um) ou deixadas de reserva para serem acesas logo que a primeira acabe.

Ficando tudo pronto, procede-se à invocação dos espíritos (*arairaguni*). Alguns oficiantes, quando executam esse rito, são deixados a sós no santuário, fechando-se até mesmo a porta de comunicação, mas atribui-se maior prestígio aos que são capazes de realizá-lo à vista de todos. Nesse caso, empregam o ventriloquismo, que é menos importante para estabelecer a reputação de um *bíiei* do que as qualidades dramáticas que ele deve dispor nessas ocasiões, tais como: a capacidade de mudar a altura e o timbre de voz, de modo a dar a impressão de vários personagens falando; talento de réplica e imaginação para manter o diálogo entre os mortos e os membros vivos da família. Uma curandeira famosa era capaz de sugerir a presença dos espíritos que, embora fossem inaudíveis aos observadores, mantinham comunicação com ela, utilizando-se de uma notável variedade de expressões faciais; seu desempenho era mais convincente do que o daqueles que recorriam ao ventriloquismo. No rito que está sendo descrito, o adivinho não só era um hábil ventríloquo como também evidenciava capacidade de improvisar diálogos animados[22].

Ao chamado do oficiante, entoado ao som de seu pequeno chocalho (*sisire*) ou, mais freqüentemente, pelo estalar dos dedos à guisa de castanholas, acredita-se que os espíritos baixem um após o outro, fazendo sentir sua presença pelo estremecer da estrutura da casa. Logo em seguida, ouve-se uma pequena voz aguda e fanhosa, tradicionalmente atribuída aos que morreram, saudando o oficiante principal, seus assistentes e as pessoas da família. Essa voz, como pode-se verificar quando a porta do santuário não está fechada, sai do *lanigi cugu*, que é considerada a morada dos espíritos enquanto dura toda a celebração. A conversa é breve, uma vez que todos os assuntos importantes concernentes às dificuldades atuais da família e os detalhes do ajuste quanto à elaboração das cerimônias foram discutidos no decorrer de consultas prévias. Depois de uma troca de cortesias, se os espíritos de outras famílias, que são também ancestrais do grupo de parentesco que pro-

---

22. O fato de chamar a atenção constantemente para sua boca, na qual mantinha um pequeno cachimbo de barro durante todo o desempenho, para mostrar que *ele* não estava falando, é bastante significativo.

move o ritual, tiverem de ser chamados, são invocados e instalados nos montes de terra adicionais preparados para tal fim.

Então, trazem para o santuário mesas cobertas de oferendas de comida; a maior delas é colocada sobre o *lanigi cugu*, enquanto as outras são distribuídas sobre os outros montes, se houver[23], colocando-se sobre elas queijo fresco, coalhada, grande quantidade de pão de mandioca, carnes frias e postas de peixe, enquanto as cozinheiras estão atarefadas na cozinha preparando os outros pratos.

Na sala principal, logo após o término do rito introdutório, uma fila de mulheres inicia a execução de *abáimahani*. Os tamborileiros, geralmente em número de três, entram e são recebidos com calorosas saudações e doses de rum; convidados a sentar, dão início ao ritmo e as danças começam. Não é preciso pertencer à família que promove o *cugu* para se unir aos cantos e às danças nesse momento. Amigos e vizinhos, contanto que tragam rum ou um prato qualquer, podem entrar sem convite especial; supõe-se que os antepassados de suas famílias também participem da festa. Às vezes, um dos ancestrais divinizados pede a execução de uma dança antiga que fora sua favorita na mocidade; as pessoas mais velhas fazem sua vontade, em meio a risos e pilhérias.

De tempos em tempos, os tambores descansam e o canto *abáimahani* das mulheres recomeça, enquanto os homens mais velhos podem também ser induzidos a reviver alguma velha melodia *arúmahani* cantada em estima aos antepassados; mas isso ocorre com menor freqüência, uma vez que as canções desse tipo estão desaparecendo. No decorrer de um banquete ritual oferecido por um septuagenário enfermo, que veio a morrer algumas semanas depois, os amigos de idade, que cantavam canções tradicionais do mar, não conseguiam se lembrar da letra e tiveram de ser auxiliados pelas mulheres. O oficiante não tem parte ativa nessa fase da cerimônia; pode se reunir aos grupos dançantes, ou ir para a cozinha supervisionar a preparação dos alimentos, ou ainda presidir a distribuição de rum, do qual, segundo os rumores, sempre toma a parte do leão, até que seja chamado para a execução do rito de apaziguamento.

---

23. Na cerimônia que está sendo descrita, havia dois montes e duas mesas, mas não foi feita nenhuma separação entre elas, como indica Taylor (1951, p. 116). Essas mesas ainda são chamadas *madudu* (cf. Breton, "*matoutou*"), mas são de madeira de uso corrente. Os artefatos de cestaria madudu descritas nos relatos do século XVI não foram encontradas.

Esse rito, denominado *ámalihani* (literalmente, "aplacação"), requer a participação de todos os membros da família que realiza o *cugu*. O local das danças é deixado para eles, o *búiei* e os tambores. Quando todos estão em silêncio, o oficiante, pegando seus grandes chocalhos (*maraka*) e fazendo-os soar no ritmo, dança em direção aos tambores, enquanto todos os membros da família cantam juntos. Quando os pés dele estão quase tocando os tambores, ele pára repentinamente, bate os chocalhos um contra o outro, os músicos levantam-se e, à medida que o *búiei* recua encarando-os, os músicos seguem-no acompanhados pelos devotos que agitam lenços tingidos de vermelho, denominados "leques" (*ahuragole*). Conduzida pelo sacerdote que, alternadamente, dá-lhes a frente ou as costas, a procissão executa duas voltas em torno da sala, primeiro no sentido horário e depois no sentido anti-horário. Ao se aproximar das portas, o oficiante abaixa os chocalhos, enquanto o coro canta em voz muito baixa, aumentando o volume quando ele levanta os instrumentos.

A "aplacação" por meio de cânticos e danças é sempre praticada no ritual mais solene, o *dogo*, e aumenta o brilho de um *cugu*, mas pode ser dispensado nos ritos menores. Em outras ocasiões, o *ámalihani* era formado por duas melodias curtas cantadas nas portas e acompanhadas apenas dos chocalhos. Na cerimônia que é descrita aqui, testemunhou-se a forma mais elaborada do rito, uma vez pela manhã e outra à tarde; uma apresentação em homenagem aos ancestrais da linha paterna e a outra aos da linha materna.

Com exceção dos ritos de aplacação, que são minuciosamente regulados, prevalece nas festividades religiosas caraíbas a maior espontaneidade. Embora os padrões tradicionais sejam devidamente seguidos, não se impõe qualquer disciplina rígida; os amigos e os membros da família têm liberdade para participar dos cantos e das danças da maneira que quiserem, ou eles podem se reunir no santuário, onde são servidos rum, ponche (*funsu*) – feito com leite quente, rum e especiarias – e ainda cerveja, cerveja de mandioca (*hiu*) e refrigerantes. Qualquer pessoa pode se servir de pedaços de queijo, peixe frio, carne de porco fria e pão de mandioca deixados sobre as mesas rituais (*madudu*), mas se os convidados ou os membros da família comerem demais, os mortos poderão ficar zangados e fazer o resto da comida ficar "amarga como fel". Nesse caso, a cerimônia perde todo o valor e precisa ser repetida com maior brilho para expiar a ofensa feita aos espíritos. Entretanto, não se tem lembrança de nenhuma demonstração de tal comportamento ocorrida em Trujillo, embora as pessoas mais velhas costumem dizer que os marinheiros que retornam dos portos do leste e de Honduras Britânica, que não respeitam as velhas tradições, não se acanhariam em proceder assim.

No fim da tarde, quando os pratos a serem servidos quentes estão prontos, são levados ao santuário. Os que se compõem de caranguejos, lagostas e peixes do tipo apreciado pelos antepassados são preparados da maneira habitual, mas sem sal; são inspecionados pelo oficiante ou seus assistentes e colocados sobre as mesas. Então, o sacerdote principal, com acompanhamento de seus pequenos chocalhos, entoa cantos suaves, como as cantigas de ninar (*uíanu*) que são ouvidas somente no início e no fim dos rituais. Todas as crianças da aldeia, que estavam esperando por esse momento, começam a se reunir na frente da casa. Depois de mais ou menos meia hora, quando se acredita que os ancestrais consumiram a essência espiritual dos alimentos ofertados e a família está livre para partilhá-los, enchem-se travessas para serem levadas para casa e dadas aos amigos; o que sobra é colocado em folhas de bananeira e levado para a sala da frente que, a esse momento, deve estar vazia. Durante todo esse tempo, prosseguem os cânticos religiosos no *gule*. As crianças esperam, cada vez mais impacientes. A um sinal do *búiei*, o canto pára e as crianças invadem a casa aos gritos e risadas, cada qual tentando conseguir o melhor pedaço. O significado dessa fase do cerimonial (*abaiuhani*, "pilhagem") é que fornece aos membros da geração mais nova a oportunidade de se familiarizarem com os espíritos dos ancestrais, ao mesmo tempo que se acredita que os *gubida* se divirtam com a vivacidade dos netos e de seus amiguinhos.

Depois que as crianças saem, os restos de comida que se espalham pelo chão são cuidadosamente varridos, juntados, enrolados em folhas de bananeira e colocados dentro das cestas rituais (*uguagai*). Algumas delas são levadas pelos homens para as canoas, a fim de serem jogadas ao mar, a uns seiscentos metros da praia; outras são entregues aos anciãos da família, que se retiram para um local isolado no quintal dos fundos da casa, acompanhados pelo oficiante, para cumprir os ritos de "revirar a terra" (*lafumucu múa* ou *afumucuni*), parecidos com um enterro. Nada mais resta a fazer, além da purificação das mesas antes que sejam revertidas ao uso cotidiano; esse ato, que se chama "queima" (*águdahani*), consiste em derramar rum sobre elas e colocar fogo. Com freqüência, esse álcool é usado para fazer o ponche caraíba (*funsu*). Se o rum comprado para a ocasião não tiver sido todo consumido, a festividade prossegue noite a dentro, embora não seja realizado qualquer outro ato de significação religiosa.

No dia seguinte, a mulher mais idosa da família, representando a "avó da terra" (*luiáiaua múia*) dirige-se sozinha para o santuário. Depois de algum tempo, aparece trazendo nas mãos um balde cheio de terra e joga-o no mar. Nenhum vestígio do monte ritual permanece no pequeno aposento, que agora cessou de ser um *gule*.

Nem todo banquete ritual inclui todos esses elementos; como já foi indicado, a "aplacação" (*ámalihani*) pode ser simplificada, ao passo que a "pilhagem" (*abaiuhani*) pode ser cancelada se os espíritos aos quais é oferecido o *cugu* forem indivíduos mortos há pouco tempo. Para esse fato foram dadas duas explicações diferentes, embora talvez complementares: a primeira – é perigoso para as crianças de menos de doze anos entrar em contato com os antepassados em processo de deificação, mesmo por um curto espaço de tempo; a segunda explicação – o fato de que os descendentes de espíritos que morreram recentemente são conhecidos deles torna o rito *abaiuhani* inútil. Não obstante, um dos adivinhos considerava esse rito indispensável, insistindo na sua realização em todos os casos; quando necessário, tomava precauções para proteger os jovens contra os efeitos maléficos advindos do contato com as forças sobrenaturais. Ele enfatizava o significado simbólico da "pilhagem", a qual associava o episódio do maná caindo do céu para os filhos de Israel no deserto; na sua opinião, a verdadeira finalidade do rito é imprimir na mente das novas gerações o conceito dos ancestrais como provedores de alimento e de todas as outras coisas que tornam a vida agradável.

Os ritos maiores: o dogo.

Os ritos de dança (*adogorahani*, literalmente "pisando a terra" para as almas), além das cerimônias que lhe são específicas, inclui a maior parte dos atos rituais da vida religiosa caraíba. Pelas razões já apresentadas, não foi possível assistir a um *dogo*, embora várias descrições dele tenham sido obtidas e que serão discutidas na medida que ajudarem a esclarecer certos pontos do relato sobre a cerimônia feito por Taylor[24].

Na opinião dos caraíbas negros, a principal distinção a ser feita entre um *dogo* e um *cugu* é o grau de elaboração; a cerimônia maior necessitando dos esforços conjugados de muitas famílias extensas e os serviços de mais de um oficiante. Entretanto, as danças que promovem a possessão dos espíritos nunca fazem parte das festividades menores, como não o fazem também o sacrifício de galos.

24. Taylor, 1951, pp. 115-132.

Os rituais *dogo* são planejados com anos de antecedência e os recursos econômicos de pelo menos uma dúzia de lares são reunidos. Assim, é compreensível que a decisão de realizar uma "dança para as almas" só seja tomada após muita hesitação e forte pressão por parte dos ancestrais. A seguinte história ilustra bem esse ponto:

> Há uns dez anos, um dos caraíbas mais ricos da região de Trujillo morreu e deixou muitas propriedades para os seus descendentes, inclusive uma plantação de cana de açúcar e um engenho, pelo qual tinha grande apego. Contrariando as instruções deixadas pelo morto, a família vendeu essa plantação juntamente com a maior parte das propriedades e mudou-se para La Ceiba, onde morava em uma casa de tijolos igual à dos ladinos afortunados. Entretanto, antes da partida, os membros da família ofereceram um magnífico cugu em honra ao falecido pai, mas isso não foi suficiente para "pacificá-lo"; os integrantes da família eram constantemente acometidos de moléstias que os médicos de La Ceiba não conseguiam curar. A filha mais moça caiu gravemente doente e teve de ser operada; convalescia lentamente no hospital quando a família, depois de consultar um adivinho, anunciou sua decisão de voltar para Trujillo e realizar um dogo. Conta-se que no dia seguinte ao comunicado, para espanto dos médicos, a moça conseguiu se levantar do leito e recuperou-se tão rapidamente que dentro de uma semana pôde fazer a fatigante viagem até Trujillo, junto com seus parentes.
>
> De volta ao lar e gozando novamente de saúde, começaram a imaginar um meio de fugir à promessa feita ao espírito. Nas palavras do informante que contou o caso, "eles disseram entre si: 'Talvez seja possível argumentar com nosso pai e fazê-lo aceitar apenas um cugu'. Mas eles não sabiam que não se pode discutir com um gubida irritado mais do que com uma mula preta!" Um dia, a moça que havia sido operada ficou só em casa fazendo pão de mandioca; quando os outros membros da família voltaram, encontraram-na inconsciente no chão, ao lado do fogareiro, sangrando profusamente pelo corte reaberto. Quando voltou a si, ela contou que estava abanando o fogo quando sentiu uma vertigem e caiu; viu, então, muitas pessoas dançando com porcos abatidos nos ombros e o pai aproximar-se dela com expressão zangada, dizendo: "Vocês comeram toda minha propriedade e agora estão pensando em me dar só um pedacinho dela!"[25] A família ficou aterrorizada e promoveu um dos mais esplêndidos dogo jamais vistos em Trujillo. "E", acrescentou o adivinho que contou a história, "quando se calculou o quanto tinham gasto na celebração, o total perfez a soma exata obtida com a venda do engenho de açúcar."

---

25. Explicou-se que a moça teve uma visão de uma festa religiosa no mundo dos espíritos, onde porcos inteiros são carregados em torno da pista de dança, como se faz com os galos nos ritos realizados na terra.

Um *dogo* nunca dura menos de três dias. Constrói-se uma "casa para os ancestrais" (*dabuiaba* ou *gaiunare*), o que é uma característica especial desse rito; entretanto, de acordo com um informante, em períodos passados de prosperidade, costuma-se construir uma também por ocasião dos *cugu*. Como foi indicado anteriormente[26], o grupo de "provedores" (*adugahati*), que vai pescar para uma cerimônia *dogo*, é mais numeroso; e ritos especiais, não observados por ocasião do *cugu*, assinalam sua partida e sua volta. Os cânticos suaves de invocação (*uíanu*), as canções gesticuladas das mulheres (*abáimahani*) e dos homens (*arúmahani*) fazem parte tanto do ritual maior como do menor. O rito do "apaziguamento" (*ámalihani*), como já foi discutido, é representado de modo diferente na maioria dos *cugu*, sendo às vezes idêntico ao "apaziguamento" realizado no *dogo*[27].

Todos os atos relacionados com a alimentação (o significado literal do substantivo verbal *acuguruni* e seu substantivo correspondente, *cugu*) são realizados também nos *dogo*: a preparação e a oferenda de alimentos, a "pilhagem" (*abaiuhani*) pelas crianças e a purificação das mesas rituais pela queima de rum sobre elas (*águdahani*). O monte de terra ritual (*lanigi cugu*), sobre o qual oferendas de bebidas são derramadas, foi também observado por Conzemius em um *dogo* realizado na República de Honduras, sendo chamado nessa ocasião de *lanigi dogo*[28]. Sua ausência nas cerimônias realizadas em Honduras Britânica foi apontada por Taylor[29].

Quando esse assunto foi discutido com adivinhos da República de Honduras, explicações diferentes foram apresentadas. Alguns disseram que os caraíbas habitantes da colônia britânica se desviaram da observância dos ritos tradicionais, o que não parece provável, já que os contatos entre os caraíbas negros que se espalharam por toda a América Central jamais cessaram e os ritos são idênticos em todos os outros aspectos. Outro praticante religioso aventou a hipótese de que o homem branco (referindo-se a Conzemius) poderia ter sido mal informado a respeito do tipo da cerimônia. A explicação mais convincente foi dada por um velho *búiei* que havia morado durante muito tempo tanto na Guatemala como em Honduras Britânica. Disse ele que, quando os ancestrais são convidados para um *cugu*, todos eles ficam alojados no monte ritual do santuário, de onde assistem às danças

---

26. E também Taylor, 1951, p. 119.
27. Taylor, 1951, p. 121.
28. Conzemius, 1928.
29. Taylor, 1951, p. 120.

enquanto consomem a "substância espiritual" dos alimentos e das bebidas. Mas, quando se trata de um *dogo*, eles ficam livres para se movimentarem, podendo "entrar na cabeça" dos descendentes que dançam para eles.

Quando soam os tambores do dogo, tornam-se excitados; ficam por todas as partes da gaiunare e dançam até sobre as vigas do forro para onde, às vezes, carregam uma moça. Mas esses são os gubida mais moços e mais vigorosos; os mais velhos não são tão ágeis, desejam um lugar onde possam descansar enquanto bebem seu rum e assistem à festa; é por isso que na República de Honduras constrói-se para eles um lanigi dogo. Os gubida velhos não podem viajar até as longínquas aldeias de Honduras Britânica e, uma vez que nunca comparecem aos banquetes oferecidos por seus descendentes que lá vivem, não há necessi-dade de se construir os montes de terra rituais naquelas ocasiões.

Nenhuma necessidade de se "reprimir" os espíritos foi reconhecida.

O mesmo *búiei* disse que, se uma "casa dos antepassados" (*gaiunare*) for utilizada para fins cotidianos, em vez de ser derrubada ou abandonada como se faz geralmente, deve-se executar o rito de "revirar a terra" (*lafumucu múa*). Nesse caso, a "avó da terra" (*huáiaua múa*) revolve a terra do chão onde se dançou, "que foi pisada pelos espíritos", com o auxílio de um utensílio de madeira em forma de pá, mas ela não precisa remover a terra. Depois de quatro ou seis semanas, os homens entram na casa e alisam o chão, tornando-o novamente compacto; a casa, então, está pronta para ser usada[30].

De modo geral, todos estavam de acordo que dançar com galos debaixo do braço, antes de sacrificá-los, era uma característica exclusiva da cerimônia *dogo*. Se uma ave tiver de ser preparada para um *cugu*, deve ser abatida na cozinha, como se fosse para uma refeição diária. Nenhuma outra razão além do costume é apresentada para esse rito, mas um velho *búiei*, famoso por seu conhecimento sobre os livros dos brancos, tem uma explicação para ele. Depois de cantar a música que faz parte do ritual de sacrifício, "um galo cantou – na casa do culto – nos velhos dias"[31]; ele afirmou que essas palavras aludiam às celebrações *dogo* que se realizavam em São Vicente (*Iurumai*). "Naqueles dias [antes dos caraíbas negros terem sido expulsos da ilha], nossas casas de culto ficavam cheias de galos e quando eles cantavam nossos

---

30. Uma dessas casas foi vista, ainda desabitada, na aldeia de San Antonio (Funda, em caraíba). Em Honduras Britânica, em um caso relatado por Taylor, "o assoalho de terra batida foi escavado e jogado ao mar e um novo foi colocado sobre o chão natural de areia." (Taylor, 1951, p. 132). Não há referência à "avó da terra" nesse depoimento.

31. *ua-la gaiu – dabuiabarugu – tugura buga*. Vide Taylor, 1951, p. 125.

corações ficavam alegres. Hoje, as pessoas não podem gastar dinheiro para sacrificar um grande número de aves, por essa razão, quando um galo é morto nas festividades atuais, isso é feito com pompa." Enquanto os laços entre o passado e o presente, fixados na letra da canção, são interpretados provavelmente de maneira correta, é duvidoso que o sacrifício cerimonial dos galos seja uma inovação. Entretanto, não foi possível descobrir qualquer outro significado para ele.

A parte principal da cerimônia *dogo* é a dança *dogo* (*adogorahani*, literalmente calcar, comprimir, agregar)[32]. Os passos dessa dança, um esfregar de pés como que para alisar o chão, e o ritmo dos tambores que os acompanham são idênticos aos da dança *punta*, observada nos velórios e nos "velórios do nono dia"; em ambos os casos, acredita-se que os espíritos dos mortos se juntem à dança. Segundo a teoria de um *búiei*, os passos do *dogo* reproduzem o avanço lento dos espíritos em direção à morada final. O grupo de dança *ámalihani*, que marcha em formação compacta em direção às portas e janelas da casa, conduzido pelo oficiante e pelo adivinho, foi descrito como se estivesse "conduzindo os *gubida* para fora da casa", impelindo-os a tomar "o caminho dos espíritos"[33].

A presença dos antepassados em um *dogo* torna-se dramática quando os espíritos realizam a possessão dos devotos que, via de regra, são moças solteiras que foram "preparadas para recebê-los". Isso envolve abstenção de relações sexuais e aprendizado de cânticos sagrados, às vezes revelados através de um sonho. No momento da cerimônia, o rosto da moça é pintado com tinta de *Bixa orellana* (urucu, *ruku*), os padrões dos desenhos são pontos que formam uma cruz ou uma elipse, a mesma decoração que é feita sobre o rosto de uma mulher com dor e para quem as amigas cantam os *abáimahani*. Podem ocorrer possessões espontâneas, mas há meios para evitá-las, como por exemplo, dar um nó no pano tingido de vermelho ("leque", *ahuragole*) que os dançarinos seguram na mão[34].

Se, devido a um desentendimento na família ou por outra razão qualquer, uma pessoa deixa de comparecer ao banquete religioso, ela será pos-

---

32. Cf. Taylor, 1951, p.113.
33. A procissão dos espíritos nessa estrada torna-se visível aos vivos no Dia dos Finados.
34. Em Honduras Britânica (Taylor, 1951, pp. 122-23), a possessão "pode se manifestar a qualquer hora e em qualquer lugar durante os três dias que o rito dura" e não se restringe a algumas devotas escolhidas. Quando esse assunto foi tratado com *búieis* na República de Honduras, todos condenavam tal procedimento, pois lhes parecia falta de disciplina.

suída pelos espíritos e compelida a ir até o local onde está se realizando. Conta-se o caso de uma mulher de meia idade que morava em uma aldeia a cerca de oitenta quilômetros de Trujillo que não compareceu ao *dogo* realizado em honra de seus ancestrais. Na manhã do segundo dia do ritual, ela chegou correndo à casa do culto (*dabuiaba*); mais tarde, verificou-se que ela tinha feito o percurso em menos de uma hora, tendo sido provavelmente carregada no ar pelos espíritos.

Separada da cerimônia *dogo* e descrita sempre com prazer é a paródia dos ritos, executada por "palhaços" (*idena*) vestidos de mulher[35]. Foi ressaltado que um estrangeiro provavelmente poderia interpretá-la mal, uma vez que a representação não faz parte do ritual religioso; trata-se apenas de um interlúdio humorístico que tem por objetivo divertir os espíritos. Acredita-se que os ditos chistosos dos "palhaços" são freqüentemente inspirados pelos próprios *gubida* que, tendo comido, bebido e dançado com seus "queridos filhos" ficam ansiosos para se envolver no passatempo caraíba de troca de piadas.

O rito que consiste em levar parte das oferendas de alimento para lançá-la em alto mar, denominado *acagaruni*, foi realizado apenas em um dos quatro *cugu* que foram realizados durante o período desta pesquisa[36]. Foi omitido em dois deles, ao passo que no outro a comida foi simplesmente enterrada na praia, em um lugar que seria coberto pela maré. Disseram que essas oferendas eram destinadas aos ancestrais anônimos e aos *genii loci* chamados *biúruha*.

Finalmente, após os esforços de três dias de danças, os espíritos expressam às vezes a necessidade de um "refresco" (*amuiedahani*); então, um banho de água com mandioca dissolvida nela é preparado para eles. Feito isso, eles estão prontos para iniciar a viagem de volta ao seu próprio mundo.

Assim, quase todos os ritos caraíbas podem ser vistos no decorrer de um *dogo*. Um ritual que não está associado a ele foi descrito como sendo uma oferenda de alimento aos espíritos da terra (*kolubi*). É realizado quando esses espíritos estão irritados e recusam-se a conceder as colheitas, o que ocorre raramente, pois apenas um exemplo da realização desse rito pôde ser lembrado nos últimos trinta anos. Mesmo este, entretanto, lembra o *cugu*, sendo que os nomes dos ancestrais são substituídos na invocação pelos dos espíritos da natureza e a cerimônia é realizada nas colinas onde estão localizadas as hortas.

---

35. Taylor, 1951, p. 129.
36. Cf. Taylor, 1951, p. 131.

3. Adivinhos, Curandeiros e Feiticeiros

O *búiei* ou *búiai* (literalmente, "aquele que expõe ou revela"), principal figura do culto caraíba negro, desempenha vários papéis: dirige os ritos maiores, é adivinho e curandeiro, além de mestre da doutrina religiosa. Acredita-se que apenas os grandes *búiei* do passado foram proficientes em todas as funções; atualmente, os praticantes religiosos tendem a se tornar especialistas, embora se espere que todos eles sejam capazes de executar as partes dos ritos que lhes são designadas e que estejam familiarizados com as tradições do sobrenatural. Um *búiei*, que tanto pode ser homem como mulher, seleciona, dentre os vários papéis transmitidos pela tradição, aqueles que se ajustam melhor às suas tendências intelectuais e personalidade, ou mais precisamente, nos termos da cultura, ele deve ter a revelação dos dons que lhe são concedidos pelas entidades sobrenaturais e, assim, aprender a melhor maneira de colocá-los em uso. Portanto, supõe-se que os grandes praticantes religiosos nascem feitos; o fato da maioria deles ter sucedido aos pais nas funções sacerdotais é apresentado como prova da herança biológica e sobrenatural, mais propriamente que a transmissão por ensinamentos.

O filho de um *búiei* interessado em religião deve, de acordo com os padrões da cultura caraíba, abster-se de fazer demasiadas perguntas a seu pai sobre a doutrina e as práticas do culto, ainda que, é lógico, receba com satisfação qualquer informação espontânea dada a ele. Assim, um velho adivinho de San Antonio, descendente de uma longa linha de *búiei*, contava com seu filho mais velho para continuar a tradição da família, mas estava entendido que ele só abraçaria formalmente a profissão sacerdotal depois da morte do pai, quando o duplo espiritual do velho (*áhari*), juntamente com outros espíritos ancestrais, "baixaria" para guiar e ajudar o rapaz. Entretanto, um candidato ao sacerdócio, durante a vida de seu pai, pode receber conselhos de outros adivinhos sobre determinados pontos do ritual e do saber tradicional[37].

---

37. No curso de uma visita à cidade de Guadalupe (*Márgurugu*) feita pelo autor e três de seus amigos caraíbas de Trujillo, um adivinho, que respondia vagamente às perguntas sobre religião, foi chamado de egoísta por um deles, que explicou o objetivo do autor de "escrever uma história sobre a nossa raça". Diante disso, a atitude do velho mudou completamente, tornando-se mais cooperativo. Confirmou-se mais tarde que o padrão de auxílio mútuo deve ser seguido nas trocas de informação sobre religião, assim como sobre todos os aspectos da vida cultural, embora o motivo pelo qual um indivíduo possa esperar maior auxílio de estranhos do que de seu próprio pai não tenha sido descoberto. Pode-se supor que isso não passe de pretexto para enfatizar a natureza sobrenatural da vocação sacerdotal.

Em uma cultura, como a caraíba negra, que se destaca pela ênfase dada aos objetivos coletivos, as instituições reguladoras da profissão sacerdotal ficam à parte, limitadas pelo individualismo. A revelação não é concebida para ser incorporada definitivamente em uma tradição auto-perpetuadora, mas para ser uma ocorrência tanto do presente como do passado. De fato, o próprio passado se faz ouvir nas vozes dos ancestrais que falam pela boca dos adivinhos, sendo assim uma força viva e móvel. Essa flexibilidade da tradição e a variedade das funções religiosas explicam o fato de que, na observação e nos resultados dos testes projetivos, os adivinhos apresentaram o maior grau de variação quanto à estrutura de personalidade.

Foram obtidos dados sobre cinco *búiei* (quatro homens e uma mulher), cada um deles possuía numerosos seguidores, apesar de que era comum os admiradores de um adivinho subestimar os talentos dos outros ou até mesmo desprezá-los. Os dois adivinhos em atividade em Trujillo apresentavam acentuado contraste. Um deles, um homem de 38 anos, era de tipo retraído e introvertido, valendo-se de meios místicos, tais como viagens de seu duplo espiritual para aquisição de conhecimentos. Não era rigoroso em assuntos rituais e não procurava ocasiões para ganhar dinheiro como oficiante em cerimônias religiosas, provendo suas necessidades com a pesca, que fazia somente durante a noite, nunca voltando de mãos vazias, pois era favorecido pelos espíritos do mar (*kolubi*). O comportamento extravagante desse homem, que vivia em uma casa isolada e em ruínas em Rio Negro e que caminhava com freqüência pelas ruas conversando com interlocutores invisíveis, suscitava muitos comentários. Os inimigos atribuíam sua excentricidade tão somente aos efeitos do alcoolismo crônico, enquanto os admiradores, embora soubessem de sua predileção pelo rum, estavam convencidos da autenticidade de suas experiências sobrenaturais. Afirmavam que nenhum outro praticante ficava em contato com tantos espíritos diferentes e que, embora poucos casos lhe fossem encaminhados, esses eram de natureza misteriosa e ele os resolvia brilhantemente. Verificou-se durante uma excursão a Roatan que esse adivinho era muito conceituado na ilha, como também em outras comunidades além de Trujillo, onde lhe atribuíam êxito na descoberta das causas de infortúnios e de doenças que outros *búiei* mais velhos e mais experientes não tinham podido determinar. Mas, em Trujillo, seu rival era consultado mais freqüentemente do que ele.

O outro *búiei*, de fala macia, risonho, com cerca de cinqüenta anos era apelidado de "sopra-no-meu-olho" (*Fubainagu*), uma alusão à prática de curar soprando fumaça nos olhos dos pacientes, tanto no sentido metafórico como literal. Era acusado de hipocrisia e ignorância, devendo a popularidade às suas maneiras cativantes para com as mulheres devotas. "*Fubainagu*", disse um informante, "sabe conduzir um rito e resolver dificuldades simples, mas isso é tudo que ele pode fazer". Entretanto, as mulheres de idade elogiavam-lhe o tato no tratar com os espíritos dos antepassados e sua experiência prática nos assuntos de culto. A opinião corrente a respeito da personalidade desse adivinho está condensada na frase de um marinheiro aposentado que tinha vivido em outra parte de Honduras: "*Fubainagu* é um jesuíta".

O mais afamado por sua sabedoria era um velho *búiei* que morava em Santa Fé (*Geriga*), mas que tinha desenvolvido maior atividade em Guatemala e em Honduras Britânica. Esse velho era capaz de citar a Bíblia e a *Divina Comédia* e de ilustrar suas discussões com exemplos da mitologia grega e das lendas medievais dos santos. Tinha voz profunda e olhos ardentes do pregador e do profeta. Afirmava que tinha comunicação com os espíritos de Moisés, Abraão e Jacó, que lhe tinham revelado que os caraíbas negros eram descendentes das Dez Tribos Perdidas de Israel.

A mulher *búiei* morava na aldeia de Sambo Creek, perto de La Ceiba, mas, sendo natural de Trujillo, ia freqüentemente visitar seus amigos de lá. Alta e corpulenta, sempre de turbante, movia-se vagarosa e majestosamente e possuía uma voz condizente com seu físico. Segundo os rumores, ela tinha sido, no passado, uma notória feiticeira e saía à noite sob a forma de uma aranha negra para sugar o sangue das vítimas adormecidas. Mas tinha se regenerado, a ponto de se tornar curandeira e "vidente" (*gariahati*) exímia em detectar feitiçaria, além de oficiante auxiliar nos rituais. Sua mente astuta e seu conhecimento dos métodos sobrenaturais e naturais eram exaltados pelos seus admiradores.

Tanto essa mulher como um *búiei* que morava em uma propriedade na lagoa de Guaymoreto, perto de Trujillo, não eram filhos de adivinhos e tinham abraçado a profissão relativamente tarde na vida. O último narrou sua "conversão" nos seguintes termos:

Quando criança e quando moço nunca me interessei pelo culto dos ancestrais. Aos trinta anos, meu pai morreu e mudei-me para a plantação que ele havia me deixado. Alguns anos depois, minha família foi visitar uns parentes em Aguán[38], mas eu estava doente demais para ir, de modo que fiquei sozinho em casa. Não pude

---

38. Aldeia a leste de Trujillo.

dormir aquela noite e à meia-noite um enorme urubu pousou no telhado com o barulho de um trovão; no mesmo instante ouvi vozes incitando-me para que me tornasse um ieibu[39]. Fiquei imensamente assustado e só pude dormir segurando nas mãos o quadro do Sagrado Coração de Jesus.

Daí por diante, disse ele, os espíritos não lhe deram descanso até que ele mesmo tivesse feito um par de chocalhos para fazê-los "baixar" (*arairagua*).

Esse homem admitiu abertamente que seus conhecimentos eram limitados, mas assegurava possuir grande número de auxiliares espirituais poderosos que "tinham mais de cem olhos para ver as coisas" para ele. Sustentava essa afirmação mediante sessões dramáticas e movimentadas de consulta[40]. Sua imaginação e sua vigorosa personalidade extrovertida conquistaram-lhe numerosos adeptos, não obstante muitos ficassem chocados com sua conduta, que se desviava mais do que a cultura tolerava, tanto no que toca às boas maneiras quanto ao código moral[41].

Os ajudantes espirituais (*biúruba*) dos adivinhos parecem refletir a personalidade de seus "senhores", como foi possível observar nos ritos de "descida" (*arairaguni*). Os *biúruba* do adivinho de Rio Negro, segundo a sua própria descrição, eram breves, incisivos e freqüentemente obscuros; ele alegou que, às vezes, as sentenças proferidas não podiam ser entendidas nem por ele e nem pelos outros espíritos, que eram obrigados a se dirigir "aos mais sábios" dentre eles para uma explicação. Os diálogos entre a mulher *búiei* e seus ajudantes espirituais pareciam concernir principalmente a assuntos práticos, tais como as ervas que certo cliente deveria usar e conselhos sobre a conduta a ser seguida por um outro; muitas vezes ela anotava o que estava sendo dito.

Aqueles que consultavam o *búiei* que morava na lagoa de Guaymoreto estavam seguros de ter, além de uma provável solução para os problemas, uma boa hora de diversão, pois os *biúruba* que o auxiliavam tinham língua

---

39. Foi explicado que os espíritos invertem freqüentemente as sílabas das palavras e isso significava *búiei*.
40. Esse é o adivinho referido no capítulo anterior como sendo um ventríloquo notável.
41. Foram conseguidos os protocolos do Rorschach da mulher *búiei* e do adivinho que morava em Rio Negro; o primeiro caracteriza-se por elevado nível de respostas de forma e percepção aguda de detalhes, enquanto a paisagem, a perspectiva e outras respostas globais bem integradas marcam o segundo, sendo essas as características típicas que conotam, respectivamente, um forte apego à realidade cotidiana, adaptação bem sucedida às questões práticas, uma vida interior rica e variada e gosto por especulação.

afiada e disposição para brincadeiras. Acredita-se que os mensageiros espirituais que possuem esses traços são mais facilmente admitidos à presença dos ancestrais (*gubida*) que estão enfurecidos com seus descendentes e, pela ação de diverti-los, dissipam sua irritação. Mas a maior parte das frases jocosas ouvidas por ocasião dos ritos *arairaguni* visava distrair os membros vivos da família e seus convidados.

As cerimônias de "descida", realizadas para esclarecer as causas das desavenças entre os antepassados e seus parentes são, obviamente, de caráter privado; entretanto, aquelas que precedem imediatamente a um rito *cugu* ou *dogo* podem ser presenciadas, mas são muito curtas. Foi possível presenciar representações semipúblicas realizadas dois ou três dias antes da data das cerimônias principais. Em uma dessas ocasiões, os seguintes procedimentos foram observados:

Após um cântico curto, cantado apenas pelo oficiante, sem o acompanhamento dos chocalhos, ouviu-se uma pequena voz aguda e fraca que parecia vir do monte ritual (*lanigi cugu*) dizendo: "Saudações, adivinho!" (*Mábuiga, búiei*)[42]; prosseguia rapidamente sem esperar pela resposta, exprimindo-se em caraíba, espanhol e inglês. O mero som de sua voz bastava para provocar riso. Uma pequena garrafa de rum foi colocada sobre o *lanigi cugu* e a conversação continuou na mesma mistura de línguas. Aparentemente, os *biúruba* haviam convidado para o banquete espíritos que não eram os ancestrais da família que estava oferecendo o rito. O *búiei* perguntou: "Por que você demorou tanto em Stan Creek?[43]. Deram-lhe muita bebida lá? – Não! Foi só porque é tão difícil distinguir um morto de um vivo em Stan Creek. – É mesmo? – *Yes, man!*[44]. O pessoal de lá passa a noite toda bebendo e dançando e durante o dia ficam vagando por ali, secos e pálidos como fantasmas. – Isso porque são pessoas religiosas. Eles homenageiam os espíritos. – Ah, sim! Homenageiam freqüentemente o espírito do rum! – E foi por isso que você ficou tanto tempo por lá? – Sim! Conversei com mais de vinte pessoas vivas antes de encontrar um espírito. – Você as assustou? – Não! Eles é que me assustaram!" Esse diálogo era pontuado por ruidosas gargalhadas da platéia.

Depois de verificado que os convites haviam sido devidamente feitos, o *biúruba* foi dispensado e outro, de voz trêmula e senil, tomou o seu lugar.

---

42. Essa saudação é ouvida somente nesse contexto.
43. Em caraíba, *Dan Geriga*, uma cidade em Honduras Britânica.
44. Os caraíbas empregam esta frase inglesa, qualquer que seja a língua que estejam falando.

Esse espírito foi identificado como um velho amigo dos antepassados a quem o banquete estava sendo oferecido; ele divagava interminavelmente em espanhol e insistia em dizer que o adivinho estava zangado com ele, a despeito das negativas desse último. Por fim, disse que "os velhos" estavam demasiado cansados para vir e após algumas palavras de cortesia despediu-se. As pessoas não contiveram o riso diante do velho senil; assim que ele partiu, terminou a sessão.

A consulta aos espíritos destina-se a outros fins, além do planejamento e preparação de cerimônias religiosas. Qualquer indivíduo exposto a ameaças ou ataques reais por parte de seres sobrenaturais malignos pode chamar o adivinho e seus ajudantes espirituais para sua salvação. Mas isso é feito apenas em casos graves; as dificuldades menores são encaminhadas não a um *búiei*, mas a um "vidente" (*gariabati*) ou a um curandeiro (*surusie* ou *curandero*).

Um *gariabati* é um adivinho que não conseguiu ainda ajudantes espirituais e, assim, deve descobrir por si mesmo as causas dos males de seu cliente. O método que emprega mais freqüentemente é observar dentro de uma cabaça com água até a metade, à luz de uma vela; acredita-se que, depois de pronunciar uma fórmula mágica, consegue ver na água uma cena distante "como se fosse uma fita de cinema". Diferenças nesse procedimento são: encher a cabaça com água do mar e olhá-la à luz da lua cheia ou, em vez disso, usar um espelho.

Os *curanderos* ou *surusie* (do francês *chirurgien*) são aqueles que conhecem as qualidades medicinais das ervas e por isso são também conhecidos por "ervanários", "empíricos" ou, em tom de ironia, "botânicos". Em toda família caraíba há alguma velha que herdou da mãe receitas de misturas de ervas para uso interno ou infusões para o banho, que servem para curar erupções da pele, febres, disenteria e dores que afetam vários órgãos. Essas ervas são encontradas geralmente nos arredores das aldeias e nas matas, mas devem ser colhidas em determinadas fases da lua e em certas horas, para que façam efeito. Os curandeiros profissionais podem, como foi indicado anteriormente, desempenhar as funções dos adivinhos; as doenças infantis são consideradas especialidade das parteiras.

Acredita-se que, além das doenças comuns causadas por germes e que devem ser tratadas por um médico (em espanhol *médico* ou em caraíba *surusie*), as doenças podem ser resultado da inveja que se materializa na forma de um fluido denominado *udabadu* ou *fiafia*. A história seguinte ilustra como a doença pode ser causada dessa maneira.

Uma mulher, por um motivo qualquer, desenvolveu uma violenta antipatia por uma de suas amigas íntimas, mas não contou a ninguém sobre isso[45]. Deixou apenas que os sentimentos hostis "devorassem seu pensamento", dia após dia, e continuou a se encontrar com a amiga como se nada tivesse acontecido entre elas. Um dia, a primeira mulher ia para casa carregando um cesto cheio de cocos, quando foi detida pela outra; como um dos cocos rolasse pelo chão, a última apanhou-o e colocou-o de volta ao cesto. Naquela noite, sua mão começou a inchar, causando-lhe muitas dores. Ela consultou um curandeiro que diagnosticou *udahadu*, mas foram necessárias duas semanas para que ela recuperasse o uso da mão.

Banhos de ervas são prescritos para aqueles que sofrem dos efeitos danosos do *udahadu*; a composição desses banhos varia, mas todos incluem as chamadas "folhas de *fiafia*", que não puderam ser identificadas. Os mesmos banhos podem ser indicados como medicina preventiva quando há suspeita da existência de sentimentos hostis ocultos contra um indivíduo.

Não é necessário que o *udahadu* se fixe em um objeto para que se manifeste; de acordo com um adivinho, "ele viaja pelo ar, como o relâmpago". Seus efeitos são ligeiros, se descobertos precocemente, não passando de uma febre pequena ou sintomas nervosos ou uma enxaqueca, mas com o passar do tempo, pode produzir doenças graves ou até mesmo a morte.

O *udahadu* não deve ser confundido com "mau olhado" (*uburagudinã*), do qual se supõe que o pai seja possuído durante o primeiro mês de vida do filho. Se ele olhar fixamente para qualquer recém-nascido, inclusive o seu, durante esse período, acredita-se que o bebê sofrerá tensão muscular e persistente constipação. Esse suposto fenômeno independe de qualquer sentimento de inveja ou de animosidade por parte do adulto. Na maioria dos casos, os efeitos do "mau olhado" são curados embrulhando-se o corpo do recém-nascido em uma peça de roupa usada pelo pai. Entretanto, quando essa medida resulta ineficaz, chama-se um curandeiro que receita as ervas adequadas.

Nenhuma diferença claramente delineada existe entre as várias categorias de curandeiros e adivinhos, exceto quanto à maturidade, experiência e conhecimento, que capacitam determinada pessoa a assumir a responsabilidade de "trabalhos" mais difíceis. Porém, todos os praticantes do sobrenatural tomam cuidado para não serem confundidos com os feiticeiros, chamados

---

45. O *udahadu* aparece somente quando se nega expressão ao ódio ou à inveja.

gabiarahaditi ou "pecadores" (*gásohaditi*) ou "queimadores" *gabacahaditi*. Entretanto, admite-se geralmente que essa distinção seja mais teórica do que prática, pois os adivinhos alegam que são obrigados a conhecer os métodos da magia negra, a fim de que sejam capazes de proteger seus clientes. Diz-se, ainda, que se bem pagos, não hesitam em utilizar seus poderes para quaisquer fins indicados pelo cliente. Contudo, tais ocorrências são consideradas incidentais. De acordo com os padrões culturais, o verdadeiro praticante de magia negra é um indivíduo vingativo, amargurado e destrutivo ou alguém completamente dominado pela ganância.

Tais pessoas são consideradas as piores inimigas da sociedade, pois os criminosos, para os caraíbas, são dominados por suas paixões, ao passo que os *gabiarahaditi* são considerados como agentes demoníacos que agem totalmente conscientes e premeditadamente. Somente eles são excluídos da possibilidade universal de redenção, que é um dogma básico da religião dos caraíbas negros; acredita-se que, no além, o agente do mal impenitente sofrerá para sempre como um animal de carga. Mas, tal punição só será atribuída ao praticante comum da magia negra, que tenha cultivado por vários anos ódio aos seus semelhantes, até que ele tenha se transformado em um traidor para toda a espécie humana. Ter uma aliança temporária com um demônio não é julgado grave, se não for utilizada para fins anti-sociais e se o indivíduo empreendedor é esperto o bastante para se livrar a tempo.

Ao contrário daquele que se une às forças do mal que buscam destruir a humanidade, o adivinho é o elo vital ou "a ponte de carne e osso" entre o mundo sobrenatural e o cotidiano, promovendo a harmonia nas relações entre os homens e os espíritos. Seu objetivo é conseguir para seus clientes filhos, riqueza e poder, trabalhando, assim, "para o progresso da raça caraíba".

4. O Aspecto Econômico da Religião

Se a família caraíba padrão não precisa se preocupar com problemas de subsistência, os encargos financeiros que resultam da necessidade de cumprir as obrigações religiosas são a maior fonte de preocupação. Os caraíbas negros jamais viveram sob o sistema de escravidão por dívidas, que é a sina das massas rurais em várias partes da América Central e da América do Sul. Contudo, é possível perceber nas relações entre os antepassados mortos (*gubida*) e os membros vivos da família alguma semelhança com os laços que ligam o servo ao senhor feudal. Às vezes, as exigências feitas pelos ancestrais deificados são tão grandes que uma vida inteira de trabalho não seria suficiente para satisfazê-las, embora seja muito mais fácil chegar a um acordo com uma pessoa da própria família – ainda que se tenha tornado caprichosa e extravagante ao passar para o outro mundo – do que com um proprietário sem piedade. Entretanto, demasiadas delongas no cumprimento dos deveres para com os espíritos ancestrais podem acarretar conseqüências graves e isso é motivo de constante ansiedade.

Em relação à situação econômica atual dos caraíbas negros da República de Honduras, os gastos decorrentes dessas cerimônias são elevados. Para começar com o funeral, só o caixão custa de 10 a 20 dólares; a taxa para a missa é de $2.50, embora o padre de Trujillo a realize de graça para as famílias mais pobres. Calcula-se que, em média, são servidos cinco litros de bebida alcoólica em um velório, totalizando $8.50; o dobro dessa soma é geralmente gasto com a comida, atingindo um total de $40.00. Os pais e os filhos do falecido, seus irmãos, respectivos filhos e amigos mais íntimos contribuem com peixe, carne, pão de mandioca, cerveja de mandioca, rum e até mesmo com dinheiro. Se a pessoa morreu em extrema pobreza, todas as despesas, incluindo as do caixão e das missas, são divididas igualmente entre os parentes e amigos. Em tais casos, encomenda-se um caixão simples de pinho pelo preço de $5.00 e, no velório, servem-se aos parentes e amigos mais chegados café com bolo e um copo de rum para cada um; caso desejem mais bebida, devem comprá-la das vendedoras, como os demais convidados[46].

Mostrar-se incapaz de receber convidados em uma cerimônia fúnebre constitui, para os caraíbas negros, o símbolo da total falta de recursos. Mesmo a família mais humilde procurará reunir alguns amigos do morto, que o velarão até o amanhecer e a quem servirão café e rum para que se sustentem através da noite. Se isso não for feito, ficam expostos à cólera do *áhari*, com graves conseqüências para sua saúde. Durante o tempo que durou esta pesquisa, pôde-se observar apenas um caso de velório terminado antes do amanhecer. Foi o de uma moça cujos pais tinham morrido de tuberculose em La Ceiba e que, manifestando sintomas avançados da mesma doença, veio implorar a hospitalidade de uns primos distantes que tinha em Trujillo, na casa dos quais passou seus últimos dias. Quando ela morreu, seus anfitriões convidaram todos para o velório, mas poucos vieram, pois ela não tinha outros

---

46. Em Honduras Britânica, de acordo com Taylor, os pobres não podem contar com tal ajuda, mas devem pedir dinheiro emprestado para essas despesas (Taylor, 1951, p. 83).

parentes nas redondezas e seus amigos eram todos de La Ceiba. Nesse velório, a atmosfera era tão lúgubre que um grupo de rapazes tentou dissipá-la trazendo seus tambores e tocando-os, procedimento que chocou os presentes e teve de ser interrompido. Quando ficou evidente que não seria servido rum, começaram a debandar; apenas algumas velhas ficaram sentadas ao redor do caixão, cochilando e murmurando suas orações. Havia receio que o *áhari* da moça tivesse sido ofendido, mas aparentemente ela era de índole tão dócil que nunca manifestou qualquer sinal de desagrado. Nessa ocasião, dizia-se que "quando não há rum em um velório, os rapazes não ficam e, assim, as moças também não ficam, suas mães juntamente com os maridos também não ficam e, portanto, não há velório".

Tais ocorrências são raras, pois quando morre alguém a família não poupa esforços em lhe oferecer um funeral compatível com sua posição social e econômica. Em caso de doença prolongada, os parentes discutem o assunto e juntam todas as economias disponíveis para fazer frente aos gastos com o enterro, o velório e o "velório do nono dia". É interessante observar que não se toma muito cuidado para que o paciente não saiba desses preparativos, pois os caraíbas negros assumem uma atitude objetiva em face da morte. Espera-se que o doente resigne-se ao seu destino e encare com tranquilidade sua passagem para o outro mundo. Observou-se em Trujillo o caso de um octogenário, cujos filhos moravam em outras partes do país, que comprou ele mesmo tábuas de mogno da melhor qualidade para fazer o próprio caixão.

Os ritos de "banhar a alma" (*amuiedahani*) naturalmente não custam nada. Os ritos de "alimentar a alma" (*acuguruni* ou *cugu*) ou a "dança para as almas" (*adogorahani* ou *dogo*), no entanto, forçarão a família a consumir todas as economias e, muitas vezes, a contrair dívidas. No caso de um *cugu* em que tomaram parte umas trinta pessoas, os itens mais elevados foram $17.00 para dez litros de rum, $15.00 para o pagamento do *búiei* e $30.00 para a aquisição de um porco inteiro. Outras despesas com comida foram: dez libras de feijão a $0.90, seis libras de arroz a $0.66, três libras de farinha de trigo para bolos a $0.48, três libras de queijo a $0.92, quatro cocos a $0.12, uma libra e meia de rapadura a $0.50, uma cabeça de porco a $2.50, quatro mocotós de porco a $2.00, uma tripa de porco a $0.40; tendo o custo da cerimônia atingido o total de cerca de $71.00 que representa aproximadamente o ganho de quatro meses de um pescador da região de Trujillo[47].

---

47. Preços de 1947.

Via de regra, deve-se obter uma licença da polícia para poder realizar um *cugu* ou um *dogo*. Os regulamentos oficiais aplicáveis nesses casos, se é que existem, não puderam ser determinados; entretanto, a taxa que é exigida varia de $5.00 a $10.00, cuja maior parte, ao que se diz, fica para o oficial responsável. O fato de se tratar de uma soma variável dá peso a essa opinião. Para evitar o pagamento dessa taxa, realizam-se os ritos religiosos em casas isoladas nos arredores das aldeias, como era feito durante o período desta pesquisa.

As contribuições em espécie compreendiam pão de mandioca, cerveja de mandioca, açúcar mascavo, coco, batata doce, inhame, mandioca doce e outras raízes, às quais se devem acrescentar caranguejos, mariscos e peixe apanhados pelo grupo de "provedores" (*adugahati*) ou pelas mulheres e crianças. É difícil calcular o valor em dinheiro dessas contribuições, uma vez que a maioria das raízes e dos tipos de pescado favoritos dos antepassados em geral não são vendidos no mercado. Entretanto, sua importância não deve ser subestimada, pois esses itens são muitas vezes objeto de pedidos especiais da parte dos ancestrais. No presente caso, as maiores contribuições em dinheiro, que chegaram perto de $50.00, foram feitas por sete homens, cinco dos quais estavam ausentes, pois não podiam abandonar seus navios e equipes de corte de mogno.

Os membros da família que não trazem produtos de suas hortas ou que devido a dificuldades financeiras não podem contribuir com dinheiro para o banquete ritual prestam vários serviços. As mulheres lavam e engomam a roupa de todos os participantes das cerimônias, especialmente daqueles que vão receber os espíritos e que mudam freqüentemente de indumentária. No caso de um *dogo*, uma pequena cabana (*dabuiaba*) é construída rapidamente para cada cerimônia e demolida depois; os homens que não fazem parte do grupo de "provedores" são empregados na sua construção, sob a orientação de um carpinteiro contratado. Nenhum membro da família extensa, seja qual for seu motivo, é dispensado de participar das festividades rituais, embora a maneira e a extensão da participação sejam consideradas assunto de escolha pessoal. Contam-se casos de espíritos que compeliram indivíduos obstinados a assistirem à celebração ritual ou "entrando em suas cabeças" e fazendo-os correr para o local onde se realizavam ou carregando-os pelo ar. Acredita-se que o indivíduo que tenha em tão pouca conta as obrigações para com os ancestrais, a ponto de se recusar a enviar para o *cugu* oferecido a eles algumas oferendas, mesmo que sejam tão pequenas quanto alguns cocos ou uma libra de queijo, está predestinado a se tornar vítima da cólera dos *gubida*. Mas diz-se que somente um tolo agiria tão imprudentemente.

Os adivinhos declaram repetidamente que os que incorrem no desagrado dos *áhari* só podem culpar a si mesmos, pois os antepassados, embora extremamente sensíveis às ofensas, estão sempre prontos à reconciliação. Quando se evidencia sinceridade de intenções, pode-se convencê-los a aceitar uma cerimônia menos dispendiosa do que as oferecidas antigamente. A festa ritual analisada nas páginas precedentes estava ao alcance de uma família de rendimentos médios na República de Honduras; enquanto que poderia parecer suntuosa a um caraíba da região de Mosquitia, seria modesta em comparação com as celebrações abundantes de Honduras Britânica. Ainda de acordo com a informação prestada por dois adivinhos, os ritos *dogo*, realizados em Trujillo durante a próspera década de 1920-30, freqüentemente envolviam gastos de $300.00 ou mais, soma evidentemente considerável em relação à economia local. Mas naqueles dias, dizem, ninguém hesitava em gastar prodigamente, pois as oportunidades de conseguir empregos bem remunerados na United Fruit Company e de obter lucros com o contrabando eram muitas.

Foi ressaltado que, atualmente, a razão principal para a não realização dos ritos do culto ancestral era financeira, devido às dificuldades enfrentadas pelos caraíbas de Trujillo desde que a companhia fechou seus estabelecimentos na região, mudando-se para Tela. Em condições normais, nenhum incitamento dos antepassados é necessário, uma vez que o gosto dos caraíbas pela dança e pelo canto inclui tanto as festividades seculares quanto as religiosas.

Além disso, considerações de ordem prática tornam aconselhável apressar o processo de divinização dos ancestrais, pois sua promoção à categoria de *gubida*, como já foi mostrado, é tida como meio para a obtenção de consideráveis benefícios para os descendentes. Assim sendo, para um chefe de família caraíba, guardar dinheiro para os ritos religiosos equivale a fazer um seguro de vida para um americano de classe média. Em ambos os casos, o objetivo é assegurar para si uma velhice sem preocupações e um bom começo de vida para os filhos. Portanto, a motivação econômica nas atividades religiosas é outra ilustração da unidade das esferas secular e sobrenatural da vida cultural caraíba.

5. Feriados Católicos e Festividades Seculares

Para os caraíbas negros, a diferença entre as festas religiosas e as seculares está apenas na finalidade. A etiqueta não requer deles uma atitude solene e grave quando "reverenciam os mortos", ao contrário, acreditam que o bom humor e o riso tornam a homenagem prestada ainda mais agradável aos ancestrais. Os ritos *dogo* e *cugu* são chamados festas (*fiestas*) e, embora a realização deles constitua um dever, não envolvem noção de obrigação desagradável e austera. Além disso, a atmosfera de alegria espontânea que se observa neles, já apontada anteriormente, possibilita aos caraíbas esconder da polícia e da Igreja seu significado religioso. Muitas pessoas que não têm a obrigação de participar das cerimônias estão sempre querendo se integrar, unicamente pelo prazer da música e da dança. Existem mesmo aqueles que preferem assistir às cerimônias religiosas do que aos bailes dados pela *Comunidad*. Contava-se que uma velha simpática morta em 1947 tinha tamanho gosto pelos rituais que sua ligação com eles se estendeu além da morte; à noite, nos dias que se seguiram ao seu falecimento, seu fantasma era visto nas ruas de Cristales executando os cânticos religiosos gesticulados (*abáimahani*).

Os feriados católicos também são ocasiões festivas. Toda cidade e aldeia celebra o dia de seu padroeiro realizando uma feira que dura três dias ou mais nos centros de maior importância e, como de costume, um baile encerra as festividades. O sábado de aleluia é comemorado em toda a República de Honduras com uma diversão popular chamada *juego de tiras*, uma versão dramática popular das guerras entre os emirados árabes e os reinos cristãos da península ibérica. De acordo com a tradição caraíba, esse jogo tornou-se conhecido depois da conversão dos caraíbas ao catolicismo em 1850 e, desde então, tem sido realizado todos os anos, exceto em períodos de conturbação política ou de crise financeira[48]. Parece que em Trujillo o *juego de tiras* era altamente elaborado, durando desde a manhã até o pôr do sol, com um intervalo para o almoço. Dizem que, antigamente, quando a "capital caraíba" era um porto ativo de exportação de frutas, cada um dos "exércitos" rivais, de mouros e cristãos, compunha-se de quinze a vinte cavaleiros e de trinta a quarenta participantes a pé, que, excluindo-se o "rei", eram jovens solteiras ou casadas, trajando todas ricas fantasias de seda.

Segundo as descrições, o rapto da "princesa cristã" pelos mouros, as proclamações e discursos dos "reis" cristão e mouro, os desafios entregues por mensageiros a cavalo a cada um dos grupos opostos, ou seja, todas as

---

48. O *juego de tiras* não teve lugar em 1948, pois esse ano foi marcado por agitação política e dificuldades econômicas.

partes recitadas aconteciam de manhã. À tarde, o "rei", a "rainha" e as "damas da corte" de cada lado sentavam-se em palanques construídos na praça principal da cidade e, então, travava-se a pseudo batalha entre os cavaleiros. Depois do resgate da princesa e da derrota dos mouros, os cavaleiros executavam os jogos de habilidades (*juego de tiras*), que davam o nome à festa toda. Consistiam em atingir os alvos com a ponta das lanças de madeira ou passá-las através de argolas de ferro penduradas em uma corda.

Os velhos preservam carinhosamente lembranças dessas celebrações. "Ah, aqueles é que eram os bons tempos", dizia um deles; "possuíamos muitos cavalos e bastante dinheiro para gastar com as roupagens. Os americanos da United Fruit Company e os ladinos costumavam vir assistir à representação e até contribuíam com dinheiro. Hoje, consideramo-nos felizes se pudermos realizar um *juego de tiras* com cinco cavaleiros e dez moças a pé de cada lado".

Costuma-se também, nos dias santos, realizar a dança *maypole* (*máipol*). Em Trujillo, foi possível observá-la durante a feira da cidade na véspera de São João[49]. No decorrer do mês de junho, escolheu-se a "rainha do máipol" e realizaram-se os ensaios para o festival. Prepararam-se duas hastes de madeira, recobertas com papel azul e branco[50]. Na manhã do dia marcado, os mastros foram levados para a praça principal de Cristales e fitas de várias cores foram colocadas neles e em uma pequena árvore a um canto da praça. Ao meio-dia e meia, todos os participantes encontravam-se na praça, vestindo fantasias feitas em casa; uma banda de cinco instrumentos (clarinete, tuba, violão e dois tambores) começou a tocar uma marcha e todos dirigiram-se para a casa onde a "rainha do máipol" os aguardava. Lá chegando, a "rainha", uma moça bonita de uns quatorze anos, toda de branco e com o vestido enfeitado com pequenos galhos verdes, uma coroa de papelão dourado na cabeça e um cetro de madeira na mão foi saudada aos gritos de "Viva a rainha!" Um jovem vestido de capitão da marinha adiantou-se e pediu a "Vossa Majestade" que descesse e concedesse sua graciosa presença aos seus súditos devotos. Acompanhada de outras moças usando o mesmo traje, exceto a coroa e o cetro, ela se juntou ao grupo e tomou o caminho da praça entre aclamações constantes da multidão.

Lá chegando, foram providenciadas cadeiras para os músicos e começaram a chegar os espectadores de toda a redondeza. Quando todos se acha-

---

49. 23 de junho de 1948.
50. Tradicionalmente, o mastro é adornado de vermelho e branco, mas as autoridades militares proibiram seu uso, uma vez que são também as cores da bandeira do Partido Liberal.

vam reunidos, a rainha fez um pequeno discurso, afirmando seu contentamento por estar entre seus amados súditos e convidando-os a tomar parte no jogo. Os participantes, em sua maioria meninas crescidas, tomaram seus lugares em volta dos dois mastros, enquanto um grupo de crianças fantasiadas, de cinco a doze anos, reunia-se em torno da pequena árvore. Elas seguraram as fitas, a banda tocou os acordes de uma marcha sincopada, ao som da qual todas se movimentavam no ritmo, fazendo uma roda em volta do mastro, estreitando cada vez mais o círculo à medida em que as pontas soltas das fitas ficavam mais curtas. Quando o máipol ficou coberto de fitas cruzadas, o movimento foi invertido. Dentro de cada círculo, uma menina, disfarçada de velha e generosamente acrescida de enchimentos nas partes apropriadas de sua anatomia, girava devagar, varrendo com uma vassoura ao ritmo da música. Às vezes, seus requebros exagerados causavam risadas. Por volta das quatro e meia da tarde a música parou, as mães vieram procurar os filhos e o grupo dispersou-se. Os mastros foram retirados na manhã seguinte.

O máipol é do agrado das meninas sofisticadas e das professoras que o introduziram entre os Caraíbas e que o organizam todos os anos. O motivo de seu sucesso é a oportunidade que fornece para exibir uma variedade de trajes que obedecem apenas ao gosto pessoal, não sendo imposto pela tradição.

As professoras organizam também apresentações dramáticas denominadas *veladas*, inspiradas nos festivais escolares dos grandes centros hondurenhos. Não há uma data particular para esse tipo de representação, mas as *veladas* são realizadas nos meses de férias, como dezembro, por exemplo. Antigamente, essas representações consistiam somente da apresentação de uma das "peças pastorais" do padre José Trinidad Reyes, um dos escritores mais representativos de Honduras, que viveu nas primeiras décadas do século XIX. Seus modelos literários eram os dramaturgos da península ibérica que floresceram nos séculos XV ao XVII, tais como Lope de Vega e Calderón; suas *pastorales*, como são chamadas em Honduras, baseiam-se no Evangelho e na vida dos santos e inspiram-se nas comédias barrocas e nos *autos sacramentales* de um período anterior[51].

Recentemente, os gostos mudaram e as comédias do padre Reyes não são mais as preferidas. Atualmente, as *veladas* incluem pequenas cenas tea-

---

51. Cerca de oito peças do padre Reyes eram freqüentemente levadas à cena pelos caraíbas negros; destas, duas, *Olimpia* e *Selfa*, eram as mais populares. As cópias eram de impressão barata e sem indicação de data.

trais e atos variados de canto e dança, alteração que indica a predominância do professor leigo sobre o instrutor religioso na educação hondurenha. Contudo, o espírito religioso ainda se faz notar nas representações atuais, como se evidenciou na *velada* que é descrita a seguir[52].

O espetáculo estava marcado para às sete horas da noite, mas nessa hora havia apenas algumas pessoas em frente ao palco, que era um estrado de madeira, noventa centímetros acima do chão, medindo três metros e meio por um e oitenta, ficando sua parte posterior no mesmo nível da janela da frente da casa onde os atores se vestiam para a representação. Por volta das oito, quase todos os moradores estavam na praça em frente à casa e ouviram-se gritos, pilhérias, gargalhadas e os milhares de ruídos de uma multidão caraíba em festa. Finalmente, a cortina, um lençol branco estendido sobre uma armação de madeira, foi levantada e uma das professoras veio anunciar o início do espetáculo e solicitar a indulgência do público para os possíveis enganos dos atores. A orquestra, composta de bateria, instrumentos de sopro de madeira e tambores, tocou uma introdução e a cortina abriu para um dos lados, mostrando a primeira cena da peça.

Os episódios dramáticos da peça "moderna" são mais elementares do que as comédias de José Trinidad Reyes, sendo os santos, os anjos e os demônios os protagonistas. Na representação descrita aqui, o primeiro episódio representa São José e a Virgem Maria a caminho do Egito, chegando a Belém ao anoitecer, batendo de porta em porta e pedindo um lugar para passar a noite, até que encontram uma estrebaria deserta. A cena seguinte passa-se em uma casa caraíba contemporânea, na véspera de Natal; uma menina pede ao Papai Noel (San Nicolás) para lhe trazer brinquedos. Ela vai dormir e Papai Noel entra pela janela, enchendo seus sapatos e meias de brinquedos. Pela manhã, suas amigas chegam e choram porque não ganharam brinquedos; ela as consola, dizendo que podem brincar com os presentes dela quando quiserem. O episódio seguinte retrata a eterna luta entre Deus e o Diabo; a um canto do palco um anjo, com uma espada de madeira na mão, convida as meninas a passar pela porta estreita da virtude, enquanto o demônio, no outro canto, faz de tudo para levá-las a entrar pela porta larga e enganosa que leva ao pecado. A nota cômica foi dada pelo anjo que se tornou invisível e, perseguindo o diabo em volta do palco, espetava-lhe as nádegas acentuadas com a ponta da espada.

---

52. Realizada em Cristales, em 28 de dezembro de 1948 e dirigida por uma das professoras caraíbas.

Esses episódios eram interpretados com música e usavam mais da pantomima que do diálogo. A segunda parte do espetáculo era a comédia propriamente dita, na qual a ação era conduzida principalmente pelo diálogo. Embora os personagens dessa comédia fossem seres humanos e as entidades sobrenaturais não tomassem parte direta, o enredo era igualmente baseado no tema da derrota final do vício pela virtude. A peça contava a história de duas irmãs, uma das quais levava uma vida de prazeres e devassidão, enquanto a outra preocupava-se apenas com a salvação de sua alma. No final, a moça virtuosa, que sofrera muito, consegue fazer um bom casamento e converter sua irmã aos princípios da moral.

Não foram utilizados cenários e os adereços de cena eram peças comuns de mobília trazidas de casa: uma mesa, uma cama, algumas cadeiras. Os atores que representavam o papel de santos e anjos usavam túnicas longas brancas ou azuis e "auréolas" de papelão dourado na cabeça. O diabo estava vestido de marinheiro, com uma máscara de seda preta no rosto; o boné, puxado para trás, deixava aparecer os chifres pretos de papelão. Dispensou-se certo cuidado com a iluminação, que era feita por meio de lampiões a querosene pendurados à estrutura de madeira do palco ou colocados no chão. Nas cenas noturnas, apenas esses últimos ficavam acesos, criando uma iluminação cênica simples, mas adequada. A representação era feita em espanhol, com exceção de algumas canções caraíbas. A atuação centrava-se na clareza da elocução; as falas eram ditas em alto e bom tom, de modo a serem ouvidas por todos. Os efeitos sutis de voz e os ricos recursos de mímica dos contadores de histórias caraíbas não são utilizados nas produções teatrais. Os atores recitam suas partes com um tom monótono, sem pretender exprimir emoção através da inflexão. A mímica é mais convencional do que realista; o choro, por exemplo, é indicado pelo ato de cobrir o rosto com as mãos, sacudindo o corpo. Assim, o drama caraíba é mais parecido com o teatro oriental do que com a tradição européia.

Atualmente, os homens são vistos raramente nos palcos e os papéis masculinos são desempenhados por mulheres. A razão apresentada para isso é que as novas gerações consideram a atuação uma atividade feminina e os atores homens são suspeitos de afeminação.

As mulheres interpretam "pastoras" nas peças natalinas, mas somente os homens participam das danças dramáticas que são tradicionalmente representadas na época do Natal. As celebrações dessa época são uma espécie de carnaval, chamadas pelos ladinos de *Páscua Caribe,* e são anunciadas pela "vinda do *uaríne*" no dia 24 de dezembro.

O *uaríne* é um moço escolhido entre os melhores dançarinos de cada aldeia. No dia que antecede o Natal, um grupo de quatro, composto de dois remadores e dois tamborileiros, vai para o mar em uma canoa; eles vão em busca do *uaríne*, que os aguarda em um ponto deserto da praia, todo vestido de folhagem verde, flores entrelaçadas, braceletes de concha e pequenos guizos amarrados aos tornozelos. Uma vez a bordo, é levado de volta à aldeia, onde é recebido com aclamações pela multidão. Assim que os pés do *uaríne* pisam o chão, ele começa a dançar; outros tambores reúnem-se aos primeiros e, conduzidos pelo dançarino, saem todos cantando pela aldeia. Param diante da casa de todos os cidadãos notáveis e de todas as pessoas ricas; geralmente são convidados a entrar e tomar um gole de rum. Continuam cantando, dançando e bebendo pela noite a dentro[53].

Na véspera de Natal, outros grupos, além daquele do *uaríne*, também vão de casa em casa apresentando-se e sendo recompensados com bebidas; esses grupos são chamados de *hõgóhõgo* e compõem-se de rapazes, que cantam baladas, canções românticas e até mesmo boleros mexicanos, e de mulheres de idade, cujas cantigas de sátira e comentários mordazes dos acontecimentos correntes também são apreciadas. Meninos isolados, usando escassas tangas de "índios selvagens" (*indio bravo* ou *uárau*), com o rosto e o corpo pintados de vermelho, obtêm bebidas e pequenas somas de dinheiro por meio de uma pretensa intimidação. Os rapazes podem também circular pelas ruas usando um disfarce típico caraíba chamado *flãdiganã*, que consiste em um avental preto colocado sobre o corpo e uma máscara de palha trançada com um pescoço de sessenta a noventa centímetros de comprimento e uma pequena cabeça ridícula.

A Missa do Galo é assistida pela maioria dos caraíbas e ladinos; ao voltar da igreja, convidam os vizinhos para assistirem às *Pastoras*, realizadas em uma ou duas casas. Depois que todos estão sentados e as bebidas foram servidas, entram as *Pastoras*, que são um grupo de meninas entre seis e dezesseis anos de idade, todas vestidas de branco, usando sapatos finos de couro e grandes chapéus de palha enfeitados com flores artificiais; seguram um cajado na mão esquerda, semelhante ao bastão episcopal, e uma espécie de chocalho na direita. Distribuem-se em duas fileiras, de frente para um presépio constituído de imagens de gesso colocadas sobre uma mesa ou

---

53. Em 1947, em Cristales, o desembarque do *uaríne* estava marcado para às treze horas, mas ventos adversos só permitiram fazê-lo às quinze horas.

sobre um altar improvisado, ficando na frente as meninas mais altas. Elas cantam acompanhadas de seus chocalhos e, de tempos em tempos, dão uma volta completa em torno de si mesmas. Cantadas algumas músicas, entra um menino trajando uma jaqueta curta sem mangas e um boné de feltro com uma pena, que representa o papel de Bartolo, um rústico "naïf" do teatro popular ibérico. Há um diálogo curto entre ele e as duas "pastoras" principais, em seguida se retira e o canto é reiniciado. As canções e as falas são em espanhol e referem-se ao nascimento de Jesus. A representação completa dura cerca de uma hora e meia.

Nos dias seguintes, grupos de mascarados (*uanáragua*, *karapatía* e *pía manadi*) exibem-se de casa em casa; os melhores vão visitar as aldeias vizinhas. Em 1947, um grupo *uanáragua* especialmente famoso veio de San Antonio para Trujillo trazendo seus próprios tamborileiros. Compunha-se de cinco jovens que usavam máscaras de feitio europeu, coroas elaboradas de penas em suas cabeças, camisas de seda, calças presas aos joelhos em cores vivas, colares de conchas, braceletes e guizos amarrados aos tornozelos.

A dança dos *uanáragua* é animada e artística, a preferida dos caraíbas negros. Quando o grupo chega a uma casa, é calorosamente saudado e serve-se rum; juntamente com os espectadores, os dançarinos dirigem-se ao terreiro e os tamborileiros, em número de três, sentam-se no chão de frente a uma parede branca a uma distância de um metro a um metro e meio. Cada dançarino *uanáragua* exibe-se individualmente, de frente para os tambores e para a platéia e de costas para a parede; a dança é uma espécie de competição entre os músicos e o dançarino, cada parte querendo sobrepujar a outra na complexidade dos ritmos. Quando um dançarino fica cansado, desliza para o lado e para trás arrastando o pé direito, fazendo soar os guizos em um ritmo que decresce lentamente, sendo substituído por outro, até que todos tenham se apresentado.

À noite, coloca-se um lampião de querosene perto dos tambores e as longas sombras que se projetam na parede branca acentuam os efeitos teatrais da dança. Quando os *uanáragua* partem, é costume as pessoas mais ricas do público atirarem moedas aos músicos.

A dança *karapatía* necessita dez ou doze rapazes, todos vestindo máscaras e trajes espalhafatosos. Os protagonistas são: o "velho", com um chapéu alto e uma longa casaca fora de moda, carregando uma espingarda antiga; a "velha", personagem feminino e o "focinho de porco" (*pico de chancho* ou *el picudo*), cuja máscara é uma tromba feita de papelão com vinte e cinco centímetros de comprimento. A platéia é incitada pelas músicas e pelo ritmo dos tambores a formar um círculo em volta deles. Dançam isoladamente ou em grupo, mas o "focinho de porco" coloca-se no caminho de cada um, atrapalhando a todos, até que o "velho" o "mata" com sua espingarda. O *picudo* cai ao chão, os tambores silenciam e o "velho" e a "velha" tentam inutilmente fazê-lo reviver. O "velho" dirige-se aos músicos, mostra um livro de orações, diz alguma coisa no ouvido do chefe dos tamborileiros, que se volta para o público e, então, atiram-se moedas sobre os tambores e este som, aliado à reza lida silenciosamente pelo "velho", "ressuscita" o *picudo* que apresenta uma dança frenética. Depois de um último trago, os *karapatía* prosseguem em seu itinerário.

A *pía manadi* é outra dança mímica com um enredo diferente. Durante esta pesquisa, porém, não se apresentou qualquer oportunidade para assisti-la.

No período de 24 de dezembro a janeiro, realizam-se muitos bailes nas cidades caraíbas, dos quais todos participam. Merece menção especial a dança dos velhos, referida como "o baile dos 200", mistura de ironia, ternura e profundo respeito que representa a atitude típica dos caraíbas para com as pessoas de idade. Os músicos, também idosos, tocam somente valsas e polcas, mas os dançarinos, alguns dos quais com mais de oitenta anos, não se mostram menos animados que seus filhos e netos que, de tempos em tempos, entram para apreciá-los e trocar gracejos.

Assim, entre os caraíbas negros, ninguém, homem ou mulher de qualquer idade, fica excluído das festas. As crianças podem assistir a qualquer tipo de celebração, inclusive aos bailes realizados à noite, podem participar ativamente do *máipol*, das *Pastoras* e das comédias. Os meninos podem também formar seus próprios blocos *karapatía* e *pía manadi*, imitando os adultos, e dar a volta pela aldeia, recebendo balas e refrescos nas casas que visitam. Na dança *uanáragua* e em outras danças mascaradas, os papéis mais glamourosos são representados por rapazes, mas as moças ficam em destaque nas *veladas* e nas partes dramáticas do *juego de tiras*. As mulheres maduras organizam produções teatrais e os grupos de *bôgóbôgo* que circulam cantando canções satíricas. Os bailes são oferecidos a todos os grupos etários.

Mesmo aqueles que não possuem talento ou inclinação para participar de cantos e danças divertem-se como espectadores. Afastar-se completamente de todas as festividades desperta suspeita, pois isso sugere sentimentos anormais e anti-sociais. Acredita-se que as manifestações de alegria agradam mais aos poderes divinos do que atitudes de austeridade e melancolia.

As atividades recreativas e estéticas dos caraíbas negros promovem a integridade de sua sociedade e cultura. Os marinheiros e os madeireiros, que vão trabalhar em outros locais, confessam que, enquanto estão longe de suas aldeias, sentem falta dos festejos tradicionais que aprenderam a amar desde a infância; e o desejo de rever as mascaradas da época natalina, o *juego de tiras* e o *máipol*, realizados em junho, é um incentivo poderoso para trazê-los de volta para o lar.

6. O Sistema de Valores

Para a maioria dos caraíbas negros não há conflito entre o culto aos *gubida* e o catolicismo. De fato, eles sustentam que não se encontram melhores católicos do que eles em toda a América Central. Sua assiduidade às missas e aos outros ofícios religiosos, seu interesse sincero pela doutrina estão quase sempre em contraste com a indiferença demonstrada pelos ladinos com relação a esses assuntos. Já que os espíritos ancestrais são identificados com os anjos, na opinião deles, nenhuma denúncia de idolatria pode ser feita contra eles. Do ponto de vista da Igreja, a questão gira em torno da distinção teológica entre adoração, que se deve apenas à Santíssima Trindade e à Virgem Maria, e veneração, que é dedicada aos "espíritos bem-aventurados" e aos santos. Assim sendo, os caraíbas alegam que não transpõem os limites estabelecidos pelo dogma, pois, de acordo com sua terminologia, reverenciam e honram aos antepassados, mas não os adoram[54]. Sabendo que a Igreja Católica é tolerante quanto ao ritual, não vêem razão porque não devam ser tratados como os maias de Honduras Britânica e Guatemala, a quem se permite executar suas próprias cerimônias no recinto das igrejas. Ouve-se freqüentemente a queixa de que as autoridades eclesiásticas dão ouvido aos rumores mais fantásticos a respeito dos ritos caraíbas, enquanto se recusam a ouvir os acusados, baseando sua condenação em tais informações distorcidas.

Quase todo caraíba negro compartilha a opinião de que o clero visa erradicar o culto aos *gubida* não porque o julgue "pagão" e "perverso", mas porque deseja destruir a principal fonte de poder dos caraíbas. Além disso,

---

54. Uma canção cubana muito popular entre os caraíbas foi citada no decorrer de uma discussão a esse respeito; seus versos diziam "Pintor, aquele que sabe como pintar, pinte-me anjos negros. Você acha que não existem negros no Paraíso ou você se esqueceu deles? Pinte-me anjos negros, pois são eles que me vigiam."

acreditam que os padres, por razões de interesse próprio, recusam-se a divulgar os pontos mais esotéricos e valiosos da doutrina e das práticas católicas que explicam o domínio do homem branco sobre o mundo inteiro. Supõe-se que as tradições religiosas dos caraíbas negros têm suas raízes na mais alta antigüidade e a "sabedoria que vem dos ancestrais" tem passado pelo crivo da história; nela repousam as maiores esperanças de realizar, um dia, suas aspirações.

Não se deixando prender às regras estabelecidas pela Igreja, os caraíbas seguem sua tendência para o ecletismo e para a experimentação no que diz respeito aos assuntos religiosos. Os que moram em centros maiores participam de sessões espíritas e de reuniões para rezas de diversas denominações protestantes; porém, eles são influenciados pelos movimentos religiosos apenas no acréscimo de algumas práticas aos seus próprios ritos.

No sistema religioso dos caraíbas negros, o universo é concebido como um campo de batalha entre as diferentes classes de espíritos. A maneira pela qual os espíritos são agrupados assim como as alianças que existem entre esses grupos são encaradas de modo diverso pelas diferentes escolas de pensamento.

De acordo com uma teoria, o centro do cosmos é o trono de Deus Pai no Céu, sobre quem paira o Espírito Santo; à sua direita ficam Jesus Cristo, a Virgem Maria e os santos; à sua esquerda ficam os Serafins, os Querubins e as "almas bem-aventuradas" (*gubida*). Nos umbrais do Céu fica o *Sairi*, paraíso dos espíritos "pagãos" (*hiúruha*) e em baixo ficam os caminhos que levam à Terra. Satã ou *Uinani* fica no inferno, tendo à sua direita os espíritos maus e os demônios (*liboro ubáu*, literalmente, "a carga ou opressão da terra") e à sua esquerda os "senhores da terra", que são os *labureme ubáu*, aqui distintos dos anteriores. Na terra, lugares como cemitérios, encruzilhadas, clareiras nas matas, o fundo dos mares e o topo das montanhas e colinas são considerados como as moradas de espíritos "pagãos", enquanto as igrejas e os santuários, especialmente os centros de peregrinação como Suyapa, em Honduras, e Esquipulas, na Guatemala, são tidos como redutos das forças celestiais.

Outra teoria cosmológica, desenvolvida por um adivinho que possuía grande conhecimento da Bíblia, encontra maior número de adeptos do que a precedente. Para esse homem, todos os espíritos maus são anjos decaídos ou deuses de povos antigos que "ficaram furiosos", porque ninguém mais os honra, tendo seus adoradores renunciado a eles ou desaparecido da face da terra. Foram citadas passagens do Velho Testamento, as quais mostram que os hebreus, ao estenderem seu domínio às nações pagãs, submeteram também as divindades deles a Jeová, mas esses espíritos revoltam-se constantemente "como os próprios anjos o fizeram". Assim, a luta pelo controle final do universo envolve mais de dois exércitos, variando a composição das forças rivais com a formação de novas alianças.

Não se concebe que os anjos, os santos e os espíritos da natureza, quer na primeira, quer na segunda teoria sejam tão completamente dominados por Deus que não possuam iniciativa própria. Aos santos é concedida autoridade sobre o universo no "dia de seu nome"; cada um, então, ouve às preces de seus devotos e realiza seus desejos se lhe for apropriado. Entretanto, há uma certa apreensão em deixar o comando do mundo para os santos violentos e impetuosos, mesmo que por um dia. Como já foi mencionado, São Francisco de Cordon, que ama as tempestades, precisa ser contido, a fim de que não cause outro dilúvio. Os terremotos, que ocorrem usualmente em fins de junho, são atribuídos à fúria de São João ao perceber que fora enganado por outros santos quanto à data de sua festa que já havia passado.

Os *gubida*, referidos algumas vezes como "anjos caraíbas" ou "os anjos de nossa raça", são comandados, tal como os outros anjos, pelos Querubins, Serafins e Arcanjos sob as ordens dos "generais" São Gabriel, São Rafael e São Miguel. Na prática, agem como seres livres, estando sempre prontos a intervir em benefício dos descendentes que vivem na terra.

Acredita-se que o Purgatório, de acordo com os ensinamentos católicos, seja o penúltimo estágio na longa viagem para o Céu. Aqueles para quem são dedicadas muitas missas e cerimônias[55] fazem apenas uma breve passagem pelo Purgatório. Mas as pessoas que morrem sem deixar descendentes, denominadas "almas solitárias" (*animas solas*), permanecem lá por longo tempo. A "alma solitária" pode favorecer a uma pessoa que, embora não pertença à sua família, realiza cerimônias por meio das quais o espírito se liberta do Purgatório, sendo colocado entre os "bem-aventurados" no Paraíso[56].

Os "espíritos pagãos" (*hiúruha*), que vivem no Limbo (*Sairi*) e são considerados como mensageiros dos adivinhos, ajudando-os em seus trabalhos,

---

55. Segundo um adivinho, somente as missas são necessárias nesse estágio da viagem, uma vez que a alma já se desfez de muitas de suas ligações com a terra e não deseja mais oferendas de comida e bebida.

56. A crença nas "almas solitárias" é uma criação do catolicismo popular dos países latinos e é combatida pela Igreja oficial.

assemelham-se às tropas auxiliares das hostes celestes. Sua subordinação aos espíritos mais elevados é um tanto frouxa.

Uma independência ainda maior é demonstrada pelos espíritos da natureza ou *genii loci* (*kolubi*) que podem também servir de ajudantes aos praticantes religiosos. Às vezes são equiparados aos "senhores da terra" (*labureme ubáu*), espíritos adorados pelos povos indígenas extintos e que, portanto, ficaram furiosos e não estão submetidos à autoridade de Deus e dos santos.

Os caraíbas aceitam a existência de forças naturais, tais como os ventos e as marés, e de causas naturais, como as doenças provocadas por germes, por exemplo. Embora se acredite que essas forças se sujeitam normalmente a determinados processos, os seres espirituais de todos os tipos descritos aqui podem neles intervir, causando alterações radicais nos resultados. Na verdade, a harmonia reinante no Universo é um arranjo de mudança e mobilidade.

As noções teológicas que estabelecem categorias de seres espirituais intrinsecamente bons ou maus são um tanto vagas para o pensamento caraíba; acredita-se que os diabos da nomenclatura católica podem "trabalhar para finalidades boas", enquanto os santos, dentre os quais Santo Antônio é um exemplo, podem proteger as manobras dos feiticeiros. A única classificação que funciona plenamente é aquela que reconhece grupos de espíritos favoráveis e desfavoráveis, que mudam de atitude de acordo com as circunstâncias. Em seu trato com as entidades sobrenaturais, os caraíbas são guiados principalmente pelas considerações dos riscos envolvidos, dos poderes que podem ser assim obtidos e da capacidade mental que um homem deve possuir a fim de não ser ludibriado por elas.

Conclui-se que o conceito de pecado da tradição judaico-cristã não passou, como tal, para o sistema religioso dos caraíbas negros. Ou talvez fosse mais correto dizer que a idéia de que é possível expiar os pecados de alguém por meio de obras piedosas e de práticas religiosas exteriores, ao que se opôs o movimento da Reforma, tem sido levada pelos caraíbas às suas conseqüências lógicas. Assim, a salvação não depende tanto da fé e da pureza de coração quanto do cumprimento dos ritos apropriados, de maneira que qualquer pessoa que morra irá "se reunir aos *gubida*", não importando os pecados que tenha cometido em sua existência terrestre.

A violação das regras acarreta censura por parte do chefe da família ou, no caso de um homem mais velho, dos indivíduos mais idosos do grupo. A persistência em uma atitude socialmente desaprovada pode se tornar de conhecimento público, sendo passível de ser castigada pelo ridículo e pelas canções satíricas. Se tudo isso não der resultado, o pecador teimoso fica exposto à cólera dos espíritos ancestrais que, após avisos não levados em consideração, podem trazer doenças, desastres ou até mesmo a morte para ele ou para os membros de sua família. Entretanto, nos casos que puderam ser observados, a irracionalidade de tal atitude era enfatizada; a insensatez de uma pessoa era sempre atribuída a uma forte emoção, mas nunca a uma depravação básica da natureza humana. A punição é também aceita como expiação completa, mas não conseqüência necessária do erro praticado; muitas vezes, personalidades fortes tentam e conseguem eventualmente violar o código implícito de conduta, sem conseqüências graves. De qualquer modo, os sentimentos de culpa parecem ser menos pronunciados e mais facilmente resolvidos na sociedade caraíba do que em grupos de cultura européia ou dela derivada. Os principais critérios para se julgar o comportamento são as repercussões sociais dos atos do indivíduo; a importância dada à retribuição torna as normas de conduta caraíba mais semelhantes a um conjunto jurídico de doutrina do que a um conjunto ético.

O aspecto utilitário do comportamento dos caraíbas negros fica em evidência quando os espíritos ancestrais "baixam" (*arairaguni*) para explicar as causas de seu descontentamento com seus descendentes. Certa vez, os espíritos ancestrais repreenderam uma moça pela sua devassidão sexual, nos seguintes termos: "Não convém que uma mulher de nossa família durma cada noite em uma cama; ela deve encontrar um bom companheiro e ter filhos que farão nossa linhagem numerosa e próspera". Também aparece em outro caso, cujo protagonista era um praticante do sobrenatural brilhante e excêntrico, acusado de quebrar praticamente todas as regras, inclusive aquela que proíbe o incesto. Diz-se que, sentindo remorsos pelo que tinha feito, procurou o padre, mas não teve coragem de confessar seu pecado, por fim conseguiu dizer: "Plantei uma roça de feijão e eu mesmo comi o produto dela". O padre disse que não via nada de errado nisso e deu-lhe absolvição de todos os seus pecados. Foi considerado esperto de sua parte, embora a validade de uma absolvição em tais condições fosse contestada pelos católicos zelosos. A forma que deu à confissão leva a supor que seu sentimento de culpa inspirava-se, em parte, na noção de que estava privando os homens em idade de casar de uma possível esposa. Assim como o feijão se planta para vender, e é raramente comido pelos caraíbas, as moças são criadas para que sejam dadas em casamento. Ouvem-se queixas freqüentes de que os velhos abastados tendem a monopolizar as mulheres jovens da aldeia e, embora possuam esposa, mantêm uma *querida* ou mais. No presente caso, tal conduta tornou-se mais repreensível pelo fato de ser incestuosa.

A condenação das condutas ilegítimas coloca em relevo o fato de que estas tendem a romper a trama das relações sociais e comprometer a harmonia que deve existir entre o homem e as forças do universo. Tal harmonia pode ser ameaçada tanto pela ignorância, imaturidade ou imprudência, quanto pela maldade deliberada; de fato, as piores calamidades que desabaram sobre os caraíbas no curso de sua história são atribuídas à negligência ou à fraqueza momentânea dos líderes do grupo. O massacre de 1939, em San Juan, foi imputado às indiscrições de seus moradores. Nas palavras de uma velha cantiga, a queda do chefe Satuiê e a conseqüente perda da lendária *Iurumai* (São Vicente) são atribuídas a uma mulher, embora não seja explicado como isso tenha ocorrido.

A vida do homem na terra assemelha-se a uma perigosa viagem por mar, sendo enfatizada a necessidade de se estar continuamente em alerta contra os perigos naturais e sobrenaturais e, metaforicamente falando, conhecer os ventos, marés e correntes, uma vez que parece óbvio aos caraíbas negros que aquele que conhecer o melhor curso de ação, irá segui-lo, se não for perturbado pela paixão; o supremo valor moral é a sabedoria e não a santidade.

A sabedoria pode ser adquirida por meios naturais ou místicos e é encarada, em seu aspecto pragmático, como principal instrumento para "o progresso de nossa raça [caraíba]", frase que está freqüentemente na boca até dos pescadores mais humildes. Para os caraíbas negros, progresso significa um aumento em número e poder, bem como o desenvolvimento das características de sua cultura cujos pontos de interesse principal são: a aquisição de conhecimento natural e sobrenatural, a aquisição de riquezas através do aumento de produção para o mercado e para a exportação. Não concebem a idéia de que a prosperidade material possa levá-los a abandonar os modos de vida tradicionais. Em apoio a essa opinião, os trujilanos apontam seus prósperos vizinhos de Honduras Britânica, cujos salários mais altos permitem-lhes realizar elaboradas cerimônias para seus antepassados e dar brilhantismo às festividades seculares e religiosas. O objetivo principal de todo o empenho humano é viver uma existência plena de alegria.

A palavra espanhola *alegría* possui um sentido abrangente, significando além de alegria e divertimento, entusiasmo e variedade de experiência, sendo associada às atividades de trabalho bem como às comemorações públicas. Como foi evidenciado nas páginas precedentes, as ocasiões festivas são freqüentes na vida caraíba, mesmo fora do Natal e da Semana Santa. A programação de uma semana normal inclui, além do baile de sábado, a celebração do término de uma casa, o transporte de uma canoa para a praia, um velório ou uma cerimônia religiosa. Até as atividades rotineiras, como pescar e fazer pão de mandioca, são consideradas uma fonte de satisfação, além de prover as necessidades humanas. O preceito bíblico de "cada um ganhar o pão com o suor de seu rosto" não é interpretado pelos caraíbas como uma sentença condenatória. O valor moral do trabalho não é o principal valor; a dedicação ao trabalho não é elogiada se acompanhada de egoísmo, falta de generosidade ou ganância.

Assim, tudo que aumente a plenitude de viver é considerado bom pelos caraíbas, se não ofender a lei não-escrita dos ancestrais; inversamente, tudo que reduz ou debilita os processos vitais é considerado indesejável. A estagnação de uma existência monótona é, talvez, mais temida do que um acontecimento trágico, que pode trazer, eventualmente, oportunidades de mudança. A melancolia é considerada prejudicial à saúde ou vista com desconfiança, quando interpretada como um sinal de inadaptação ao grupo ou como hostilidade velada contra um ou mais de seus membros, pois tal atitude pode conduzir à prática da magia negra. O mérito atribuído ao sofrimento no catolicismo espanhol jamais foi assimilado pelos caraíbas negros, quer na prática, quer teoricamente; a dor pode ser resultado do castigo a uma transgressão, mas não constitui, a seus olhos, um sacrifício agradável a qualquer divindade.

Embora as manifestações exteriores de pesar não sejam inteiramente reprimidas em certas ocasiões, a atitude correta diante de situações dolorosas, tais como desastres, doenças ou morte na família é a de uma indiferença aparente, que nega importância ao acontecimento desfavorável. Considera-se imprudência entregar-se à tristeza, pois as forças destruidoras do universo podem conseguir uma brecha para atingir a pessoa que se comporta assim. Desse modo, o regozijo durante os velórios significa que, de acordo com uma expressão corrente, "a morte não nos pode derrotar". Tal atitude é imperativa em determinados casos como, por exemplo, quando morre uma criança. Depois que um dos espíritos animais chamado *ogoreu* matou duas ou três crianças sucessivamente, o bebê que nascer nessa família é vestido com trapos, tratado em termos pejorativos e, aparentemente, mostra-se pouca preocupação. Se a criança morre, não se realiza nenhuma cerimônia fúnebre e o caixão é levado para o cemitério por um parente distante e apenas ele, o padre e o acólito compareçam ao enterro.

Supõe-se também que a demonstração de medo torna a pessoa mais vulnerável aos ataques dos espíritos perniciosos, como ficou exemplificado no caso da mulher que tinha em casa uma criatura marinha inimiga das crianças (*úmeu*) e no caso das pessoas que se defrontam com uma assombração. A sagacidade é considerada o principal fator de coragem e, quando associada à astúcia, capacita o indivíduo a evitar todas as ciladas.

Apesar de todas as precauções que um caraíba deve tomar, não vive em constante temor do sobrenatural. Se ele acredita que está cercado de perigos, confia também nos poderes de seus protetores espirituais para livrá-lo deles. Apesar de não possuir capacidade para mudar o curso dos acontecimentos por si mesmo, ele pode, se souber com antecedência o que o espera, encontrar os meios necessários para enfrentar a situação. Essa é uma das fontes das quais retira segurança psicológica interior e a esperança de melhorar sua sorte.

Os objetivos que os caraíbas almejam podem ser sintetizados na palavra *expansão*, em seus vários sentidos. Ela implica o crescimento em número; o pai de numerosos filhos é admirado e invejado por todos. Significa também o aumento de riqueza e poder que resulta do talento artesanal, do saber e da experiência acumulados. Finalmente, significa desenvolvimento e enriquecimento dos aspectos estéticos e religiosos da cultura, assim como intensificação da alegria que se encontra em todas as atividades humanas.

Conclusões

1. Os Componentes da Cultura

Agora que temos uma visão geral da cultura caraíba negra, é possível discutir as origens de seus componentes e a maneira pela qual foram afetados pela mudança, a começar pela cultura material.

Como já foi indicado, os caraíbas negros adotaram o principal alimento dos índios caraíbas, o pão de mandioca, juntamente com os métodos de plantio das raízes de mandioca, a preparação da farinha para fazer o pão e o cozimento de *areba* em uma grelha redonda. O fato dos caraíbas negros cultivarem tantas variedades de plantas, promovendo a colheita para o mercado é devido, talvez, principalmente à parte africana de sua herança, já que os anfitriões "vermelhos" praticavam uma economia de subsistência; entretanto, esse último traço foi obviamente estimulado pelo fornecimento de produtos para o homem branco durante o período de São Vicente. Outras influências africanas aparecem claramente na dieta e na cozinha. Apesar da farinha de mandioca substituir a de milho nos mingaus que os caraíbas apreciam, eles lembram o *mungunzá* da Bahia, o mingau do sul do Brasil e outros pratos semelhantes encontrados entre os negros da América do Sul. Os ensopados de frutos do mar e o peixe dos caraíbas são comparáveis aos do norte do Brasil, de Trinidad e das Antilhas. O grelhado dos caraíbas "vermelhos" foi mantido apenas como um meio para conservar os alimentos; ainda hoje se cozinha com óleo vegetal, à moda africana, embora o azeite de dendê tenha sido substituído pelo de coco. As variedades de pimenta, que os caraíbas das ilhas usavam aparentemente apenas em seus cozidos, são o condimento universal da cozinha dos caraíbas negros.

De acordo com Taylor, o paladar africano, em sentido figurado, foi preservado em outros aspectos da cultura caraíba negra, o que ele caracterizou como "um bolo negro preparado com ingredientes ameríndios"[1]. A analogia é, entretanto, um tanto enganosa, uma vez que alguns desses "ingredientes" são provavelmente tanto de origem africana e européia, quanto de origem indígena americana, como pode ser observado na organização social.

O casamento preferencial entre primos cruzados, uma instituição típica dos caraíbas das Antilhas (e também da América do Sul), provavelmente nunca foi colocada em prática pelos negros de São Vicente. A escolha de um companheiro entre os caraíbas negros não é regulada por normas que dependam estritamente da estrutura de parentesco, mas por considerações de ordem psicológica, econômica e religiosa; o casamento é proibido somente quando os interesses da família extensa são afetados pela união proposta. Nem as complexidades contratuais, como foram relatadas em Dahomé[2], são encontradas no matrimônio caraíba; mas o espírito legal das culturas da África Ocidental fica evidente nas obrigações minuciosamente regulamentadas e nos direitos de cada cônjuge. A dependência de ambos os grupos parentais mostra a fusão de uma tradição ameríndia e, provavelmente, também africana de organização matrilinear e uma estrutura patrilinear de origem negra. O fato de, mesmo entre os grupos africanos que enfatizam a descendência unilateral, haver reconhecimento tácito, se não explícito, da parte representada pela outra linhagem, sem dúvida facilitou a aculturação. Talvez, as instituições familiares bilaterais na sociedade dos caraíbas negros tenham sido até certo ponto reforçadas através dos contatos com os colonos espanhóis de Trujillo que possuíam um sistema de parentesco similar[3].

Entretanto, a terminologia de parentesco dos caraíbas das ilhas não foi abandonada e sua retenção fornece um exemplo marcante da mudança sofrida pelos traços ameríndios na adaptação aos padrões africanos subjacentes. O sistema matrilinear e a autoridade do tio materno não prevalecem entre os caraíbas negros, cuja estrutura social era e ainda é baseada no princípio de ancianidade semelhante ao dos iorubás[4]. Como já foi mostrado, a hierarquia na sociedade dos caraíbas negros depende principalmente da idade e isso se reflete no uso generalizado de termos de parentesco de fora do grupo familiar. Assim, um indivíduo chama os membros mais novos de sua geração de *nibi* e *namu* e estes o chamam de *nati* e *nitu*, que significam, respectivamen-

---

1. Taylor, 1951, p. 143.
2. Vide Herskovits, 1938, vol. I, pp. 137-155, 300-351.
3. Vide A.R. Radcliffe-Brown e D. Forde (eds.), 1950.
4. Vide Bascom, 1942.

CONCLUSÕES

te, "irmão mais moço", "irmã mais moça", "irmão mais velho", "irmã mais velha". Porém, as pessoas da geração paterna são chamadas *iau* e *náufuri*, isto é, "irmão da mãe" e "irmã do pai' e não *núguci* e *núgucu*, "pai" e "mãe" que mantêm seu sentido estrito.

Outro vestígio de organização social dos caraíbas das ilhas que foi incorporado à estrutura caraíba negra é a divisão das aldeias em dois *barrios*, talvez uma perpetuação, sob forma diferente, da distinção entre os lados sotavento e barlavento da ilha, na era pré-colombiana. Esse aspecto, entretanto, era de importância limitada naqueles dias e mesmo atualmente, como já foi demonstrado anteriormente, contribuindo apenas para uma rivalidade moderada entre os dois grupos.

A organização política rudimentar dos caraíbas negros, como foi explicado anteriormente, representa uma fase transitória em seu desenvolvimento, na qual suas instituições políticas eram impedidas de funcionar ou sofriam intervenção constante do regime ditatorial de Tegucigalpa. Entretanto, os mais velhos do grupo – que não mais participam do governo ou mantêm posições meramente honorárias, mas ainda têm autoridade direta, tanto nos casos em que alguém lhes pede conselho, como através da influência que exercem sobre a opinião pública – têm funções que são idênticas às funções dos membros mais velhos de numerosas sociedades negras da África e do Novo Mundo. Em todas as ocasiões mais importantes, reúnem-se informalmente para discutir os problemas e adotam uma linha de ação que geralmente é seguida pelo grupo. De acordo com a tradição africana, eles são considerados como os intérpretes da "sabedoria que vem dos ancestrais"[5].

O padrão básico de divisão sexual de trabalho, que vem dos índios caraíbas, tem sido mantido na economia caraíba negra. A existência de uma dicotomia semelhante entre alguns grupos tribais africanos deve ter preparado os negros de São Vicente na aceitação daquele padrão, transformando-o no fundamento de sua vida econômica. O papel econômico da mulher, ao lado de suas atividades como agricultora, deve ser considerado, pelo menos em parte, de derivação africana. Na África, mesmo naquelas sociedades que desenvolveram instituições patrilineares e que aparentemente malograram em estabelecer disposições formais para os direitos femininos, atribui-se prestígio às mulheres que desempenham um papel considerável na produção de gêneros e que constituem os principais agentes no processo de distribuição.

5. Vide M. Fortes e E.E. Evans Pritchard (eds.), 1941.

Assim, elas possuem fonte de renda independente e quase sempre estão em condições de fazer contribuições substanciais à economia do lar, da mesma maneira como fazem as mulheres caraíbas negras[6].

O trabalho cooperativo tem sido registrado em vários grupos da África, América e Europa[7]. Entretanto, parece que não existiam padrões formais de auxílio mútuo entre os caraíbas das ilhas, já que missionários como Breton e de la Paix, que viveram entre eles durante muitos anos, não descrevem tal costume. Portanto, parece legítimo inferir que as instituições caraíbas negras que regulamentam o trabalho cooperativo tiveram origem na África Ocidental, onde essas instituições são altamente desenvolvidas[8].

É na religião, entretanto, que a urdidura africana e a trama indígena, por assim dizer, parecem estar mais estreitamente entrelaçadas. Taylor conjetura que o culto ancestral dos aruaques Igñeri de São Vicente encontrava-se dormente depois da invasão da ilha pelos índios caraíbas, mas nunca deixou de existir para a parte feminina da população que foi poupada pelos conquistadores. Assim, uma primeira fase aculturativa, na qual

eles [os índios caraíbas] assimilaram os xamãs Igñeri, "chemiin" [ou "cheméen"] aos seus próprios espíritos elementares sob a forma de pássaros, mestres-serpente, serpentes monstruosas ou heróis míticos transformados em corpos celestiais, levando a um redimensionamento temporário do culto em favor do mais recente. Contudo, fica claro que a crença no poder dos ancestrais aparentemente reviveu à medida que os laços dos caraíbas com seu novo meio se estreitaram e as visitas a seus parentes Galibi do continente tornaram-se menos freqüentes. A incorporação sempre crescente do elemento negro na sociedade caraíba de São Vicente não fez mais que precipitar esse processo...[9]

Assim, ao adotarem a língua caraíba da ilha (aruaque), os escravos fugitivos começaram a usar os termos ligados às práticas religiosas que também haviam sido assimiladas por eles. Entretanto, é importante observar que a palavra chave *gubida* era desconhecida tanto pelos aruaques como pelos índios caraíbas de São Vicente[10].

6. Vide A.A. Radcliffe-Brown e D. Forde (eds.), 1950
7. Para um estudo pormenorizado, vide Freitas Marcondes, 1948.
8. O *dokpwe* de Dahomé é uma das organizações mais típicas de trabalho cooperativo. Vide Herskovits, 1938, vol. I, pp. 29 ff.
9. Taylor, 1951, p. 143.
10. A etimologia da palavra *gubida* é um assunto discutível; nenhuma derivação africana para ela pôde ser encontrada, enquanto que sua forma primitiva, *cupita*, é uma

CONCLUSÕES

As inovações introduzidas nos rituais pelos negros devem ter sido consideráveis, se bem que difíceis de precisar. Durante os primeiros séculos da colonização da América, os missionários e os cronistas deixaram descrições superficiais dos funerais aruaques e caraíbas e das cerimônias religiosas dos chamados *areito*, cuja finalidade é desconhecida. Registraram a oferenda de alimentos às entidades sobrenaturais e aos ancestrais, bem como as danças rituais. Mesmo detalhes, tais como a invocação dos espíritos pelos *búiei* ("*boyé*"), a colocação dos pratos sobre as mesas *madudu* ("*matoutou*") e o andar rítmico sobre o solo (*adogorahani*) estão claramente relacionados com as práticas dos caraíbas negros. A possessão pelos espíritos, ao menos por parte do sacerdote, também era conhecida nos tempos pré-colombianos. A assistência dada aos mortais pelos ajudantes espirituais – os ancestrais e as entidades sobrenaturais – era uma parte importante da religião dos caraíbas das ilhas[11].

Foi obviamente fácil para os africanos ocidentais e seus descendentes associar as próprias festividades e danças em honra aos espíritos ancestrais aos ritos que encontraram em São Vicente, atribuindo-lhes, ao mesmo tempo, outras significações. A concepção dos ritos como um meio para promover a ascensão espiritual dos ancestrais era, muito provavelmente, estranha aos caraíbas "vermelhos", embora, como já foi indicado, os caraíbas negros acreditem ser essa sua principal função.

A possessão dos espíritos, tal como existe hoje, ilustra a fusão dos elementos indígenas e africanos. Com relação aos caraíbas aborígines, foi descrita assim:

Quando os Boyez invocam seu demônio familiar, fazem-no sempre à noite... Esses demônios abrigam-se às vezes nos ossos de um morto; saem do túmulo e, enrolados em algodão, fazem profecias dizendo que são a alma do morto... Esses demônios entram às vezes no corpo das mulheres e falam por intermédio delas...[12]

Du Tertre também refere-se ao "boyé" que invoca "seus deuses" por meio de "canções lúgubres", caindo logo em seguida "como um saco de trigo"[13].

---

reminiscência de *Kurupita*, que designa um espírito maligno entre as tribos caraíbas sul-americanas. Todas as outras palavras parecem derivar de termos ameríndios, registrados por Breton. Vide Breton, 1877 e Taylor, 1951.

11. Vide Breton, 1877; de la Paix, 1929, pp. 50,52, 73; du Tertre, 1667-71, vol. II, pp. 365-372; la Borde, 1704, pp. 539-547, 579, 600-601, também citado por Taylor, 1951, pp. 141-143; Labat, 1714, vol. II, pp. 30 ff.; Davies, 1666, vol. I, pp. 279-287.

12. Davies, 1666, vol. I, p. 280.

13. Du Tertre, 1667-71, pp. 366-367. Recentemente, tem-se acumulado provas de que a possessão, embora mais rara do que na África e na Ásia, não está de modo algum ausente

O *búiei* dos caraíbas negros não abandonou essas práticas; nas cerimônias que ele preside pode-se assistir à possessão dos espíritos induzida por cânticos e danças, no verdadeiro estilo africano. Nesse caso, a possessão é isenta de qualquer sentido profético, sendo considerada um sinal da plena participação dos ancestrais nas festividades em homenagem a eles[14].

Os princípios teológicos da religião caraíba negra desenvolveram-se indubitavelmente sob influências africanas. Informações sobre as crenças com relação aos espíritos ancestrais defendidas pelos aruaques das ilhas são deficientes, mas não parece provável que eles tenham elaborado a noção de *gubida*. Por outro lado, concepções análogas de ancestrais deificados são encontradas por toda a África Ocidental e desempenham papel relevante na religião dos dahomeanos, ioruba, ashanti, ibo e efik, para citar apenas os grupos que provavelmente contribuíram mais na formação da população caraíba negra. Portanto, é possível classificar os *gubida* na categoria dos *tovodun* de Dahomé, tendo os ancestrais as mesmas funções religiosas em outras culturas da África Ocidental[15].

A crença dos índios de São Vicente na pluralidade de almas é registrada por du Tertre e por Breton[16]. Encontram-se no dicionário frances-caraíba do Padre Breton as seguintes palavras: *esprit malin, diable* [espírito maligno, diabo]: *mapouya, oumecou, coulobi*; *esprit* [espírito]: *acasancou, acamboué*, f. *opoyem*; *âme, (n)acali, (n)iouani*, f. *(n)anichele*; *coeur, courage* [coração, coragem]: *(n)iouani*, f. *(n)anichi*. As palavras *iuani* e *colubi* (*kolubi*) preservaram sua forma na língua caraíba negra moderna, porém as outras mudaram de acordo com as regras fonéticas descobertas por Taylor; os grupos consonantais desapareceram, o *p* mudou para *f*, o *k* para *h*, o *l* para *r*, o *è* (*ch*) para *g*. Assim, *mapouya* transformou-se em *mafia*; *opoyem* em *ufiem*; *acali* em *áhari*; *anichi* em *anigi*. De acordo com du Tertre, os índios caraíbas acreditavam que cada indivíduo possui três almas: uma no coração, uma na cabeça e outra no pulso; a primeira (*iouani*) ia para o céu

---

no hemisfério ocidental. Vide Nimuendajú, 1926, pp. 92 e ss., sobre os Palikur; e Colbacchini, 1929, sobre os Bororo.

14. O caráter africano do ritual caraíba negro torna-se claro quando as cerimônias do culto *gubida* são comparadas aos ritos funerais de outros grupos negros, especialmente aqueles do norte do Brasil.

15. Vide Herskovits, 1938; Bascom, 1944; Rattray, 1923; Meek, 1937; Talbot, 1923.

16. Du Tertre, 1667-71, vol. II, p. 372; Breton, 1877. A letra F designa a linguagem das mulheres; (n) é uma partícula possessiva que não pode ser separada das palavras.

depois da morte, enquanto as outras duas permaneciam na terra, onde se transformavam em *Maboya*.

O Padre Breton, em seu dicionário, traduz a palavra "outro" pelos termos caraíbas *(l)ipitagama, (l)ebuegué, (l)acoumouncou, (l)apourcou,* f.*amien*. De outros verbetes do dicionário, verifica-se que *apourcou*, na linguagem moderna *áfurugu*, significa o-outro-de-um-par; se o termo possuiu quaisquer conotações teológicas, elas não foram consideradas por du Tertre, Breton e outros padres missionários que, ainda assim, interessavam-se profundamente pela religião caraíba, esperando utilizar seu conhecimento para converter os índios ao Cristianismo. Há razão para crer, portanto, que a palavra *áfurugu* assumiu seu significado derivado na língua da comunidade negra de São Vicente, na qual veio simbolizar um duplo espiritual, posteriormente identificado com o anjo da guarda. O conceito em si provavelmente veio da África Ocidental, onde é encontrado em quase todos grupos étnicos. Em Dahomé, acredita-se que a alma dos adultos é composta por quatro partes; *Se Mekokaton* ou *Djoto*, que vem dos ancestrais e é um espírito guardião para o indivíduo; *Se Medô*, a alma pessoal que se torna *tovodun* depois da morte; *Se Lidô*, uma partícula do *Mawu*, o deus criador que reside em cada indivíduo; o quarto componente é associado a *Fa*, personificação do Destino[17]. A concepção dos ashanti com relação às almas do indivíduo, contida nas palavras *akra, susu, ntoro, abusua* também é pertinente para nossa discussão, pois existem crenças similares nas culturas iorubá, ibo, efik e outras[18].

A extensa e variada multidão de espíritos maléficos que povoam o mundo caraíba negro inclui entidades sobrenaturais de diversas origens. A crença nos fantasmas é universal, mas as descrições dos *ufie* em Honduras recordam as aparições relatadas na literatura etnográfica da África Ocidental. Os efik, por exemplo, classificam os fantasmas em duas categorias; os que foram assassinos e os que estão presos à terra e assombram as casas por coisas que deixaram para trás; e aqueles que não receberam sepultura e foram atirados na "mata dos mortos". Uma casa mal assombrada deve ser exorcizada por um oficiante que, após executar os ritos apropriados, exclama: "Saia daqui!" Os chiados do fantasma podem ser ouvidos, como os de um frango e, assim, ele é escorraçado da aldeia[19]. Os espíritos da mata, chamados *mafia*, os "senho-

17. Herskovits, 1938, vol. II, pp. 234-238.
18. J.B. Danquah, 1944, pp. 87, 117; Rattray, 1923, p. 153; Herskovits, 1937, passim; Farrow, 1926, pp. 130-137; Basden, 1938, pp. 46, 281-285, Talbot, 1926, vol. II, pp. 283, 295.
19. Talbot, 1926, ii, pp. 311-324.

res da terra" (*1abureme ubáu*), as pequenas criaturas do mar (*úmeu*), os espíritos da água (*dibinaua*) e a sereia *agaiumau* provavelmente originam-se na América, enquanto as influências européias são evidentes nos *duendo*, *sucia* e *fáialândia*. A ascendência ameríndia do *ogoreu*, espírito lagarto que causa abortos, foi exaustivamente estudada por Taylor[20]. Deve-se observar também que os espíritos que causam danos às crianças pequenas são encontrados nas culturas da África Ocidental. Portanto, é bastante provável que a significação que o *ogoreu* tomou no sistema de crença caraíba seja também devida à sua herança cultural africana. O *pengaliba*, que se parece com o diabólico "Caçador Verde" das lendas européias medievais, mas que está associado a cemitérios e determinadas árvores gigantes, é outra entidade espiritual de origem composta.

Os elementos europeus aparecem bastante na religião caraíba negra. As práticas religiosas e os rituais católicos foram totalmente assimilados, quer os aprovados pela Igreja, quer aqueles que, como as orações às almas solitárias (*animas sola*), tem sido desenvolvidos pela classe agrária espanhola e vistos com maus olhos pelas autoridades eclesiásticas. A hagiologia semipopular, juntamente com a teogonia e os dogmas cristãos foram também incorporados à cultura caraíba negra. Entretanto, como foi demonstrado em nossa análise, enquanto o princípio de retribuição do Velho Testamento e a mensagem do perdão do Evangelho criaram raízes no sistema religioso caraíba negro, esse não foi o caso dos conceitos de pecado, demônio e salvação pessoal alcançada através de mortificação, sacrifícios e "imitação de Cristo".

Assim, os empréstimos da religião do homem branco foram mais seletivos do que parecem à primeira vista. A concepção austera e sombria do mundo que se afirmou no catolicismo espanhol e a moral ascética proposta foram totalmente inaceitáveis aos caraíbas negros. A riqueza e a pompa da liturgia romana tiveram para eles forte atração, assim como as lendas dos milagres dos santos e a possibilidade para os devotos de participar do poderio das entidades sobrenaturais do além-mundo católico. Assim sendo, os missionários espanhóis não estão inteiramente equivocados quando acusam os caraíbas negros de serem pagãos no coração, pois seu sistema de valores atual provavelmente não difere daquele que existia quando o Padre Subirana os converteu. O caráter prático de sua moral, o empenho na aquisição de poderes sobrenaturais, sua aversão a tudo que diminua os processos vitais e,

---

20. Taylor, 1951, p. 105.

contrariamente, o gosto por tudo que aumente a plenitude da vida, a crença de que ser alegre não é apenas o estado natural do homem, mas constitui uma espécie de obrigação, são traços cujos paralelos podem ser encontrados nas culturas negras por todo o Velho e o Novo Mundo. Entretanto, de acordo com o Padre Breton, os índios caraíbas eram fortemente contrários à idéia do valor moral do sofrimento e não conseguiam sequer concebê-la. Conservando seu sistema de valores, os caraíbas negros preservaram os mecanismos que determinaram a reinterpretação e a integração dos traços que tomaram de empréstimo

2. A Integração da Cultura

Uma das características mais notáveis da cultura caraíba negra é a unidade alcançada através da síntese de elementos de proveniência africana, européia e ameríndia. A coalescência das três diferentes tradições foi, na maioria das vezes, tão completa que um observador de fora, desconhecendo a história do grupo, teria dificuldade em acreditar que a cultura atual seja um produto híbrido. É importante definir alguns princípios implícitos que percorrem como fios toda a trama social.

O primeiro diz respeito à gradação de todos os processos em todas as esferas da realidade, sejam eles naturais ou sobrenaturais. O velho ditado, segundo o qual a natureza não faz saltos, em parte alguma é mais venerado do que entre os caraíbas negros. Foi mostrado que o processo de nascimento termina somente quando cai o cordão umbilical, ocasião em que o recém-nascido adquire um duplo espiritual próprio. No desenvolvimento subseqüente, por um largo período de tempo, a criança aprende as técnicas fundamentais da cultura principalmente por meio da imitação. Do mesmo modo, a cerimônia do casamento nada mais é do que a etapa final no processo de matrimônio, que se inicia por uma união socialmente sancionada e geralmente contraída após a adolescência. A aquisição de riqueza e de status também é concebida como um processo lento, embora as diferenças individuais desempenhem papel maior nesse caso. Acredita-se que a morte assinala apenas a fase inicial da separação dos laços que ligam a alma (áhari) à existência terrestre; o avanço pelos caminhos que conduzem à morada dos "espíritos bem-aventurados" é também considerado gradual.

Por outro lado, considera-se qualquer mudança repentina perigosa, sendo sempre associada a catástrofes na concepção dos caraíbas negros. Dispositivos para amortecer os choques devem ser fornecidos para cada grande crise, de modo que as forças que promovem a transição imperceptível tenham oportunidade de agir. Sendo o universo, segundo sua teoria, composto de forças em perpétuo movimento, é necessário ao homem descobrir como operam, a fim de se entrosar com elas. O êxito na vida e a realização dos ideais pessoais dependem, portanto, do conhecimento das entidades sobrenaturais que governam o mundo e dos meios para cativar sua benevolência. E isso explica porque a religião e a prática do sobrenatural constituem o foco cultural do grupo, uma vez que para os caraíbas negros as doutrinas religiosas não possuem apenas interesse teórico, mas servem também para que o indivíduo alcance os objetivos almejados em vida.

Outro princípio fundamental da cultura caraíba negra é o de reciprocidade, que garante o equilíbrio nas relações entre os membros da sociedade e nas que se estabelecem entre o grupo e as forças sobrenaturais. A vida familiar centra-se nos padrões de divisão sexual de trabalho que definem as tarefas de cada membro, sendo o fundamento das atividades econômicas. O trabalho cooperativo enfatiza o auxílio mútuo, ao passo que os cuidados para com os pais quando envelhecem são encarados como compensação pelos sacrifícios que fizeram na criação dos filhos. Da mesma maneira, os ancestrais que foram promovidos às ordens celestiais, graças aos esforços conjugados de seus descendentes vivos, devem vir em seu auxílio nas ocasiões de necessidade. Mesmo as crianças com menos de doze anos, que não são obrigadas a produzir, sentem-se orgulhosas em poder contribuir com caranguejos para a refeição diária de peixe, que é trazido pelo pai, ou ajudar a mãe na feitura do pão de mandioca. A despeito de ser uma atividade condenada, a própria magia negra encontra atenuantes na medida que é empregada para vingar uma ofensa injustificada, que é considerada como quebra do equilíbrio nas relações interpessoais. Como já foi mostrado, o incesto, para os caraíbas negros, é considerado repreensível porque implica em egoísmo e afastamento parcial da vida social, uma vez que a família na qual ele ocorre terá menores oportunidades de formar alianças com outras pelo casamento. A hospitalidade generosa que todo caraíba deve dar aos seus hóspedes e visitantes não é apenas uma virtude, mas também um meio de retribuir cortesias semelhantes feitas no passado ou estabelecer o direito de cobrar a mesma hospitalidade para si quando em visita à aldeia dos seus hóspedes.

Finalmente, um terceiro princípio muito importante relacionado à ordem social, que reflete uma hierarquia baseada na ancianidade: as mesmas normas regulam os deveres, obrigações e posições dentro da família e na sociedade em geral. Realmente, a própria ordem cósmica é constituída segundo os mesmos padrões e, de acordo com as crenças dos caraíbas negros, as legiões celestiais são governadas pelos arcanjos e profetas, que são os espíritos mais velhos depois de Deus. Os meios indiretos que os anciãos de um grupo usam para exercitar sua autoridade foram discutidos.

No nível estrutural de análise, o organismo mais importante na integração da cultura dos caraíbas negros é a família, na qual está enraizada a vida social, econômica e religiosa. A aldeia é concebida como uma agregação de famílias. A coesão do grupo depende, em larga medida, dos laços existentes entre as famílias que se espalharam ao longo do litoral caribenho da América Central em sucessivas migrações. A família constitui também o agente educacional mais importante, sendo, assim, responsável pela formação da estrutura da personalidade básica dos membros do grupo.

Como foi afirmado anteriormente, este estudo não se propõe a analisar os traços apresentados pelos indivíduos, nem os que parecem ser típicos de toda a população, nem a escala de variação idiossincrásica da personalidade. Porém, questões que foram tocadas nas páginas precedentes, tais como o nível de inteligência em que esses indivíduos funcionam, atitudes características que manifestam e padrões específicos de expressão emocional, precisam ser sintetizadas aqui.

Os resultados do Rorschach corroboram a observação ao indicar que os caraíbas negros desenvolveram meios satisfatórios de ajustamento do indivíduo ao grupo social. Seus métodos educativos valem-se antes da recompensa psicológica que da punição; não se encontram entre eles a obediência forçada a um código de conduta que importe em mutilação da personalidade, nem descontinuidades bruscas nos processos educacionais, tais como foram descritas em relação a outras culturas. Os controles sociais, sendo interiorizados como controles psicológicos internos, não mudam substancialmente; o mesmo caminho indireto praticado pelos mais velhos no controle do grupo é utilizado pelo indivíduo quando se trata de seus próprios impulsos instintivos. A repressão, em suas formas mais drásticas, é raramente usada e quase invariavelmente acompanhada de sublimação, deslocamento e outros mecanismos compensatórios. Quando as restrições impostas a um indivíduo se tornam excessivas, o inconsciente, sob o disfarce do duplo espiritual (áfurugu), defende suas reivindicações; pequenos desvios das normas, se determinados pelos desejos do áfurugu, são tolerados. Assim, possibilita-se a harmonia entre os "três senhores severos do eu", denominados por Freud como id, super-ego e mundo exterior. As atitudes básicas dos caraíbas negros enfatizam a disposição alegre na vida diária e benevolência com relação a seus companheiros da aldeia; um contínuo fluxo de gracejos cordiais pontua todas as suas atividades. A melancolia, como foi afirmado anteriormente, é suspeita, uma vez que, de acordo com a crença geral, leva a sentimentos e atos antisociais. A equanimidade deve ser preservada até mesmo nas ocasiões de desgraça econômica, doença grave e morte, ou quando na presença de perigos naturais e sobrenaturais, já que qualquer distúrbio emocional diminuirá as defesas do indivíduo contra os agentes destrutivos do universo. De modo similar, os acontecimentos felizes não devem ser comentados em voz muito alta e nem por muito tempo para não suscitarem inveja e hostilidade humanas e sobrenaturais.

Entretanto, não se deve presumir que os caraíbas negros neguem qualquer expressão emocional; pelo contrário, toda sua vida é colorida pelo afeto. Não se dá à emoção uma liberdade desenfreada, mas também não é eliminada; é antes canalizada. Existem formas apropriadas para dar vazão às emoções e ocasiões adequadas para o relaxamento emocional. Isso implica, portanto, um alto grau de institucionalização de seu comportamento que, contudo, não é restritivo. Desde o momento em que nasce, o caraíba negro encontra-se em uma posição culturalmente bem definida e no curso de sua vida progride para uma série sucessiva de conjuntos bem determinados de direitos e obrigações. Porém, a cultura dá-lhe certo número de alternativas a escolher, de maneira que seu ajustamento não seja alcançado através de uma parcial autodestruição psíquica. Desse modo, a integração na cultura é combinada pela integração nos aspectos psicológicos de comportamento na sociedade caraíba.

3. Os Caraíbas Negros no Quadro dos Negros do Novo Mundo

Uma comparação entre a cultura caraíba negra e a de outros grupos negros do Novo Mundo revela semelhanças e diferenças na maneira de operar os processos que conduzem à reinterpretação, ao sincretismo e à integração cultural. Paralelos de algumas instituições descritas para os trujilanos são encontrados em todo o continente americano, particularmente naquelas que regulam o casamento poligâmico. A união consuetudinária denominada *endamado* é muito semelhante às instituições de *plaçage* do Haiti[21], de

21. M.J. Herskovits, 1937; G.E. Simpson, 1942; A. Métraux, 1951.

amasiado da Bahia e do Recife, no Brasil[22], de "protetores" da zona rural de Trinidad[23] e de *arrimado* dos negros cubanos[24]. Todos esses tipos de relações extra-maritais representam, aparentemente, tentativas de conciliar padrões africanos subjacentes aos sistemas legais dos diversos países. É interessante observar que os mesmos artifícios utilizados pelos caraíbas negros para dar status legal às crianças nascidas fora do matrimônio também são praticados pelos camponeses haitianos, segundo Métraux. A situação de *placée* no Haiti parece ser análoga a de *dama* em Honduras, como pode ser inferido da seguinte passagem de Simpson:

Muitos camponeses têm pelo menos uma companheira além da esposa legal. O camponês que tem tais mulheres não as tem simplesmente por razões sexuais. Uma mulher representa valioso auxílio, pois trabalha muito e custa pouco. O homem constrói uma pequena casa para ela, dá-lhe terra para plantar e permite-lhe conduzir as atividades comerciais no mercado. Esse arranjo é suficiente para as necessidades dela e economicamente vantajoso para o homem.[25]

O funcionamento da instituição dos "protetores" em Toco, Trinidad, também coincide em muitos pontos com o funcionamento do casamento consuetudinário observado em Trujillo, especialmente com relação às sanções sobrenaturais invocadas para ele[26]. Muitas outras correspondências poderiam ser citadas, tais como a maneira de solenizar as uniões que não são reconhecidas pela lei e pela Igreja, a distinção feita entre os diferentes tipos de união e o status das co-esposas.

O papel que a família extensa tem na sociedade caraíba negra é reproduzido pelas funções que esse agrupamento possui entre os negros Bush da Guiana Holandesa que conseguiram preservar as formas sobrenaturalmente validadas da estrutura social africana[27]. Em outras partes do Novo Mundo, pelo menos até onde se pode saber, o largo grupo consangüíneo foi dissolvido ou bastante prejudicado pelo impacto do sistema escravagista. Outros detalhes de organização social, como as funções econômicas da mulher que favorecem a independência feminina, os laços que ligam filhos e netos às mães e às avós,

---

22. M.J. Herskovits, 1943; R. Ribeiro, 1945.
23. M.J. e S.F. Herskovits, 1947.
24. D.W. Ames, 1950.
25. G.E. Simpson, 1942, p. 656.
26. M. J. e S.F. Herskovits, 1947, pp. 88 e ss.
27. M. J. e S.F. Herskovits, 1934.

que constituem o que Herskovits chamou de "a família nuclear", a importância da idade na determinação da posição social são encontrados por toda a afroamérica. Entretanto, é apenas na Guiana Holandesa que um grupo organizado de anciãos possui funções políticas, uma vez que na maior parte do Novo Mundo os negros têm uma participação muito limitada no governo, mesmo na administração local. No Brasil, durante o século XIX, as comunidades dos "africanos livres" que viviam nas cidades eram aparentemente organizadas de acordo com os padrões hierárquicos de idade; segundo o relato de Couty, os membros mais velhos eram chamados de "pai", seus irmãos um pouco mais moços de "tio" e os pertencentes à mesma geração chamavam-se uns aos outros de "irmão"[28]. As escassas informações que temos sobre as aldeias de escravos fugitivos indicam que elas eram governadas por conselhos semelhantes aos *krutu* dos negros Bush[29]. Certamente, a atual supressão das instituições políticas dos caraíbas negros em Honduras é mais um exemplo do que ocorreu em outras partes do Novo Mundo; se as condições observadas durante o período desta pesquisa não mudaram, os *agoburigu* das aldeias caraíbas, que não podem mais aparecer como administradores da *comunidad* e nem ocupar cargos oficiais, exercerão apenas controle indireto, como é o caso da maior parte das sociedades negras do Novo Mundo.

As formas de auxílio mútuo são amplamente partilhadas não apenas entre os grupos negros, embora sejam os africanos e seus descendentes nas Américas que têm desenvolvido formas mais elaboradas delas, nas quais é possível, às vezes, perceber as tradições combinadas da Europa, da África e da América. As instituições de trabalho cooperativo são denominadas de diversas maneiras: *mutirão*, no Brasil; *combite*, no Haiti; *gayap*, em Trinidad; *junta* ou *cobija*, em Cuba, e assim por diante. Os caraíbas negros, que como vimos, ocupam-se predominantemente com a pesca e deixam as tarefas agrícolas às mulheres não apresentam os tipos de trabalho cooperativo por meio dos quais outros grupos negros cultivam as roças e fazem as colheitas. Entretanto, encontram-se com facilidade paralelos das *embarradas*, mas as reuniões realizadas para transportar uma canoa da montanha para a praia parece ser um traço específico dos caraíbas negros.

Outra particularidade da cultura caraíba é que, ao contrário da maioria das sociedades negras do Caribe, da América Central e da América do Sul,

---

28. L. Couty, 1881; também citado por R. Bastide, 1948.
29. M.J. e S.F. Herskovits, 1934.

CONCLUSÕES

os caraíbas parecem jamais ter desenvolvido qualquer espécie de mercado. Mesmo durante as *ferias*, que originalmente na Espanha são dias inteiros, não há atividade pública de compra e venda de mercadorias nas cidades caraíbas. Isso se deve provavelmente ao hábito que os caraíbas negros adquiriram em São Vicente de carregar suas canoas de mercadorias e ir negociar com os navios ancorados na praia, sendo-lhes aparentemente a melhor forma de comércio.

Nos aspectos religiosos de sua vida encontram-se as maiores semelhanças e as maiores divergências entre os caraíbas negros e outros negros americanos. Os conceitos relativos à alma e ao culto ancestral são quase idênticos em toda parte. A crença na pluralidade da alma e a identificação de um de seus componentes com o anjo da guarda da doutrina cristã foram constatadas no Haiti, onde se acredita que toda pessoa tem um *Ti-bon-ange* e um *Gros-bon-ange* como partes de seu espírito[30]. Em Recife, no Brasil, os membros das casas de culto sob influência iorubá acreditam que a alma se compõe de espírito, anjo da guarda e de outra entidade chamada *ori*[31]. As funções atribuídas a esses diferentes componentes variam de grupo para grupo e até de indivíduo para indivíduo, mas correspondem ao *anigi, áfurugu* e *iuani* da doutrina dos caraíbas negros. O sincretismo das idéias cristãs e os dogmas das tradições religiosas africanas alcançaram por toda parte resultados semelhantes.

Em todos os grupos afro-americanos, bem como em todos os grupos africanos, o culto dos ancestrais é uma parte muito importante da vida religiosa, embora informações a respeito não sejam abundantes na literatura etnográfica, pois as pessoas relutam em revelar a teoria relativa a ele e as cerimônias em homenagem aos mortos são privadas e concernem somente à família que as oferece. No Haiti, realizam-se banquetes e danças em honra aos ancestrais, embora não se faça referência à possessão pelos espíritos[32]. O mesmo pode se dizer quanto a Bahia, Recife e São Luís do Maranhão, no Brasil, enquanto que em Toco e Trinidad não há danças, mas apenas oferendas de comida. Em todas essas comunidades, os rituais fúnebres compreendem um velório, um período de rezas que dura de sete a nove dias, um "segundo velório" e um ciclo de cerimônias que ocorre em épocas fixas, geralmente seis meses e um ano depois da morte. Ribeiro relata que, em Recife, a posi-

---

30. A. Métraux, 1946.
31. R. Ribeiro, 1952, pp. 129 ff.
32. M.J. Herskovits, 1937; A Métraux, 1951.

ção hierárquica dos espíritos no além-mundo depende da idade e do requinte dos ritos fúnebres em sua honra[33]. Mas é em São Luís do Maranhão e na Bahia que certos detalhes do ritual são encontrados, sendo equivalentes aos descritos como parte do culto aos *gubida* dos caraíbas negros.

O "tambor de choro" que Eduardo viu em São Luís lembra, em muitos aspectos, o *dogo*, embora se usem tambores, ao contrário do costume caraíba[34]. Na Bahia, as cerimônias denominadas *axexê*, que são realizadas em terreiros *gêge* (Dahomé), *nagô* (Iorubá), *ijexá* (Ijesha) e angolanos têm grande afinidade com as que podem ser vistas em Trujillo. Na ilha de Itaparica, vizinha à Bahia, há uma "casa dos mortos" iorubá, inteiramente destinada ao culto dos *egun* (ancestrais deificados)[35], mas essa parte do culto é executada também em outros templos. Segundo a descrição feita por Bastide e de acordo com as notas de Métraux nesse estudo, os seguintes pontos do *axexê* são enfatizados. Os cânticos sagrados das mulheres são acompanhados de gestos "como se procurassem se livrar de um véu pendente da cabeça", depois elas se curvam e "fazem movimentos com as mãos, como se quisessem empurrar alguma coisa para fora da porta"[36], descrição que se ajusta perfeitamente ao *abáimahani*. No *axexê* angolano, colocam-se garrafas, travessas de comida, copos, jarros d'água, moedas, notas de dinheiro e outros objetos em volta de um pequeno monte de areia no fundo da sala onde se realiza a cerimônia. A maneira de dançar, arrastando os pés e progredindo vagarosamente, evoca o *adogorahani*. A dança coletiva das mulheres devotas em torno dos objetos rituais conduzida pelo *babalorixá* (mas não acompanhadas pelos tamborileiros) lembra o rito *mali*. O ato de apanhar os vasos quebrados e folhas, jogando-os no mar traz à memória a cerimônia *acagaruni* dos caraíbas negros[37].

Fica claro, assim, que os caraíbas negros retiveram muitas tradições rituais de seus antepassados africanos, embora tenham perdido o culto dos grandes deuses do panteão da África ocidental, tal como ocorreu com os habitantes de Toco, em Trinidad. A respeito desses últimos foi escrito: "Quaisquer poderes que possam governar o Universo e por maior que seja a necessidade do indivíduo de estar alerta às solicitações do mundo natural, é princi-

33. R. Ribeiro, 1952, p. 132.
34. O.C Eduardo, 1948, pp. 119-120.
35. R. Bastide, 1953, pp. 79-80, rodapé.
36. R. Bastide, 1953, p. 84
37. R. Bastide, 1953, pp. 88 e ss. Cf. Capítulo V, seção 2.

palmente para os próprios ancestrais que ele se deve voltar em situações difíceis"[38]. Essas palavras podem ser aplicadas também aos descendentes dos habitantes de São Vicente. Em Trinidad, entretanto, foi preciso abandonar as práticas "pagãs" pela necessidade de adaptação ao culto protestante, ao passo que nenhuma tentativa de conversão dos caraíbas negros ao credo católico ou ao protestante foi feita antes do padre Subirana, por volta de 1850. A adoção da religião de seus anfitriões caraíbas "vermelhos" não implica necessariamente que partes extensas das tradições religiosas africanas devessem ser esquecidas. Há grupos negros no Brasil, denominados *candomblés de caboclo*, que cultuam "espíritos indígenas" à maneira africana. Tal sincretismo não é encontrado na cultura caraíba negra; os "espíritos indígenas" aparecem às vezes entre os ajudantes espirituais (*biúruha*) de um adivinho, mas não são objetos de cultos de adoração. Os santos católicos, como indicado, parecem ter passado em certa medida por um processo de sincretismo, embora ao se analisar as idéias das pessoas em relação a eles seja difícil distinguir as influências da religião popular da Península Ibérica das africanas. Os santos não intervêm, de maneira alguma, nos ritos, já que não se identificam com os deuses africanos, como em quase toda parte da afro-América.

Na maioria dos grupos negros, entretanto, a possessão pelos espíritos durante as cerimônias dedicadas aos mortos é incidental ou inexistente. De fato, na Bahia, a possessão por parte dos espíritos ancestrais é temida e tomam-se precauções especiais para evitá-la[39]. É evidente, portanto, que na elaboração do culto *gubida* foram reinterpretados não só elementos ameríndios, mas também africanos. Assim, nas festividades religiosas dos caraíbas negros, somente os espíritos dos antepassados "montam" os devotos e falam por sua boca, como os deuses fazem em outros lugares. Padrões de origens diversas foram reformulados por eles e incorporados em um todo harmônico, mas raramente são sobrepostos. Em um mesmo dia, as pessoas de uma família assistem à missa rezada em intenção do morto, conversam com os espíritos no decorrer do rito para fazê-los "baixar" – que é de origem ameríndia –, dançam para os espíritos e são possuídos por eles, segundo uma tradição da África Ocidental. As contradições, inconsistências e padrões ambíguos, que são um resultado comum do sincretismo, raramente são encontrados no sistema de ritos e crenças dos caraíbas negros.

38. M. J. e S.F Herskovits, 1947, pp. 165-166.
39. R. Bastide, 1953 p. 91.

Quais as razões que explicam essas diferenças na operação dos processos aculturativos? Antes de tudo, como foi indicado anteriormente, a aculturação intertribal deve ter sido um fator importante. Entretanto, na maior parte do Novo Mundo, ela teve desenvolvimento lento e só recentemente adquiriu importância. No século XVIII, no Brasil, revoltas de escravos levaram o governo a adotar uma política de tolerância, até mesmo de incentivo, para a manutenção das características culturais e religiosas que distinguiam os diferentes grupos africanos, com receio de que eles se unissem e superassem essas diferenças, voltando-se contra seus senhores brancos[40]. Já que os donos das plantações nas diferentes colônias preferiam escravos de proveniência diversa, a associação entre os indivíduos do mesmo grupo tribal foi facilitada. Mais tarde, grupos mais numerosos e mais bem organizados de homens livres de origem comum passaram a promover a disseminação de suas instituições religiosas e seculares. Assim, na Bahia, dominam as práticas de culto dahomé e iorubá, de modo que as casas de culto de Angola emprestaram muitas cerimônias dos gegê e nagô[41]. Por toda parte, confrontam-se deuses de diversos panteões e emergem características comuns.

Os acontecimentos em São Vicente, convém lembrar, seguiram outro curso. Apesar da opinião de Sir William Young, é mais provável que a comunidade caraíba negra tenha sido heterogênea desde sua formação e que essa heterogeneidade só pôde ser acentuada quando escravos fugitivos de outras ilhas aumentaram seu número. Uma vez que não havia nenhum grupo suficientemente numeroso para impor seus próprios modelos, faltando-lhes uma língua comum e lazer necessário para discutir as sutilezas do pensamento conceitual, os aspectos mais elaborados da religião foram abandonados. Aquilo que foi preservado, utilizando a cultura caraíba "vermelha" como veículo,

---

40. Merece ser citada uma passagem de uma carta oficial de autoria do Conde dos Arcos, vice-rei do Brasil:
"Entretanto, o Governo considera esses batuques [cerimônias religiosas acompanhadas de danças] como atos que forçam os negros a renovarem insensível e automaticamente, a cada oito dias, as idéias de intolerância mútua que são inerentes a eles desde que nascem e que tem sido gradualmente obliteradas pelo fato de partilharem uma adversidade comum; essas idéias podem ser consideradas a mais poderosa Garantia [de paz] para as grandes cidades brasileiras, pois se as nações africanas esquecerem o ódio que a Natureza colocou entre elas e os agomás [angoleses?] tornarem-se irmãos dos nagôs (iorubás), gegês (dahomés), aussás (hausas), tapas (nupe), sentis (ashantis) e todos os outros, calamidades grandes e inevitáveis iriam surpreender e devastar o Brasil" (Amaral, 1941, p.152).
41. R. Bastide, 1946, 1953.

CONCLUSÕES

constitui a própria essência da tradição cultural da África ocidental: uma organização social coesa, cerimônias religiosas empolgantes e coloridas que são esteticamente satisfatórias e proporcionam alívio das tensões, um sistema de crenças que induz à segurança psicológica interior, um sistema de valores que define os objetivos na vida e as maneiras prescritas para alcançá-los.

Pode-se conjeturar que a adoração dos deuses – que para os africanos que viviam sob um sistema de escravidão era um meio vital na preservação de sua integridade cultural –, era de menor importância para os caraíbas negros que, em matéria de religião, podiam experimentar livremente sem as limitações da proibição imposta pelo grupo branco. Não se sabe o que era o seu sistema de crenças em 1850; entretanto, fica claro que sua conversão ao Cristianismo foi menos ilusória do que, por exemplo, a dos escravos brasileiros que, mesmo depois de terem sido batizados, de assistirem às missas e de comungarem regularmente, continuavam a adorar os deuses africanos da mesma maneira que o faziam em seu país de origem. Segundo relatos dos próprios caraíbas negros, não foi fácil ao padre Subirana convencer os antepassados dos erros de seu modo de vida pagão; ele teve de destruir os argumentos dos *búiei* daquele tempo, que eram mais sábios do que os dos tempos modernos e medir seus próprios poderes sobrenaturais com os deles. "Foi só quando lhes foi provado [aos caraíbas de antigamente]", disse um velho, "que o Universo inteiro obedecia a Deus e a Seu Filho Jesus Cristo que eles aceitaram o batismo. Esses velhos eram duros! [*Los viejos eses eran fregados!*]" Sob a luz do que se conhece sobre a natureza humana, não é nada surpreendente que a persuasão tenha conseguido mais que a imposição pela força.

Resumindo, as razões que explicam porque os caraíbas negros alcançaram homogeneidade cultural sintetizando elementos heterogêneos em maior extensão do que a maioria das sociedades negras do Novo Mundo são, do *ponto de vista histórico*: falta de um grupo organizado de indivíduos oriundos da mesma parte da África, cujos padrões predominassem na aculturação intertribal; aumento de número por adição individual, e não grupal; a pressão dos poderes coloniais europeus que colocaram aos moradores de São Vicente a alternativa entre se unirem ou serem exterminados. Do *ponto de vista institucional*, a flexibilidade e a resiliência da estrutura sociocultural africana foram plenamente representadas aqui; a reinterpretação agiu não apenas em relação às características européias e ameríndias mas, igualmente, sobre as africanas, resultando uma cultura altamente integrada. Do *ponto de vista psicológico*, foi importante o fato dos caraíbas negros serem considerados homens livres, cuja inteligência e vontade poderiam ser influenciadas, mas não coagidas; uma vez que as inovações provenientes de empréstimos ou de mudança interna eram objeto da deliberação e das discussões abertas por parte de todo o grupo, as discrepâncias e incongruências, que parecem ser características inerentes das culturas híbridas, foram quase totalmente eliminadas.

4. Aculturação dos Caraíbas Negros e Cooperação Interdisciplinar*

A cooperação interdisciplinar, cuja importância é discutida na introdução, torna-se imperativa em casos tais como o dos caraíbas negros, cuja complexidade da situação aculturativa necessita que os métodos e pontos de vista de diversas ciências humanas devam ser usados para a sua análise. Se o uso de ferramentas etnohistóricas, funcionais e psicológicas dificilmente necessite de ênfase, o modo com o qual tal colaboração é efetuada deve ser considerado.

A discussão de princípios básicos e problemas limite tem sido esclarecedora e tem inspirado pesquisas frutíferas, mas um esclarecimento mais aprofundado é desejável. Há um perigo na atual tendência de estabelecer um compromisso entre disciplinas que, tal a balança européia de poder, irão limitar esferas de influência[42]. Assim, o antropólogo tende a aceitar a hipótese que o comportamento humano é regido por mecanismos inconcientes em uma extensão maior do que seria conveniente, e o psicólogo se inclina a conceber uma "matriz sociocultural" para a ação humana como uma entidade real.

Ao aplicarmos o esquema de Kardiner à análise de uma cultura caraíba negra, seria possível ver nas "instituições primárias" que regulam a vida familiar os agentes fundamentais que modelam personalidade e cultura. Poderia ser facilmente explicado que as regras de conduta aprendidas na primeira infância são em seguida estendidas para a sociedade como um todo, assim como à esfera sobrenatural, através do mecanismo de projeção. De todo modo, ao se distinguir "sistemas de realidade" de "sistemas projetivos", aparentemente o único critério usado é uma maior ou menor conformidade dos modos de pensar de povos não-euroamericanos aos padrões de pensamento científico desenvolvidos na Europa e América durante os últimos séculos. Há igualmente uma reificação do conceito de instituições, e a compartimen-

---

* Capítulo final original da dissertação apresentada em Evanston em 1955, substituído na primeira edição brasileira pelo posfácio apresentado em seguida (N. do E.).

42. Indicações de tal posição são encontradas em Kardiner, e recentemente em Parsons e Shils, 1952.

talização do estudo do comportamento, o que pode levar a um raciocínio circular já que se presume que o primeiro condiciona o último e vice-versa. Sistemas religiosos não são idênticos à sonhos e fantasias inconscientes, mesmo que possam, em certa medida, serem baseados em projeção; junto a crenças religiosas, há modos que as pessoas dispõem para tentar disponibilizar o Universo e, assim, representam um pensamento racional e não apenas racionalização. Com certeza, a parte de razão e determinação consciente no desenvolvimento da religião, assim como de outros aspectos da cultura caraíba negra, não deve ser minimizado; há evidências suficientes para mostrar que muitas mudanças em seus padrões de vida são, em certa medida, planejadas.

Na cultura a transição entre padrões de comportamento conscientes e inconscientes é gradual e leva à fusão mútua. Uma abordagem global em seu estudo, no entanto, levaria em conta as regras regendo a conduta coletiva e individual, a estrutura de personalidade e a estrutura social e cultural como partes de um mesmo todo, que constitui os meios considerados por uma grupo étnico para conseguir a sobrevivência. Em sua longa e contínua luta pela auto-preservação, os caraíbas negros se valem tanto do treino ao qual se submetem na primeira infância quanto da natureza das instituições que desenvolveram. Análises etnohistóricas, funcionais e psicológicas devem ser consideradas não enquanto técnicas para explorar diferentes esferas da realidade, mas enquanto fases no processo de compreender a cultura global.

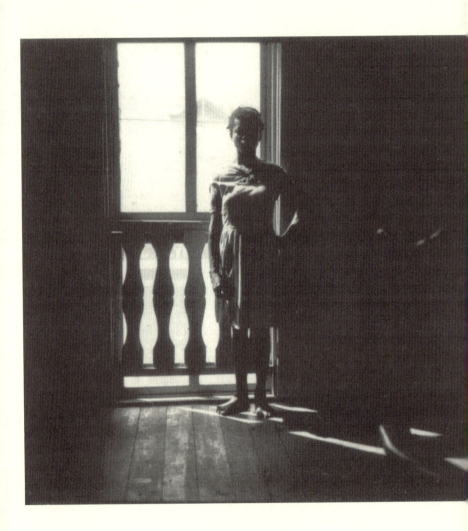

Maria Sanchez, cozinheira

APÊNDICES

Posfácio à Primeira Edição (1964)*

Este trabalho foi completado, em sua versão final, em 1954; manteve-se inédito, portanto, durante toda uma década, por razões várias que não convém explicitar. A revisão revelou que está vazado em uma linguagem que não é mais a do autor no momento presente. O arcabouço conceitual em que se apoia também poderia ser modernizado. Em lugar da refusão total do texto existente, pareceu-me, no entanto, de melhor alvitre reservar uma análise com instrumentos mais adequados para estudos subseqüentes. A publicação de um relatório etnográfico em moldes tradicionais não seria de todo inútil, já que tem por objeto um grupo ainda pouco conhecido. A apresentação dos materiais referentes aos caraíbas negros da República de Honduras juntar-se-á aos escritos de Douglas Taylor, que tratam dos *Garífuna* de Honduras Britânica, e aos artigos mais recentes de Nancy Solien, resultantes de pesquisas efetuadas na Guatemala. Dessa forma, poderá se ter uma visão em conjunto da cultura e de suas variações regionais.

O ponto de vista predominantemente descritivo que foi aqui adotado se justifica, demais, como preliminar indispensável às abordagens por outras vias. O empirismo praticado conscientemente evita incidir nos exageros de certas posições teóricas. Refiro-me, em especial, ao estruturalismo, que dá relevo desmedido às determinantes inconscientes do comportamento. Coincide, neste passo, embora se afaste radicalmente em muitos outros, com aqueles que, a exemplo de Kardiner, fazem das "instituições primárias" as matrizes que moldam as personalidades e em que se elaboram os sistemas projetivos, cerne das concepções de vida de um grupo primitivo.

* Acrescentado por ocasião da primeira tradução do trabalho que foi publicada em 1964 na Revista do Museu Paulista, vol. 15 (N. do E.).

As origens psicológicas do pensamento mágico-religioso são ainda mal conhecidas. Quaisquer progressos logrados nesse setor não invalidarão, todavia, o método seguido neste estudo de apresentar o sistema de crenças e valores como instrumento capaz de tornar o universo mais acessível à ação humana. Nesta perspectiva, esbatem-se os limites que dividem as condutas conscientes das inconscientes. Se o mundo dos espíritos, entre os caraíbas negros, é projeção da estrutura social, derivada de mecanismos montados na infância, cumpre reconhecer também que constitui uma interpretação da realidade suficientemente adequada para permitir-lhes a sobrevivência em circunstâncias difíceis. O papel desempenhado pela razão no desenvolvimento da religião, assim como de outros aspectos da cultura caraíba negra, não pode ser subestimado, como se evidencia pela mudança, até certo ponto planejada, de seus modos de vida.

No presente, assistimos à emancipação dos povos africanos, que, em se organizando politicamente, lutam contra os colonialismos de vários matizes partidários que visam se reinstalar. Não se trata mais, para eles, de se adaptar a padrões impostos de fora, mas de selecionar na civilização ocidental aquilo que lhes convém ao desenvolvimento como nações independentes. Seria oportuno, neste caso, relembrar a lição de Herskovits, que demonstrou o proveito que se pode tirar, para conhecimento da África, do estudo das etnias negras no Novo Mundo. Assim, a pesquisa sobre os caraíbas negros, não obstante não terem estes jamais alcançado plena autonomia, lançaria, talvez, luzes sobre os problemas com que se defrontam as jovens repúblicas africanas.

O escopo limitado que este estudo se impôs não favorece grandes ilações finais. Que baste pois, à guisa de fecho, uma indicação. A antropologia atual tem-se preocupado, possivelmente em demasia, com a estrutura social, isto é, com o conjunto de determinantes que enformam a vida dos grupos. Talvez fosse o momento de, sem abandonar as conquistas obtidas, voltar a considerar a cultura como criação coletiva das sociedades humanas.

Terminologia de Parentesco

A lista I apresenta os equivalentes caraíbas aos termos em português, tal como as empregam os homens, os homens e as mulheres, e as mulheres, respectivamente. Onde não há indicação em contrário, os termos podem ser usados como referência ou como direção. As palavras caraíbas para as quais não se conhece formas absolutas estão precedidas por um hífen e têm, em muitos casos, a vogal inicial entre parênteses; assim, "1. pai, -(ú) guci". Isso quer dizer que -ú- é empregado nessa palavra depois dos prefixos pronominais: n- "meu", b - "teu", l- "seu (dele)", t- "seu (dela)" e h - "vosso"; mas é substituído por -á- depois de u- "nosso", h "seu, sua (deles, delas)" ou depois de g- ou m-, que são prefixos atributivos e privativos, respectivamente. Pode-se dizer: túguci, "o pai dela"; uáguci, "nosso pai"; gáguci, "ter um pai"; máguci, "sem, pai", etc. Mas não se pode dizer, até onde pudemos averiguar, "pai", "um pai", ou "o pai". Mesmo os termos que têm uma forma absoluta podem mudar quando estão nas construções de frase. Assim: íbugaiao, "irmão mais velho", torna-se níbugaia, "meu irmão mais velho", hábugaia, "seu irmão mais velho" (deles ou delas); iau, "tio (irmão da mãe)" transforma-se em niáurite, "meu tio (irmão da mãe)".

A lista II dá os equivalentes em português das palavras caraíbas empregadas pelos homens (linguagem masculina: l.m.), pelas mulheres (l.f.) e por ambos os sexos (não assinalado), em suas formas possessivas e indica as formas plurais e coletivas, quando existirem. Deve-se notar que os termos aqui atribuídos à linguagem masculina ou feminina, respectivamente, podem ser empregados por qualquer dos sexos em relação aos parentes de um homem ou de uma mulher, conforme o caso. Assim, somente um homem poderia dizer nibamu, "o marido de minha irmã ou o irmão de minha mulher" e somente uma mulher poderia dizer nígatu, "a mulher de meu irmão ou a irmã de meu marido", mas libamu "o marido da irmã dele" etc. e tígatu, "a mulher do irmão dela", etc. podem ser empregados tanto pelos homens como pelas mulheres. As seguintes abreviações serão usadas, onde necessário: ref. (referência), dir. (direção).

Primeira Lista

Português	Ling. Masculina	Masc. ou Fem	Ling. Fem.
1. pai (ref.)			(ú)guci
(dir.)			baba
2. mãe (ref.)			(ú)gucu
(dir.)			da, dada
3. irmão mais velho			íbugaiao
(princ. dir.)			(n) – ati
4. irmão mais moço	íbiri		amule
(dir.)	ibi		uauao
5. irmã mais velha			itu (ou como 3)
(dir.)			haio
6. irmã mais moça	itu		amuleluao
(dir.)			(n) – amú
7. Avô			áruguti
8. Avó			agoto
9. irmão do pai			(ú) gucihaia (ou como 1)
10. irmã do pai			áufuri
11. irmão da mãe			iáurite
(ref.)			
(dir.)			iau
12. irmã da mãe			(ú) gucuhaia (ou como 2)
13. filho do ir. do pai	(como 3 e 4)		(como 3 e 4)
14. filha do ir. do pai	(como 5 e 6)		(como 5 e 6)
15. filho da irmã do pai	ibamu		ógoriri-guiau
16. filha da irmã do pai	(i) uóriri-guia ígatu		ígatu
17. filho do ir. da mãe	(como 15)		(como 15)
18. filha do ir. da mãe	(como 16)		(como 16)
19. filho da ir. da mãe	(como 3 e 4)		(como 3 e 4)

TERMINOLOGIA DE PARENTESCO

Português	Ling. Masculina	Masc. ou Fem	Ling. Fem.
20. filha da ir. da mãe	(como 5 e 6)		(como 5 e 6)
21. noivo, namorado			adari
22. esposo, a			(ú) mari
23. Marido		(i) raiti	(u) bu
24. Mulher			iani
25. comborço¹, a			(u) buiamu
26. a amante de um homem			(i) nauna
27. Filho		isani iraho	(i) ráo
28. Filha			(como 27)
29. o último filho de uma mulher			adarahauni
30. neto, a			ibari
31. irmão do esposo, a	(como 15)		anire
32. irmã do esposo, a	(í) rani		(como 16)
33. pai dos esposo, a			ímedamuru
34. mãe do esposo, a			ímenodi
35. mulher do irmão	(como 32)		(como 16)
36. marido da irmã	(como 15)		(como 31)
37. filho do irmão	(i) raohaia (ou como 27)		ibadumu
38. filha do irmão	(como 37)		ibase
39. filho da irmã	inibu – (i) nadaganu		(i) raohaia (ou como 27)
40. filha da irmã	ibase		(como 39)
41. marido da filha	ibarimu		-idi
42. mulher do filho	idi		ágoro
43. mulher do irmão da mãe			áufuri (haia)
44. marido da irmã da mãe			(como 9)
45. mulher do irmão do pai			(como 12)

1. Indivíduo amasiado em relação ao outro amante, ou ao marido da mulher com quem se amasiou. (n. do t.)

Português	Ling. Masculina	Masc. ou Fem	Ling. Feminina
46. marido da irmã do pai			(como 11)
47. filho do irmão do esposo	(como 39?)		(como 39)
48. filha do irmão do esposo	(como 40?)		(como 39)
49. filho da irmã do esposo	(como 37)		(como 37)
50. filha da irmã do esposo	(como 37)		(como 38?)
51. Padrasto			(como 9)
52. Madrasta			úgucu – dúnaru
53. meio irmão	(como 3 e 4)		(como 3 e 4)
54. meia irmã	(como 5 e 6)		(como 5 e 6)
55. bisavô, bisavó			íunao, íuna
56. bisneto, a			ílauao, ílaua
57. pais, anciãos			agoburigu
58. parente, parenta			iduhe
59. tribo, espécie, semelhante			íbegu
60. padrinho			ebenenei
61. afilhado, a			iamasiri
62. o que dá apelido			áceru
63. homônimo (xará)			(i) dugai
64. "menino!" (vocativo)			hi
65. "menina!" (vocativo)		hara	

Segunda Lista

1. núguci — meu pai, o irmão do meu pai, meu padrasto
1a. núgucihaia — o irmão de meu pai, meu padrasto
2. baba — papai (em relação a 1 e 1a)
3. núgucu — minha mãe, a irmã de minha mãe
3a. núgucuhaia — a irmã de minha mãe
3b. nugucu-dúnaru — minha madrasta
4. da, dada — mamãe (em relação a 3, 3a e 3b.)

TERMINOLOGIA DE PARENTESCO

5. iau, niáurite — irmão da mãe (dir.), o irmão de minha mãe (ref.)
6. náufuri — a irmã de meu pai (dir. ou ref.)
7. náruguti — meu avô (dir. ou ref.)
8. nagoto — minha avó (dir. ou ref.)
9. níuna — meu bisavô, minha bisavó, literalmente "tronco"
10. nagoburigu — meus pais ou pessoas mais velhas(coletivo)
11. irui (1.m.) — irmão mais velho
12. níbugaia, namulenu (l.f.) — meu irmão mais novo, meus caçulas (amb. sexos)
13. namule, namulena (1.f.) — meu irmão mais novo
14. namulelua (1.f.) — minha irmã mais nova
15. níbiri, níbirie, nibirigu (1.m.) — meu irmão mais novo, meus irmãos mais novos, meus irmãos (masc. e fem.) mais novos
16. nitu — minha irmã, minha irmã mais velha (dir.ou ref.)
17. nati (l.f.) — meu irmão, meu irmão mais velho (princ. dir.)
18. haio (1.f.) — irmão mais moço (dir. afetuoso)
19. uauao (1.f.) — irmão mais moço (dir. afetuoso)
20. nógoriri — meu (l.f.) primo cruzado
21. nuguiau — meu (l.f.) primo cruzado
22. niuoriri — minha (1.m.) prima cruzada
23. nuguia — minha (1. m.) prima cruzada
24. madari — meu noivo, meu namorado, meu amigo, a
25. númari — minha mulher, meu marido, meu "par"
26. nubu — meu marido, meu companheiro
27. nubuiamu — meu comborço (rival sexual)
28. ninauna, ninaunagu — minha (1.m.) amante, minhas amantes (coletivo)
29. niraiti — meu marido
30. niani, nianiu — minha esposa, minhas esposas
31. nibamu — o marido de minha irmã, o irmão de minha mulher, meu primo
31a. nibamugu — o mesmo (coletivo)
31b. ibamu — o mesmo (dir.)
32. nígatu (dir. ou ref.) — (1.f.) a mulher de meu irmão, a irmã de meu marido, minha prima
33. nirani, niraniu — (l.m.) a mulher de meu irmão, a irmã de minha mulher, também plural
34. nanire — o marido de minha irmã ou o irmão do meu marido
35. niráo, nirahoia, iraho — meu filho, meus filhos, criança ou pequeno
35a. niraohaia — filho de meu irmão do mesmo sexo, meu enteado
36. nisani, nisanigu — (l.m.) meu filho, minha família (coletivo)
37. madarahau — (l.f.) meu último filho
38. hara — (l.f.) "moça!" (dir.)
39. hi — (1.m.) "rapaz!" (dir.)
40. nímedamuru — o pai de minha esposa, de meu esposo (etmologicamente, "avô de meus filhos")

41. nímenodi	a mãe de minha esposa de meu esposo (etmologicamente "avó de meus filhos")
42. ninadaganu	(1.m.) o filho da minha irmã
43. ninibu	(l.m.) o filho de minha irmã (cf. inimu, "fibra")
44. nibadumu	(l.f.) o filho de meu irmão ou o filho da irmã de meu marido
45. nibase	(l.m.) a filha de minha irmã ou a filha do irmão de minha mulher; a filha de meu irmão ou a filha da irmã de meu marido (l.f.)
46. nidi, nidiu	(l.m.) a mulher de meu filho, as mulheres de meus filhos; (l.f.) o marido de minha filha, os maridos de minhas filhas
47. nágoro	(1.f.) a mulher do meu filho
48. nibarimu, nibarimugu	(1.m.) o marido de minha filha, os maridos de minhas filhas (coletivo)
49. nibari, nibaia	meu neto, meus netos (plural)
49a. nibaiagu, nibaiani	meus netos (coletivo), minha prole
50. nílaua, ílauao	meus bisnetos, descendentes ou descendência
51. niduhe, niduheiu	meu parente ou parenta, minha família
52. nidugai	meu homônimo
53. níbegu	minha tribo, minha espécie, meu semelhante (col.)
54. nebenene	meu padrinho (etmol., "o que me fez incisões")
55. niámasiri, iamásiri	meu afilhado, afilhada
56. náceru	aquele que me alcunhou

Nem todos os termos acima são empregados na mesma extensão; os marcados com um asterisco são obsoletos ou estão caindo em desuso. Assim, irui, "irmão mais velho", – (i)nadaganu, "filho da irmã" (l.m.) e iraiti, "marido", são termos que apenas alguns caraíbas mais velhos se lembram; por outro lado, tógoriri, "seu (dela) primo", liuoriri, "sua (dele) prima" e liani, "sua esposa", apesar de ainda conhecidos por todos seriam empregados apenas jocosamente nos dias de hoje. O sufixo -haia, que pode ser traduzido por "aquele que age como", como em núgucihaia, "aquele que age como se fosse meu pai", isto é, o irmão de meu pai ou primo paralelo, não é empregado regularmente, exceto quando é necessário fazer uma distinção. Outros termos, como os números 33, 34, 44 e 45 da Lista II, dificilmente seriam usados ao se dirigir a uma pessoa, mas somente nos casos de descrição do parentesco em questão. Por outro lado, apesar de não haver tabu em relação ao uso de nomes e alcunhas entre eles atualmente, os caraíbas preferem usar termos de parentesco quando se dirigem uns aos outros (ou a estranhos com os quais já se familiarizaram), mesmo quando não existe qualquer parentesco. Reproduzido de: Douglas Taylor, *The Black Carib of British Honduras*, New York, 1951.

Glossário

Substantivos: s. Substantivos femininos: s.f. Substantivos Verbais: s. v. Adjetivos: a. Verbos: v. Palavras limitadas à linguagem masculina ou à feminina, respectivamente: l.m. e l.f.

ABACAHA, v. – aquecer (vide bacati)
ABAIMAHA, v. – executar abáimahani
ABÁIMAHANI, s. v. – canto semi-sagrado e gesticulado das mulheres
ABAIUHANI, s v. – rito de pilhagem, cerimônia das crianças no rito dogo
ABIARA, v. – enfeitiçar, envenenar
ABIARAGOLE, s. – instrumento ou poção por meio dos quais é feita a magia negra
ABODORIHA, v. – rebocar (paredes), calafetar (barcos)
ABUREMEI, s. – amo, senhor
ACAGARA, v. – espalhar
ACAGARUNI, s.v. – o lançamento de uma oferenda de alimento ao mar
ACUGURUNI, s.v. – alimentar, rito cugu
ADAGORAGODONI, s.v. – o ato ritual de depositar uma oferenda
ADAIAGUA, v. – desfraldar as velas, dançar no rito dogo
ADEREHA, v. – ficar duro ou tenso, estágio inicial da possessão pelo espírito
ADOGORAHA, v. – tomar parte ou dançar no rito dogo
ADOGORAHANI, s. v. – o rito dogo
ADUGAHATI, AGENTE s. v. – aquele que vai buscar alimento ritual do mar para o dogo, fornecedor
ADULU, s. – sopa espessa, mingau
AFUMUCUNI, s. v – revirar (a terra), cerimônia no rito dogo
ÁFURUGU, s. f. – o outro (de um par), o duplo espiritual
AGAI, s. f. – recipiente (lata, caixa de papelão, caixa, estojo, concha etc.), coifa, membrana que envolve a cabeça de um recém-nascido

AGAIUMAU. s. f. – um espírito do rio
AGAMBUE, s. – (veja áhambue)
AGASERUTI, AGENTE s. v. – alguém sob pacto com um espírito diabólico
AGOBURI, s. – velhice, antigüidade
AGOBURIGU, s. v. coletivo – pais, anciãos
AGOBURIHA, v. – ser possuído por um espírito ancestral
AGORAGUA, v. – atar, ligar; também com o sentido que tem em feitiçaria
ÁGUDAHANI, s. v. – queima, nome de uma cerimônia
ÁHAMBUE, s. – espírito do morto
ÁHARI, s. – o espírito de alguém morto recentemente
AHIBAGOLE, s. instrumental – peneira (tipo); cf. híbise
AHO E ÁHOHO, s. – flor da farinha: amido; também: pus
ÁHOROHA, v. – ralar
AHUDUHA, v. – amassar (no pilão)
ALABÚDIGA, s. – um prato composto de peixe, leite de coco e bananas verdes
ALANÍA, s. – bebida feita de farinha de mandioca
ALIBELE, s. – grelha de madeira
ÁMALIHA, v. – aplacar ou apaziguar
ÁMALIHANI, s. v. – cerimônia de aplacação no dogo
AMUIEDAHANI, s v. – refrescamento; nome de um rito
ÁNEUERAO, s. – mão de pilão (cf. hana)
ANICIGU, s. – simpatia, inclinação, inteligência, senso, sabedoria
ANIGI, s. f. – coração, mente (da forma mais antiga anici)
ANIGIDAO, s. – "tampa do coração" (órgão imaginário situado próximo ao diafragma)
ANIURAHA, v. – tratar um paciente invocando auxiliares espirituais
ÁRABU, s. proposicional – na ou para a floresta ou mata
ARAGACA, v. – soltar as velas, navegar ao vento, dançar no dogo
ARAIRA, v. – descer ou baixar
ARAIRAGUA, v. – invocar, "fazer baixar" os espíritos
ÁRANI, s. – medicamento
AREBA, s. – pão de mandioca
ARÍAHA. v. – espreitar, espiar
ARIBA, v. – ver, olhar
ARUFU, s. – arpão (do francês harpon)
ARUMAHA, v. – executar arumahani
ARÚMAHANI, s.v. – canto gesticulado e semi-sagrado executado pelos homens

GLOSSÁRIO

Ásoha, v. – picar (cobra), usar magia negra
Bacati, s. – "chá" (qualquer infusão); de bacá, "aquecido"
Bagugu, s. f. – variedade de banana
Baibai, s. – "uva da praia" (*Coccoloba uvifera*)
Baruru, s. f. – tanchagem
Básigidi, s. – cesto radial simples (do inglês *basket*)
Beluriu, s. f. – velório (do espanhol *velorio*)
Bímena, s. f. – banana
Binu, s. – rum, álcool (do espanhol *vino*)
Budaliego, s. – nome de cidade na ilha de Roatan (*Coxswain's Hole*)
Budari, s. – chapa de ferro para assar areba
Búiei (ou Búiai), s. – curandeiro, adivinho, sacerdote
Cugu, s. – (vide acuguruni)
Dabuiaba, s. – casa ancestral, salão
Dandai, s. – anta (do espanhol local *dando*)
Dani, s. – espécie de pamonha, refeição adocicada cozida em folha
Darara, s. – amido de mandioca (vide também oho e óhoho)
Dauarali, s. – pequeno peixe conhecido como sardinha
Dibinaua, s. – espíritos que vivem no fundo do mar
Dogo, s. – (veja adogorahani)
Duendu, s – santuário secreto do adivinho quando evoca espíritos
Dukunu, s. – um doce, gadamálu (qv.)
Dumari, s. – molho feito com suco de mandioca cozida
Durudia, s. – bolo de farinha e leite de coco (do espanhol *tortilla*)
Egei, s. – ralador de mandioca
Fáialándia (ou fai-alandia), s. – luz sobrenatural que aparece no mar
Fáluma, s. f. – coco (a árvore ou o fruto; do espanhol *palma*)
Faníe, s. – cesto simples radial (do francês *panier*)
Fei, s. f. – pão (do francês *pain*)
Fufu Darara, s. – (vide iamugege)
Gabacahaditi, s. agente verbal ou v. – alguém capaz de fazer arder, feiticeiro
Gabiarahaditi, s. agente verbal ou v. – alguém capaz de enfeitiçar, feiticeiro
Gadamulu, s. f. – mingau de maizena cozido em folha (do espanhol centro-americano *tamal*)
Gai ou Gahi, s. f. – mandioca (*Manihot esculenta*)
Gaiunare, s. f. – casa ancestral (de - iuna, "tronco", "bisavós")
Gálide, s. – chefe de aldeia (do espanhol *alcalde*)

GÁRAUAU, s. – tambor
GARI, s. – espécie de rede para apanhar tartarugas
GARIAHATI, s. agente – o termo mais comum para feiticeiro
GÁSOHADITI, s. agente – aquele que pica; feiticeiro (eufemismo)
GÁUANA, s. – cobre, moeda de cobre, centavo
GIERE, s. f., l. m. – mandioca
GUAGAI, s. f. – (vide uguagai)
GUBIDA, s. – nome coletivo dado aos ancestrais
GUCU, s. f. – inhame de pequeno tamanho (*Dioscorea trifida L.*)
GÚFARA, s. – "skomphra" (*Calyptrogyne sarapiquensis*: palmeira usada para cobrir construções)
GULE, s. – santuário atrás de uma casa usado para uma cerimônia
GUMAGA, s. f. – espécie de paineira (*Ceiba pentandra L.*)
GUMANANA, s. f. – mandioca doce (*Manihot esculenta*, var. aypi)
GUMURI, s. f. – cabaça côncava para carregar água, qualquer carregador de água
GURETU, s. f. – bebida espessa
GUSA, s. – espécie cabeluda de caranguejo encontrada nas ilhotas
GUSEUE, s. – *Bixa orellana* ("anatto", "achiote", "rocou", urucu)
HANA, s. f. – pilão
HARABADA, s. – peixe ou carne cozida em folha
HARADA, s. – palmito ou outra palmeira em leque
HERIGI, s. f. – espécie de pequeno caranguejo da praia
HÍBISE, s. – peneira ou coador (cf. ahibiha)
HÍU, s. – cerveja de mandioca (sinônimo de baiauru e uogu); aparece também como íu
HIÚRUHA, s. – espíritos que controlam os elementos, guias espirituais dos adivinhos
HORO, s. – siri, caranguejo da terra
HORO ÁFURUGU, a. – duplo espiritual pesado
HUDÚ, a. – amassado, pilado; baruru hudutu significa tanchagem amassada
HÚGAUARU, s. f. – lagosta (de variedade espinhosa)
IÁIAUA, s. – abacaxi
IALI, s. – suco de mandioca
IAMUGEGE, s. – massa feita com amido de mandioca
ÍARUNI, s. – praga, maldição
IAUA, s. f. – sombra, reflexo, imagem, quadro, fotografia
IAUARA, s. – espécie de palma espinhosa (*Acrocomia spp.* e *Attalea cohune*)

ICARI, s. – plantação (que não seja de mandioca)
IDENA, s. – palhaço na cerimônia dogo
IDUDU, s. – índio miskito
INA, a. – "presente!" resposta cerimonial à saudação do espírito ancestral
IRAHO, s. – pequeno, recém-nascido, criança; (cf niráo, "meu filho", haráo "seu filho [deles, delas]")
IRIRAGUA, v. – deslizar, navegar sobre as ondas da praia, dançar dogo
ISURU, s. f. – lagostim de rio
IUANI, s. f. – alma, força vital, coragem
IUNA, s. – tronco, raça, ancestral, bisavós (cf gaiunare)
IURUMAI, s. – nome caraíba para a ilha de São Vicente
KULIÁU, s. – outro nome dado à dança punta
LABUIA, s. – tipo de mingau
LAFUMUCU MÚA, s. – "o revirar da terra"; um rito religioso
LÁUEIU OU LÉLUEIU, s. f. – tipo de camarão da areia
LEMURU, s. – "pimenta gorda", *Petiveria alliacea*; erva usada para quebrar encantos
LIFA OU LIFO, s. – refugo da mandioca depois de peneirada, que serve para fazer híu
MABI, s. f. – batata doce
MÁBUIGA, a. – saudação
MADUDU, s. – mesa de oferendas
MAFIA (ANTERIORMENTE MÁFUIA), s. – espírito malévolo da floresta
MAGORO, s. – caranguejo eremita ou "soldado"
MAINA, s. f. – plantação de mandioca
MALÍ, s. – (vide ámalihani)
MARAGA, s. f. – grande chocalho do adivinho
MARUMARUTI, s. – tipo de pão de mandioca grosso e fofo
MASÍUA, s. – armadilha para peixe
MÉGERU, s. – crioulo que fala inglês
MÚA, s. – país, terra
MULADU, s. – ladino, hispano-americano
MURÉI, s. – árvore e suas frutas, murici (*Byrsonima sp.*)
ÓGARAO, s. f. – rede; nógora, minha rede; hágora, a(s) rede(s) deles
OGOREU, s. – espécie de espírito malévolo com a forma de um lagarto
OHO, ÓHOHO, s. – a parte fina de uma refeição: amido, também pus
PATA, s. – pera espinhosa (*Opuntia spp.*)

Pinule, s. – bebida feita de milho torrado e moído
Pulali, s. f. – tipo de mingau
Punta, s. – tipo de dança
Rarí, adj. – descer ou baixar; cf. araira
Rida, s. – cuia ou colher feitas de meia cabaça (*Crescentia cujete*)
Ríuagua, a. – "estendido"(diz-se do cadáver no velório)
Rubada, s. – nome caraíba para a ilha de Roatan, provavelmente adaptação fonética do nome mais recente
Ruguma, s. – espremedor de mandioca
Saho, s. – mingau de farinha de mandioca
Sairi, s. – o além-mundo dos hiúruha
Sibiba, s. – farinha de mandioca
Simaráli, s. – ralador de lascas de pedra (do caraíba das ilhas "simali", ralador, e "ari", dentes)
Siríuia, s. f. – rede de arremesso, tarrafa
Sisire, s. f. – chocalhos menores do adivinho
Suruguli, s. – pintura preparada com guseue (*Bixa orellana*), urucu
Surusie, s. – médico, cirurgião (do francês *chirurgien*)
Tapahu, s. – bananas verdes cozidas em leite de coco com peixe ou carne de porco salgados; (do espanhol *tapado*)
Uadabu, s. – grande molusco comestível, gíria para designar crioulo
Uaho, s. f. – "taya": raíz comestível (*Xanthosoma spp.*)
Uáiama, s. f. – abóbora
Uaiamaga, s. – lagarto iguano
Uaiamu, s. f. – "bocotora": tartaruga de água doce
Uaiaru, s. f. – um feitiço ou encantamento de amor
Uanáragua, s. – mascarada realizada entre o Natal e Ano Novo; uma máscara
Uarúaru, s. – arbusto conhecido como "pimenta de água salgada" que cresce na praia
Ubahu, s. ou s. f. – ilha, terra, aldeia
Ubáu, s. – mundo, terra
Udahadu, s. – tipo de encantamento produzido pela inveja de outrem
Ufie, s. – aparição, fantasma, assombração
uguagai, s. f. – trama hexagonal, cesta usada para oferendas rituais
-Úiaua, s – guarda; "lúiaua bura", amuleto usado no pescoço - literalmente: "o guarda da pele"
Uíanu (ou uíhanu), s. – canção "dada através de um sonho" e cantada em ritos

Uinani, s. – espírito maléfico
Úmeu, s. – espíritos do mar prejudiciais às crianças
Uri (ou Urui), s. – caju (a árvore e o fruto) (*Anacardium occidentale*).

BIBLIOGRAFIA

AMARAL, Braz. 1941. "Os Grandes Mercados de Escravos Africanos", *Fatos da Vida do Brasil*, Bahia.

AMES, David W. 1950. "Negro Family Types in a Cuban Solar." *Phylon*, vol. X, nº 2, pp. 159-164.

ANGHIERA, Pietro Martire D' (Peter Martyr). 1912. *De Orbe Novo Decades: The Eight Decades of Peter Martyr d'Anghiera*. Traduzido do latim com notas e introdução por Francis Augustus MacNutt. New York, 2 vols.

ARMAND DE LA PAIX. "Relation de l'isle de la Guadeloupe faite par les Missionnaires Dominicains à leur Géneral, en 1647." In: *Rennard*, 1929, pp. 23-127.

BARAHONA, R. 1946. *Breve Historia de Honduras*. Tegucigalpa.

BASCOM, William R. 1942. "The Principle of Seniority in the Social Structure of the Yoruba", *American Anthropologist*, vol. XLII, pp. 37-46.

_____. 1944. "The Sociological Role of the Yoruba Cult-Group. Memoir Series", *American Anthropological Association*, nº 63. Menasha.

_____. 1948. "West Africa and the Complexity of Primitive Cultures", *American Anthropologist*, vol. L, pp. 18-23.

_____. 1949. "Literary Style in Yoruba Riddles", *Journal of American Folklore*, January-March, pp. 1-16.

BASDEN, G. T. 1938. *Niger Ibos*, London.

BASTIDE, Roger. 1945. *Imagens do Nordeste Místico em Branco e Preto*, Rio de Janeiro.

_____. 1946. "Contribuição ao Estudo do Sincretismo Católico – Fetichista". *Boletim LIX*. Sociologia nº 1, Universidade de São Paulo, pp. 11 - 43.

_____. 1948. "Dans les Amériques Noires: Afrique ou Europe?" *Annales*. Economies-Sociétés-Civilisations. 3ème année, octobre, décembre 1948, n. 4, pp. 409-26.

_____. 1953. *Estudos Afro-Brasileiros*. 3ª série. Boletim XLII, Sociologia, Universidade de São Paulo.
BATESON, G. 1936. *Naven*, London.
BELTRAN, Gonzalo Aguirre. 1946. *La Población Negra de Mexico*, Mexico.
BIET, Antoine. 1896. *Les Galibis, Tableau Véritable de Leurs Moeurs, Avec un Vocabulaire de Leur Langue*. Aristide Marre (org.). Paris.
BORDE, De La. 1704. *Voyage qui contient une relation exacte l'origine, moeurs, coutumes, religion, guerres et voyages des Caraïbes, sauvages des isles Antilles de l'Amérique, faite par le Sieur de la Borde, employé à la conversion des Caraïbes, et tirée du cabinet de Monsr. Blondel*. A. Leide, Chez P. van de Aa. Também em: HENNEPIN, Louis: *Voyage ou Nouvelle Découverte*, pp. 517-604. Amsterdam.
BOUTON, Jacques. 1640. *Relation de l'Establissement des François Depuis l'an 1635 en l'isle de Martinique*, ...Paris. Também em Rennard, 1935, pp. 36-82.
BRETON, Raymond. 1877. *Grammaire Caraïbe composée par le R. P. Raymond Breton (Auxerre M.D.C. LXVII) suivie du Catéchisme Caraïbe (Auxerre, M.D.C. LXIV)*: nova edição publicada por L. Adam & Ch. Leclerc. (A capa traz a data de 1878.) Paris.
_____. 1892. *Dictionaire Caraïbe-François meslé de quantité de Remarques historiques pour l'esclaircissement de la Langue, composé par le R.P. Raymond Breton, Religieux de l'ordre des Frères Prescheurs, & l'un des premiers Missionaires Apostoliques en l'Isle de la Gardeloupe & autres circonvoisines de l'Amérique* (Auxerre, M.D.C. LXV). Reeditado por Jules Platzmann, edição em facsímile. Leipzig.
_____. 1900. *Dictionaire François-Caraïbe* (Auxerre, M.D.C. LXVI). Reeditado por Jules Platzmann: edição em facsímile Leipzig.
Calendar of State Papers. Colonia Series: America and West Indies
_____. 1860 - 1574 - 1660. London.
_____. 1880 - 1661 - 1668. London.
_____. 1889 - 1669 - 1674. London.
_____. 1893 - 1675 - 1676. (Addenda 1574 – 1674) London.
_____. 1677 - 1678. London.
_____. 1681 - 1685. London.
_____. 1916 - 1704 - 1708. London.
_____. 1719. London.
_____. 1723. London.

_____. 1937 - 1730. London.

_____. 1939 - 1733. London.

CASAS, Bartolomé De Las. s.d. - *Historia de las Indias*. 3 vols., ed. por M. Aguilar. Madrid (prefácio de 1927).

CASTRO, Josué de. 1952. *The Geography of Hunger*, New York.

CHANCA, Diego Alvarez. 1825-37. Carta do ano de 1494, relatando a segunda viagem de Colombo à América. Em Navarrette, Martín Fernandes de: *Colección de los viajes y descubrimientos que hicieron por mar los Españoles desde fines del siglo XV. Segunda Viaje*, pp. 200-224, Madrid.

COELHO, Ruy. 1949. "The Significance of the Couvade among the Black Caribs". Man, vol. IL, artigo nº 64. London.

COLBACCHINI, Antonio e Albisetti, Cesar. 1942. *Os Bororos Orientais Orarimogodogue do Planalto Central de Mato Grosso*. São Paulo.

COLON, Fernando. 1812. *History of the Discovery of America by Christopher Columbus, written by his son, Don Fernando Columbus*. Em Pinkerton: *Voyages and Travels*, vol. 12, p. 59, e seg. London.

CONZEMIUS, Eduard. 1928. *Ethnographical Notes on the Black Carib (Garif.)*. American Anthropologist, vol. XXX, pp. 183-205.

_____. 1930. "Sur les Garif ou Caraïbes Noirs de l'Amérique Centrale". *Anthropos*, vol. 25, pp. 859-77. Mödling-bei-Wien.

_____. 1932. "Ethnographical Survey of the Miskito and Sumo Indians of Honduras and Nicaragua". Boletim nº 106. *Bureau of American Ethnology*. Washington. D C.

COUDREAU, Henri Anatole. 1893. *Chez nos Indiens; quatre années dans la Guyane Française* (1887- 1891). Paris.

COUTY, L. 1881. *L'Esclavage au Brésil*. Paris.

DANQUAH, J. B. 1944. *The Akan Doctrine of God*. London.

DELAWARDE, Jean-Baptiste. 1938. "Les derniers Caraïbes; leur vie dans une réserve de la Dominique". *Journal de la Société des Américanistes de Paris*, s.d., vol. 30, pp. 167-204. Paris.

DUPUIS, Mathias. 1652. *Relation de l'establissement d'une colonie françoise dans l'isle de la Gardeloupe de l'Amérique, et des moeurs des sauvages*. Caen.

DURÓN, Romulo E. 1927. *Bosquejo de la História de Honduras*. San Pedro Sula.

EDWARDS, Bryan. 1793. *The history, civil and comercial, of the British West Indies*, 2 vols. Dublin.

_____. 1795. Ibid. (2ª edição?) 2 vols. London.
_____.1807. Ibid. (4ª edição) 2 vols. London.
_____. 1818-19. Ibid. (5ª edição).Continuação até o presente. 4 vols London.
FORDE, C. D. 1941. *Marriage and Family among the Yakö of South Eastern Nigeria.* London.
FORTES, M. 1945. *The Dynamics of Clanship among the Tallensi.* London.
_____. 1949. *The Web of Kinship among the Tallensi.* London.
_____. 1950. "Kinship and Marriage among the Ashanti", em *African Systems of Kinship and Marriage*, eds Radcliffe Brown, A. A. e Forde, C. D. London.
FORTES, M. e Pritchard, E. E. Evans. 1941. *African Political Systems.* London.
FRAZIER, E. F. 1942. "The Negro Family in Bahia, Brazil". *American Sociological Review.* Vol. VII, nº 4, pp. 465-78.
FREITAS, Marcondes, J. V. 1948. "Mutirão or Mutual Aid". *Rural Sociology*, Vol. XIII. nº 4, pp. 374-84.
GILLIN, John. 1936. "The Barama River Caribs of British Guiana". *Papers of the Peabody Museum of American Archeology and Ethnology*, Harvard University, Vol. XIV, nº 2. Cambridge, Massachusetts.
GOEJE, C. H. De. 1939. "Nouvel Examen des Langues des Antilles". *Journal de La Société Américanistes de Paris*, n.s. vol. 31. pp. 1-120, Paris.
_____. 1946. *Études Linguistiques Caraïbes.* vol 2, Amsterdam.
GOWER, Charlotte. 1927. "The Northern and Southern Affiliations of Antillean Culture Memoir", *American Anthropological Association*, n. 35.
GURVITCH, Georges. 1950. *La Vocation Actuelle de la Sociologie.* Paris
HAKLUYT, Richard. 1903-05. *The Principal Navigations, Voyages, Traffiques & Discoveries of the English nation.* 12 vols. Glascow.
HALLOWELL, A. Irving. 1945. "Socio-psychological Aspects of Acculturation", em Linton. R. (ed.) *The Science of Man and the World Crisis*, pp. 171-200.
_____. 1950a. "Personality Structure and Evolution of Man", *American Anthropologist*, LII, pp. 159-73.
_____. 1950b. "Values, Acculturation and Mental Health", *American Journal of Orthopsychiatry*, XX, 732-43.
_____. 1951. "The Use of Projective Techniques in the Study of Socio-psychological Aspects of Acculturation", *Journal of Projective Techniques*, nº 4, pp. 26-44.
HENNEPIN, Louis. (Vide Borde, de La).

HERRERA Y TORDESILLAS, Antonio de. 1825-26. *The General History of the Vast Continent and Islands of America, Commonly Called the West Indies*, etc. 6 vols. London.
HERSKOVITS, Melville J. 1937. *Life in a Haïtian Valley*. New York.
_____. 1938. *Dahomey, an Ancient West African Kingdom*. 2 vols. New York.
_____. 1941. *The Myth of the Negro Past*, New York.
_____. 1945. "Problem, Method and Theory in Afroamerican Studies" *Afroamerica*, vol., I, pp. 5-24.
_____. 1948. *Man and His Works*. New York.
HERSKOVITS, Melville J. e Frances, S. 1934. *Rebel Destiny among the Bush Negroes of Dutch Guiana*. New York.
_____. 1947. Trinidad Village. New York.
HODGE, Walter e Taylor, Douglas Macrae. 1951. "Ethnobotany of the Island Caribs of Dominica". Em Schultes, Richard E. (ed.): *Recent Advances in American Ethnobotany*. Waltham, Mass.
KARDINER, A. e Linton, R. 1939. *The Individual and His Society*. New York.
_____. 1945. *The Psychological Frontiers of the Individual*. New York
KARSTEN, Rafael. 1926. *The South American Indians*. London.
LABAT, Jean-Baptiste. 1714. *Voyages aus Isles de l'Amérique*. 2 vols. Edição resumida. Paris. 1931.
LÉVIS-STRAUS, Claude. 1949. *Les Structures Élémentaires de la Parenté*. Paris.
LINTON, Ralph, ed. 1940. *Acculturation in Seven American Indian Tribes*. New York.
_____. 1945. *The Cultural Background of Personality*. New York.
LOVÉN, Sven. 1935. *Origins of Taina Culture, West Indies*. Göteborg
MARTYR, Peter. (Vide Anghiera, Pietro Matire d')
MASON, J. Alden. 1950. "The Languages of South American Indians. Handbook of South American Indians". Boletim 143, *Bureau of American Ethnology*, Vol. VI, Part 3, pp. 157-317.
MEEK, C. K. 1925. *The Northern Tribes of Nigeria*. 2 vols. London.
_____. 1931a. *Tribal Studies in Northern Nigeria*. London.
_____. 1931b. *A Sudanese Kingdom*. Oxford.
_____. 1934. *The Kulu in Northern Nigeria*. Africa, vol. VII, pp. 257-69. London.
_____. 1937. *Law and Authority in a Nigerian Tribe*. Oxford.

MÉTRAUX, Alfred. 1946. "The Concept Soul in Haitian Vodou". *Southwestern Journal of Anthropology.*

_____. 1951. *Droit et Coutume en Matière Successorale dans la Paysannerie Haïtienne.* Zaire, abril 1951, pp. 339-439.

NADEL, S. F. 1942. *A Black Byzantium.* London.

NAVARRETE, Martín Fernandez de. (Vide Chanca, Diego Alvarez).

NEVEU-LEMAIRE, M. 1921. "Les Caraïbes des Antilles: Leurs Représentants Actuels Dans l'île de la Dominique". *La Géographie*, vol. 35, pp. 127-146. Paris.

NIMMENDAJÚ, Curt. 1926. *Die Palikur-Indianer und ihre Nachbarn, Göteborgs Kungliga Vetenskapsch Vitterhetssamhälles Handlingar.* Göteborg, Sweden.

NORDENSKIÖLD, Erland. 1930. "Modification in Indian Cultures Through Inventions and Loans". *Comparative Ethnographical Studies*, Vol. VIII. Göteborg.

NUNES, Pereira A. 1947. *A Casa das Minas.* Rio de Janeiro.

OBER, Fred. 1878. "Report on a Trip to the West Indies". *Annual Report of the Smithsonian Institution*, 1878, p. 447. Washington, D. C.

_____. 1880. *Camps in the Caribbees.* Boston.

_____. 1895. "The Aborigines of the West Indies". *Proceedings of the American Antiquarian Society.* Vol. IX. 1894, pp. 270 - 313. Worcester, Massachusetts.

O'NEALE, Lila M. 1949. Basketry. "Handbook of South American Indians". Boletim 143, *Bureau of American Ethnology*, vol. V, pp. 69-96. Washington, D.C.

OVIEDO Y VALDÉS, Gonzalo Fernandez de. 1851-55. *Historia General y natural de las Indias, islas e tierra firme de la mar océano...* 4 vols. Madrid.

PANE, Ramóm. 1812. In Pinkertoh: *Voyages and Travels.* Vol. XII, pp. 80-92. London.

PARSONS, Elsie Clews. 1936. *Folk-Lore of lhe Antilles, French and English*; Parts I and II. New York.

_____. 1943. *Ibid* Part III. New York. (The American Folk-Lore Society).

PELLEPRAT, Pierre. 1656. *Relation des missions des pp. de la Compagnie de Jesus dans les isles et dans la Terre Ferme de l'Amérique Méridioanel*, Paris.

RADCLIFFE-BROWN, A. A e Forde, C. Darryl, eds. 1950. *African Systems of Kinship and Marriage*, London.

Rat, Joseph Numa. 1898. "The Carib Language as now spoken in Dominica, West Indies". *The Journal of the Anthropological Institute of Great Britain and Ireland*, vol. XXVII, pp. 293-315, London.

Rattray, R. S. 1923. *Ashanti*, Oxford.

_____. 1927. *Religion and Art in Ashanti*. Oxford.

_____. 1929. *Ashanti Law and Constitution*. Oxford.

Redfield, R. 1941. *The Folk Cultures of Yucatan*. New York.

_____. 1950. *Chan Kon - a Village that Chose Progress*. New York.

Redfield R., Linton, R., e Herskovits, M. J. 1936. *A Memorandum on the Study of Acculturation*. New York.

Rennard, Joseph. (Vide também Armand de la Paix; Boutton, Jacques; Breton, R). 1929. "Les Caraïbes, La Guadeloupe: 1635-1656". *Histoire Coloniale*, vol. 1. Paris.

Ribeiro, René. 1945. "On the Amaziado Relationship and Other Aspects of the Familly in Recife, Brazil". *American Sociological Review*, vol. X , n. 1, pp. 44-51.

_____. 1952. "Cultos Afro-Brasileiros do Recife: Um Estudo de Ajustamento Social". *Boletim do Instituto Joaquim Nabuco*, número especial, Recife.

Rochefort, César de. 1658. *Histoire naturelle et morale des isles Antilles de l'Amérique*. Rotterdam.

Roth, Walter Edmund. 1915. "An Inquiry into the Animism and Folk-Lore of the Guiana Indians". *38th Annual Report*, Bureau of American Ethnology. Washington. D.C.

Rouse, Irving. 1948. "The West Indies: An Introduction"; "The Ciboney"; "The Arawak"; "The Carib". "Handbook of South American Indians". Boletim143, *Bureau of American Ethnology*, vol. IV, pp. 495-505-507-546-547-565. Washington, D. C.

Sheldon, William. 1820. "Brief account of the Caribs who inhabit the Antilles". *Transactions and Collections of the American Antiquarian Society*. Vol. I, pp. 365-433.

Simpson, George Eaton. 1940. *Haitian Magic, Social Forces*. Vol. XIX, n. 1, pp. 95-100.

_____. 1942. "Sexual and Familial Institutions in Northern Haiti". *American Anthropologist*, vol. XL, n. 4, pp. 655-74.

Talbot, P. A. 1912. *In the Shadow of the Bush*. London.

_____. 1923. *Life in Southern Nigeria*. London.

_____. 1926. *The Peoples of Southern Nigeria*. 4 vols. London.

Taylor, Douglas Macrae. 1938. "The Caribs of Dominica". Boletim 119, *Bureau of American Ethnology, Anthropological Papers*. nº 3, pp. 109-59. Washington, D. C.

_____. 1945. "Carib Folk-Beliefs and Customs from Dominica". *Southwestern Journal of Anthropology*, vol. I, pp. 507-30. Albuquerque.

_____. 1946a. "Notes on the Star-Lore of lhe Caribbees". *American Anthropologist*, vol. XLIV, pp. 215-22.

_____. 1946b. "Kinship and Social Structure of the Island Carib". *Southwestern Journal of Anthropology*, vol. II, pp. 180-212. Albuquerque.

_____. 1948. *Loan-Words in Central American Carib Word*. Vol. IV, pp. 187-95. New York.

_____. 1950. "The Meaning of Dietary and Occupational Restrictions Among the Island Carib". *American Anthropologist*, Vol. LII, pp.343-49.

_____. 1951a. "Inflexional System of Island Carib". *Internacional Journal of American Linguistics*, Vol. XVII, pp. 23-31.

_____. 1951b. "Sex Gender in Central American Carib". *International Journal of American Linguistics*. Vol. XVII, pp. 102-104.

_____. 1951c. *The Black Carib of British Honduras*. New York, 1951. (*Viking Fund. Publications in Anthropology, nº 17*).

Taylor, Douglas Macrae e Moore, Harvey. 1948. "A Note on Dominican Basketry and Its Analogues". *Southwestern Journal of Anthropology*. Vol. IV, pp. 328-45. Albuquerque.

Tertre, Jean-Baptiste du. 1654. *Histoire Générale des isles de S. Christophe, de la Guadeloupe, de la Martinique et autres dans l'Amérique*. Paris.

_____. 1667-71. Histoire Générale des Antilles habitées par les François, 4 vols. Paris.

Wavrin, Marquis de. 1937. *Moeurs et Coûtumes des Indiens Sauvages de l'Amérique du Sud*. Paris.

Young, Thomas. 1842. *Narrative of a Residence a the Mosquito Shore during the years 1839, 1840, 1841*. London.

Young, William. 1795. "Journal of a voyage undertaken in 1792". Em Edwards, Bryan: *The history, etc.*; ed. de 1795. London.

ANTROPOLOGIA NA PERSPECTIVA

Sexo e Temperamento
  Margaret Mead (D005)
O Crisântemo e a Espada
  Ruth Benedict (D061)
Repensando a Antropologia
  E. R. Leach (D088)
Êxtase Religioso
  Ioan M. Lewis (D119)
Pureza e Perigo
  Mary Douglas (D120)
O Fim de uma Tradição
  Robert W. Shirley (D141)
Morfologia e Estrutura no Conto Folclórico
  Alan Dundes (D252)
Negro, Macumba e Futebol
  Anatol Rosenfeld (D258)

Os Nuer
  E. E. Evans-Pritchard (E053)
Antropologia Aplicada
  Roger Bastide (E060)
Claude Lévi-Strauss ou o Novo Festim de Esopo
  Octavio Paz (El07)
Makunaína e Jurupari: Cosmogonias Ameríndias
  Sérgio Medeiros (org.) (T013)
Afrografias da Memória
  Leda Maria Martins (PERS)
Dias em Trujillo: Um Antropólogo Brasileiro em Honduras
  Ruy Coelho (LSC)
Os Caraíbas Negros de Honduras
  Ruy Coelho (LSC)

Impressão e acabamento:

ESCOLAS PROFISSIONAIS SALESIANAS
Rua Dom Bosco, 441 • 03105-020 São Paulo SP
Fone: (11) 3277-3209